国际金融学

(修订本)

主编 王春萍 李成华

西北工业大学出版社

西安

【内容简介】 本书主要由三部分内容构成。第一部分包括国际收支、国际储备和汇率等三章,主要论述汇率的决定基础和影响因素。第二部分包括外汇业务和外币折算、外汇风险管理以及中国外汇管理等三章。这两部分是本书的核心内容。第三部分包括国际金融市场、国际金融机构和国际金融货币体系等三章。本书运用理论与实务紧密结合的方法,全面系统地介绍国际金融学的前沿理论和实践经验,是一本内容新颖、理论与实践集于一体的国际金融学教材。

本书可作为高等院校金融财经专业、国际贸易与管理类专业等的专业课教材,也可供财经、金融等从业人员以及财经爱好者学习与参考。

图书在版编目(CIP)数据

国际金融学/王春萍,李成华主编 . —修订本 . —西安:西北工业大学出版社,2020.11
ISBN 978-7-5612-7034-9

Ⅰ.①国…　Ⅱ.①王…　②李…　Ⅲ.①国际金融学-高等学校-教材　Ⅳ.①F831

中国版本图书馆 CIP 数据核字(2020)第 195205 号

GUOJI JINRONGXUE
国 际 金 融 学

| 责任编辑:李文乾 | 策划编辑:杨　军 |
| 责任校对:万灵芝 | 装帧设计:李　飞 |

出版发行：西北工业大学出版社
通信地址：西安市友谊西路 127 号　　邮编:710072
电　　话：(029)88491757,88493844
网　　址：www.nwpup.com
印 刷 者：兴平市博闻印务有限公司
开　　本：710 mm×1 000 mm　　1/16
印　　张：16
字　　数：313 千字
版　　次：2005 年 8 月第 1 版　2020 年 11 月修订本　2020 年 11 月第 1 次印刷
定　　价：49.00 元

如有印装问题请与出版社联系调换

修订本前言

国际金融是经济学的一个重要分支。随着我国社会主义市场经济的确立和改革开放的不断深化,国内市场与国际市场的逐渐接轨和融合,学习和研究国际金融这门学科,已经成为高等学校培养具有一定金融知识和国际视野的经济管理类人才的一项重要任务。

一般的国际金融教材,或强调理论,或偏重业务实践,而将基础理论与实践有机结合的国际金融教材较少。编写本书的宗旨是向学生介绍国际金融的基本理论和实务,并探讨其实践应用及实际案例,以增强学生将国际金融理论与实践相结合的能力。因此,这是一本内容新颖、集理论性与实践性为一体的国际金融学教材。

本书的内容安排从客观实际出发,叙述言简意赅,主要内容共由九章组成:第一至三章从理论和实践说明汇率决定的理论基础和影响因素;第四和五章是外汇业务与外汇风险管理;第六章主要介绍外汇管制与中国外汇市场;第七至九章介绍国际金融市场、国际金融机构和国际金融体系。

本书重点突出国际金融中外汇决定的基础理论和外汇业务风险及外汇业务实务;运用国际金融的基本原理,结合我国金融市场的发展,探讨如何适应国际经济一体化所带来的影响,促进我国金融体制的改革与发展。

本书采用理论与实务相结合的方法,辅以案例分析,每章前设有"学习目的""重点难点"和"重要概念",便于引导学生抓住学习重点;每章后设有"知识拓展""本章小结"和"复习思考题",便于学生学习和巩固相关知识。

由于水平有限,书中难免存在不当之处,恳请读者批评指正。

编 者
2020 年 5 月

第1版前言

国际金融是经济学的一个重要分支。随着我国社会主义市场经济的确立和改革开放的不断深入,国内市场与国际市场的逐渐接轨和融合,学习和研究国际金融这门学科,已经成为高等学校培养具有一定金融知识水平的专业金融人员的一项重要任务。

一般的国际金融教材或主要强调理论,或偏重业务实践,针对学生将基础理论与实践有机结合的较少。我们编写本教材的宗旨是:向读者介绍国际金融的基本理论和方法;探讨这些基础理论和方法的实践应用及案例分析,增强学生理论与实践相结合的能力。因此,本书是一本内容新颖、集理论性与实践性为一体的教材。

在本书中,对国际金融理论的探讨力求从客观实际发展的需要出发,言简意赅,重点突出国际金融中外汇决定的基础理论和外汇业务风险及外汇业务的实务。运用国际金融的基本原理,结合我国金融市场的发展探讨如何适应国际经济一体化所带来的影响,促进我国金融体制的改革与发展。本书采用理论与实践相结合的方法,辅以案例分析,在文字上力求深入浅出,简洁易懂。

本书由西北工业大学王春萍任主编,段婕和袁晓军任副主编。由王春萍负责制定写作大纲,并对全书做了修改和统稿。

本书第一章至第三章由王春萍编写,第六章、第八章至第十一章由段婕编写,第四章、第五章、第七章由袁晓军编写。

为了能编写出一本高质量的金融学教材,编写组成员对大纲反复讨论和修改,争取每章内容都能将最前沿的知识传授给读者,希望通过我们的努力,实现教材内容的新颖性、体系的科学性、合理性和适应性的统一。但由于编者水平有限,书中可能存在不当之处,恳请读者批评指正。

编　者
2005 年 5 月

目　录

第一章　国际收支 ·· 1
第一节　国际收支的含义 ·· 1
第二节　国际收支平衡表 ·· 3
第三节　国际收支失衡的调节 ·· 8
第四节　内外均衡的冲突与协调 ·· 15
第五节　西方国际收支理论 ·· 18
本章小结 ·· 31
复习思考题 ··· 32

第二章　国际储备 ·· 33
第一节　国际储备的概念及内容 ·· 33
第二节　国际清偿能力的概念及内容 ······································ 36
第三节　国际储备的作用及管理 ·· 37
本章小结 ·· 46
复习思考题 ··· 47

第三章　汇率 ·· 48
第一节　外汇与汇率的基本概念 ·· 48
第二节　汇率变动的形式 ··· 52
第三节　汇率决定的基础和影响汇率变动的因素 ······················· 53
第四节　汇率变动对经济的影响 ·· 58
第五节　汇率决定理论 ·· 60
本章小结 ·· 66
复习思考题 ··· 67

I

第四章　外汇业务和外币折算 … 68

- 第一节　外汇市场概述 … 68
- 第二节　外汇业务 … 73
- 第三节　外汇汇率的折算与进出口报价 … 84
- 本章小结 … 91
- 复习思考题 … 92

第五章　外汇风险管理 … 94

- 第一节　外汇风险的概念、种类和构成要素 … 94
- 第二节　外汇风险管理的一般方法 … 97
- 第三节　三种基本防范外汇风险方法的具体应用 … 102
- 本章小结 … 108
- 复习思考题 … 108

第六章　外汇管制与中国外汇市场 … 110

- 第一节　外汇管制 … 111
- 第二节　货币的自由兑换与人民币的自由兑换 … 121
- 第三节　人民币汇率制度的形成与发展 … 128
- 第四节　中国外汇市场的建立、发展与运行 … 134
- 本章小结 … 150
- 复习思考题 … 151

第七章　国际金融市场及其运作 … 152

- 第一节　国际金融市场 … 152
- 第二节　欧洲货币市场 … 155
- 第三节　国际资本市场 … 160
- 第四节　世界黄金市场 … 162
- 本章小结 … 172
- 复习思考题 … 173

第八章　国际金融机构 … 174

- 第一节　国际金融机构概述 … 174
- 第二节　国际货币基金组织 … 177

第三节　世界银行集团·· 185
　　第四节　区域性国际金融机构·· 191
　　第五节　中国同主要国际金融组织的关系························ 197
　　本章小结··· 202
　　复习思考题·· 202

第九章　国际金融体系·· 204
　　第一节　国际金融体系概述··· 204
　　第二节　国际金本位体系·· 206
　　第三节　布雷顿森林体系·· 210
　　第四节　牙买加体系·· 217
　　第五节　欧洲货币体系··· 227
　　第六节　欧洲货币联盟与欧元······································· 233
　　本章小结··· 242
　　复习思考题·· 242

参考文献·· 244

第一章 国际收支

【学习目的】

一个国家(以下简称"一国")的国际收支(Balance of Payments)是否平衡,不仅对其国内经济的运转与发展产生影响,而且对其货币汇率与对外经济政策也都有重要的影响。通过本章学习,学生应掌握与国际收支相关的基本概念,熟悉国际收支涵盖的各种经济交易的内容及西方经典的国际收支理论,进而能从微观层面发展到宏观层面,从理论角度对国际收支失衡问题进行分析,提高分析问题、解决问题的能力。

【重点难点】

(1) 国际收支的含义及特点;
(2) 国际收支平衡表的内容;
(3) 国际收支失衡的调节;
(4) 国际收支理论。

【重要概念】

米德冲突/货币-价格机制/收入机制/利率机制/开支转换政策/开支变更政策/丁伯根原则/马歇尔-勒纳条件/J曲线效应

第一节 国际收支的含义

随着社会生产的发展,世界各国大都摆脱了闭关锁国、自给自足的状态,对外经济交往日益扩大,国内外商品市场、金融市场和生产要素市场连为一体、相互影响。在这样的开放条件下,为了更好地控制宏观经济活动,实现宏观经济目标,首先需要一种分析工具来了解和掌握本国对外经济交往的全貌,而国际收支正是一国掌握其对外经济交往全貌的分析工具。

国际收支的概念出现于17世纪初,在这之后的很长时间里,它都被解释为一国在一定时期内的贸易收支，第一次世界大战以后，国际收支被解释为一国在一定时期内的外汇收支。按照这样的解释，凡在一定时期内涉及外汇收支的国际经济交易都属于国际收支的范畴，这就是狭义的国际收支含义。

第二次世界大战后，由于国际经济交易的内容和方式都有了很大的变化与发展，诸如政府的无偿援助、私人赠予、易货贸易、记账贸易等不涉及外汇收支的国际经济交易和无偿性质的资金转移，以及资本的大规模国际流动等，国际收支的内容更加丰富。于是，各国便广泛采用国际货币基金组织所制定的广义的国际收支概念，即在一定时期内，一国居民与非居民之间的经济交易的系统记录。正确理解这个概念，必须把握以下几点：

（1）国际收支是一个流量的概念，即一国在一定时期内发生的所有对外经济交易的总和，通常一定时期是指一年。与国际投资头寸（International Investment Position，IIP）的区别在于：国际投资头寸是指一国（或地区）在一定时点上的对外资产与对外负债的总和，是一个存量的概念。流量的变化都会导致存量的变化，而存量的变化可能归结为流量的变化，国际收支为因，国际投资头寸是果。

（2）交易的主体是居民与非居民。只有居民与非居民的经济交易才记入国际收支，居民与居民或非居民与非居民的交易都不属于国际收支的范畴。居民与公民的区别是：公民是一个法律概念，是指拥有一国国籍的自然人，一国的公民可以是本国的居民，也可以是本国的非居民。居民（非居民）是一个地域（经济）概念，一国的居民包括以下几类：在本国居住一年或一年以上的本国公民和外国公民；在本国从事经济活动一年或一年以上的本国或外国企业的工作人员；非营利团体（国际组织除外）和各级政府的工作人员，外国政府的大使馆、领事馆、军事机构等的工作人员及其家属及国际组织永远都属于其本国的公民，是驻在国的非居民。

（3）经济交易的内容与特性。一国国际经济交易的内容可分为五种类型：①商品、劳务与商品、劳务间的交换，即易货贸易；②金融资产与商品、劳务的交换，即商品劳务的买卖；③金融资产与金融资产的交换；④商品、劳务由一方向另一方的无偿转移；⑤金融资产由一方向另一方的无偿转移。前三种经济交易，都是一方向另一方提供一定数量的经济价值，并从另一方得到价值相等的回报，这是真正的经济价值的交换，但后两种经济交易是，一方向另一方提供的经济价值并未得到补偿与回报，这在本质上是无偿转移。另外，在这五种国际经济交易中，既包括有外汇收支的经济交易，也包括没有外汇收支的经济交易，如易货贸易、清算协定下的记账贸易等。因此，第二次世界大战后的国际收支概念不再以收支（现金）为基础，而以交易为基础。

第二节 国际收支平衡表

一、国际收支平衡表的概念

一国的国际收支状况是以国际收支平衡表来反映的。国际收支平衡表是一国将其一定时期内的全部国际经济交易，根据交易的内容与范围，按照经济分析的需要设置账户或项目编制出来的统计报表。各国由于其国际经济交易的内容与范围不尽相同，经济分析的需要也不完全相同，因而编制的国际收支平衡表也有所不同。为使各国的国际收支平衡表具有可比性，国际货币基金组织出版了《国际收支手册》，对涉及国际收支的概念、定义、分类和标准等都做了规定和说明。

二、国际收支平衡表的编制原理与记账方法

国际收支平衡表是按照现代会计学的复式簿记原理编制的，即以借、贷作为符号，以"有借必有贷，借贷必相等"来记录每笔国际经济交易，每笔交易都会产生一定金额的一项借方记录和一项贷方记录。其记账法则是：贷方记录资产的增加和负债的减少，借方记录资产的减少和负债的增加。凡引起本国外汇收入的项目，亦称正号项目，记入贷方，记为（＋）。凡引起本国外汇支出的项目，亦称负号项目，记入借方，记为（－）。

当收入大于支出而有盈余时，称为顺差；反之，则称为逆差。

按照国际货币基金组织的规定，登录国际收支平衡表时，应以商品、劳务和金融资产所有权变更的日期为准。

三、国际收支平衡表的主要内容

1. 经常账户

经常账户（Current Account）是经常发生的国际经济交易，反映实际资源的国际转移，是国际收支中最重要、最基本的账户。它包括货物、服务、收入和经常转移四个子账户，各项目均按借方总额与贷方总额记录。

（1）货物（Goods）。即有形贸易，记录货物的出口和进口。出口记入贷方，进口记入借方，其差额为贸易差额，亦称为有形贸易差额。"货物"除包括"一般商品"的进口和出口外，还包括用于加工的货物（运到国外进行加工的货物的出口和运到国内进行加工的货物的进口）、货物修理（向非居民支付

的或从非居民得到的交通工具的修理费)、各种运输工具在港口购买的货物(居民与非居民从岸上采购的燃料与物资)和非货币性黄金(不作为储备资产的黄金的进出口)。

(2) 服务(Services)。即无形贸易,记录服务的出口和进口。服务出口记入贷方,服务进口记入借方。服务贸易的内容非常广泛。它主要包括运输、旅游、通信、建筑、保险、金融、计算机和信息、文化、娱乐、专有权利使用和特许费等服务。

(3) 收入(Income)。记录因生产要素在国际流动而引起的要素报酬收支,其计算公式为

所有要素报酬收入－所有要素报酬支出＝净要素收入(NFI)

收入下设"职工报酬"和"投资收入"两个子账户。

"职工报酬"记录居民和非居民在国际取得的劳动报酬(即工资)收支。即受雇在国外工作、时间不超过一年的短期工作的工人,以及在外国使馆、国际组织驻本国机构工作的工作人员的工作报酬与其他报酬记入贷方;反之,记入借方。

"投资收入"记录居民与非居民资本在国际流动取得的收入,包括直接投资收入(股本收入、红利、利润和再投资收益)、证券投资收入(股本收入、红利、债务收入、利息)、其他投资收入(贷款利息)。非居民凭借其所持有的本国直接投资资本所有权、证券和债券所得股利、利润和利息记入借方;反之,记入贷方。

(4) 经常转移(Current Transfer)。转移,即无偿给予,经常转移包括政府间的转移(政府间的合作与援助、政府捐赠和赔款等)和其他部门转移(侨民汇款、私人捐赠等)。从本国向外国的无偿转移记入借方;反之,记入贷方。

2. 资本与金融账户

资本与金融账户反映金融资产在居民与非居民之间的转移,即国际资本流动。它包括资本流出和资本流入。资本流出表示本国对外资产的增加,或本国对外负债的减少;资本流入表示本国对外资产的减少,或本国对外负债的增加。这个账户表明本国两个时点之间资产与负债的增减变化,它包括资本账户和金融账户,按借贷方净额记录。

(1) 资本账户(Capital Account)包括资本转移和非生产、非金融资产的收买或放弃。

资本转移(Capital Transfer)主要是指投资捐赠和债务注销,既可以用现金形式也可以用实物形式。它包括固定资产所有权的资产转移,同固定资产

收买或放弃相联系的或以其为条件的资产转移,债权人不索取任何回报而取消的债务及各级政府的转移(主要是债务豁免)和私人的转移(主要是移民的转移和债务豁免)。它与经常账户的转移不同,资本转移不经常发生,规模较大,不直接影响双方当事人可支配的收入和消费;但经常账户的转移则经常发生,规模较小,直接影响捐助者与受援者的可支配收入和消费。

非生产、非金融资产的收买或放弃包括不是由生产创造出来有形资产和无形资产的收买或出售。这里需要特别指出的是,经常账户下的无形资产指的是无形资产的使用所引起的收支,而资本账户的无形资产指的是无形资产所有权的买卖所引起的收支。

(2) 金融账户(Financial Account)反映居民与非居民之间对外资产和负债所有权变更的所有交易,它同资本账户一样是按净额记录的。居民对非居民的投资和提供的信贷的净增加记入贷方,反之记入借方。金融账户包括直接投资、证券投资和其他投资等项目。

直接投资(Direct Investment)反映投资者为拥有对非居民企业的控制权而进行的投资。它可以采取 3 种形式:直接在国外建立企业、购买国外企业一定比例(IMF:10%)的股票、投资利润再投资。

证券投资(Portfolio Investment)反映投资者为取得一笔预期的货币收入而进行的投资,包括股本证券投资(如股票)和债务证券投资(如中长期债券、货币市场工具和派生金融工具)。

其他投资(Other Investment)包括所有直接投资、证券投资未包括的资本交易。如贸易贷款、货币和存款(指居民持有外币和非居民持有本币)、其他(如租赁本金的收回等)。

3. 错误与遗漏账户——平衡账户

由于人为和客观的原因,经常账户、资本账户与金融账户的借方总额和贷方总额通常不相等,基于会计上的需要,人为设置该账户加以平衡,这就产生了错误与遗漏账户(Errors and Omissions Account),它通常是在经常账户、资本账户、金融账户和储备与相关项目 4 个账户的贷方出现余额,就在净差错与遗漏项下列出与余额相等的数字,反之同理。

4. 储备与相关项目

它是用于平衡经常账户、资本与金融账户差额的一个项目。因为是平衡项目,它是反方向记录的,增加记入借方,减少记入贷方。它包括储备资产、使用基金组织的信贷和贷款、对外国官方的负债以及一国当局为解决其国际收支融资问题所做的所有努力。

5. 总差额

总差额是反映一国的国际收支状况对其储备的影响。总差额是经常账户差额、资本账户差额、金融账户差额与错误与遗漏四项之和。

国际收支平衡表可划分为下列内容：

经常账户
 （有形）贸易（含进口和出口）
 （无形）贸易（含各种服务）
 单方面转移
资本与金融账户
 长期资本账户
  私人对外直接投资
  私人对外间接投资
  银行国际借贷
 短期资本账户
平衡账户
 储备账户
  黄金储备
  外汇储备
错误与遗漏账户

四、国际收支不平衡的概念

在国际收支研究中，关于国际收支不平衡有许多种说法，在习惯上，也有各种不同的含义。在国际收支的理论研究中，按交易发生的动机不同而将所有的交易分为自主性交易（Autonomous Transactions）和补偿性交易（Compensatory Transactions）。所谓自主性交易，又叫事前交易，是指因经济上的某种目的而自动进行的交易。所谓补偿性交易，又叫事后交易或调节性交易，是指为平衡国际收支而被动进行的交易。国际收支的平衡是指自主性交易收支平衡，即若自主性交易收入大于自主性交易支出，则该国国际收支为顺差或盈余（入超）；若自主性交易收入小于自主性交易支出，则该国国际收支为逆差或赤字（出超）；若自主性交易产生的借方金额和贷方金额相等，则该国国际收支平衡。

如果能区分自主性交易和调节性交易，则在国际收支平衡表上画一条线，线上为自主性交易，线下为补偿性交易。若线上差额为零（线下差额为零），则国际收支均衡；若线上差额＞0（线下差额＜0），则国际收支盈余；若线上差额＜0（线下差额＞0），则国际收支赤字。由于现实中很难区分自主性交易和调节性交易，因此这一方法只是在理论上有意义，在实践中，人们通常根据不同的问题用不同的差额概念来分析，应用较多的是国际货币基金组织提倡的综合差额概念。

按照人们的传统习惯和国际货币基金组织的做法，国际收支不平衡可以通过以下几种差额来观察。

1. 贸易差额

贸易差额（Trade Balance）是衡量一国实际资源转让、实际经济发展水平和国际收支状况的重要依据，它反映一国创汇能力和国际竞争力，所占比重较大，且数据易于收集，因而应用广泛。

2. 经常账户差额

经常账户差额（Current Account Balance）表示所有一旦发生就不可逆转的交易差额，反映实际资源在国际的转让净额，以及该国的实际经济发展水平。当经常账户为盈余时，就要通过资本的净流出或官方储备的增加来平衡；当经常账户为赤字时，就要通过资本的净流入或官方储备的减少来平衡。

3. 基本差额

基本差额（Basic Balance）包括经常账户差额和长期资本流动，由于长期资本较稳定，因而反映一国国际收支的长期趋势和一国在国际经济中的地位和实力，能反映出一国国际收支的基本状况。如果一国国际收支的基本差额为盈余，那么即使其综合差额暂时为赤字，从长期看，该国仍有较强的国际经济实力，但当今资本长短期界限不明，其意义有所弱化。

4. 官方结算差额

当官方结算差额（Official Settlements Balance）为盈余时，可以通过增加官方储备或本国官方向外短期贷款来加以平衡；当官方结算差额为赤字时，可以通过减少官方储备或本国官方向外短期借款来加以平衡，因而反映了国际收支不平衡对官方借贷和储备变动的压力。

5. 资本与金融账户差额

资本与金融账户差额（Capital and Financial Account Balance）与经常账户差额的数额相等，方向相反。若经常账户为赤字，则资本与金融账户必为盈余，这意味着一国利用金融资产的净流入为经常账户赤字融资。因此，经常账户中实际资源的转移和资本与金融账户中金融资本的流动是同一问题的两个方面。

6. 综合差额

综合差额（Overall Balance）反映国际收支不平衡对储备持有的压力。当综合差额为盈余或赤字时，就要通过增加或减少官方储备来平衡。综合差额的状况直接影响该国的汇率稳定，而官方储备的变动又会影响一国的货币发行量。因此，综合差额非常重要，国际货币基金组织倡导使用综合差额概念。通常，国际收支的盈余和赤字是就综合差额而言的。

通过对以上6个账户的分析，可以发现国际收支不平衡是经常发生的。有的国家发生的频率高、程度严重，有的国家发生的频率低、程度较轻；有的国家按这个定义经常发生国际收支逆差，有的国家按那个定义经常发生国际收支顺差。国际交往的主体成千上万，影响的因素也成千上万，在一定时期内，所有的国际收入正好等于国际支出是很少的。既然国际收支不平衡是绝对的，就有必要采取措施减轻不平衡的程度，这就产生了国际收支的调节问题。

第三节 国际收支失衡的调节

一、国际收支失衡的一般成因

一国的国际收支失衡可以由多种原因引起，这些原因可以被分为以下几类：

（1）偶发性失衡：由偶发性因素造成的一次性的、无规律的国际收支失衡。这种失衡程度一般比较轻，持续时间不长。在固定汇率制度下，一般不需要采用政策措施，只需要动用官方储备即可。在浮动汇率制度下，这种国际收支失衡有时也不需要政策调节，市场汇率的波动有时就能将其纠正。

如：气候突变（天灾）导致该国谷物歉收，从而该国出口商品量下降，进口商品量增加，导致该国贸易收支逆差，最终形成该国国际收支逆差。

（2）周期性失衡：经济发展的周期性导致该国的国际收支失衡。

如：一国经济发展相对繁荣从而使其经济发展处于膨胀时期，导致该国出口总额下降，进口总额上升，贸易收支逆差形成国际收支逆差。

（3）结构性失衡：指国内经济、产业结构不能适应世界市场的变化而发生的国际收支失衡。结构性失衡有两层含义，第一层含义是指因经济和产业结构变动的滞后和困难所引起的国际收支失衡。这层含义的结构性失衡，在发达国家和发展中国家都有发生。第二层含义是指一国的产业结构比较单一或其产业生产的产品出口需求的收入弹性低，或出口需求的价格弹性高而进口需求的价格弹性低所引起的国际收支失衡，这层含义的结构性失衡在发展中国家表现得尤为突出。结构性失衡与偶发性失衡不一样，其具有长期的性质，扭转起来相当困难。

如：国际市场上对本国出口品需求减少或本国对外国进口品供给减少导致进口品价格上升，本国要素价格上升，该国出口品价格上升，最终造成该国的国际收支逆差。

（4）**货币性失衡**：指在一定汇率下国内货币成本与一般物价上升而引起出口货物价格相对高昂、进口货物价格相对便宜，从而导致的国际收支失衡。在这里国内货币成本与一般物价上升的原因被认为是货币供应量的过分增加。因此，国际收支失衡是货币性的，货币性失衡可以是短期的，也可以是中期和长期的。

如：①本国国内货物价格上升，从而使得本国货币相对于外国货币汇率上升，导致本国出口总额下降，进口总额增长，贸易收支逆差，最终导致本国国际收支逆差。②本国利率下降，从而使得资本流出总额大于资本流入总额，影响到资本与金融账户逆差，最终导致本国国际收支逆差。

（5）**收入性失衡**：这是一个比较笼统的概念，是一国国民收入相对快速增长而导致进口需求的增长超过出口增长所引起的国际收支失衡。国民收入相对快速增长的原因是多样的，可以是周期性的、货币性的或经济处在高速增长阶段引起的。

如：一国相对收入总额增加，引起一国进口总额相应地增加，从而导致一国贸易收支出现逆差，最终形成国际收支逆差。

在以上5种失衡中，由偶发性、周期性、货币性等因素所造成的失衡具有短期性，可通过市场机制自行纠正；由结构性、收入性等因素所造成的失衡具有长期性，市场机制不能纠正，必须通过政府介入，人为纠正。

二、国际收支失衡的影响

1. 国际收支逆差的影响

一国的国际收支出现逆差，一般会引起本国货币汇率下浮，若逆差严重，则会使本币汇率急剧跌落，该国货币当局如不愿接受这样的结果，就要对外汇市场进行干预，即抛售外汇和买进本国货币。这一方面会消耗外汇储备，甚至会造成外汇储备的枯竭，从而严重削弱其对外支付能力；另一方面则会形成国内的货币紧缩形势，促使利率水平上升，影响本国经济的增长，导致失业的增加和国民收入增长率的相对与绝对下降。

从国际收支逆差形成的具体原因来说，若是贸易收支逆差所致，将会造成国内失业的增加，如资本流出大于资本流入，则会造成国内资金的紧张，从而影响经济增长。

2. 国际收支顺差的影响

一国的国际收支出现顺差，固然可以增大其外汇储备，加强其对外支付能力，但也会产生如下不利影响：①一般会使本国货币汇率上升，而不利于其出口贸易的发展，从而加重国内的失业问题；②将使本国货币供应量增长，从而加重通货膨胀；③将加剧国际摩擦，因为一国的收支顺差，意味着有关国家国际收支发生逆差；④国际收支顺差，如出口过多所形成的贸易收支顺差，则意味着国内可供使用资源的减少，因而不利于本国经济的发展。

一般来说，一国的国际收支越是不平衡，其不利影响也就越大。虽然国际收支逆差和顺差都会产生种种不利影响，但相比之下，逆差所产生的影响更为险恶，因为它会造成国内经济的萎缩、失业的大量增加和外汇储备的枯竭，所以对逆差采取调节措施要更为紧迫些。对顺差的调节虽不如逆差紧迫，但从长期来看也还是需要调节的。

无论是国际收支逆差还是顺差，对国内经济的影响都是不利的，应加以调节，使国际收支保持均衡。

三、国际收支失衡的自动调节机制

国际收支失衡会引起国内某些经济变量的变动，这些变动反过来又会影响国际收支。国际收支的调节，分为自动调节和政策调节两类。所谓国际收支自动调节是指由国际收支失衡引起的国内经济变量变动对国际收支的反作用过程。只有在纯粹的自由经济中，国际收支自动调节才能产生理论上所描述的那些作用。而政府的某些宏观经济政策在一定程度上会干扰自动调节过程，使其作用下降、扭曲或根本不起作用。

（一）国际收支失衡的自动调节

1. 国际金本位制度下的国际收支自动调节机制

国际金本位制度下的国际收支自动调节机制就是大卫·休谟的"价格-铸币流动机制"。在国际金本位制度下，一国国际收支出现赤字，就意味着本国的黄金净输出。由于黄金外流，国内黄金存量下降，货币供给就会减少，从而引起国内物价水平下跌。物价水平下跌后，本国商品在国际市场上的竞争力会提高，外国商品在国际市场上的竞争力会下降，于是出口增加，进口减少，使得国际收支赤字减少或消除。同样，国际收支盈余也是不能持久的，因为顺差造成的黄金内流导致国内扩大货币供给，物价水平上涨，从而不利于出口，有利于进口，国际收支盈余趋于消失。"价格-铸币流动机制"的调节过程如图1.1所示。

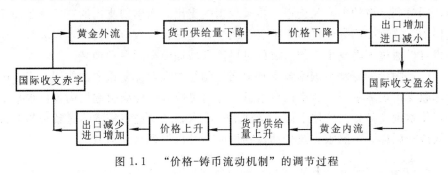

图1.1　"价格-铸币流动机制"的调节过程

2. 纸币本位固定汇率制度下的国际收支自动调节机制

在纸币本位固定汇率制度下，一国货币当局通过变动外汇储备来干预外汇市场以维持汇率不变。在这种制度下，当一国国际收支出现不平衡时，仍有自动调整机制发生作用，但自动调节的过程较为复杂。国际收支失衡后，外汇储备、货币供给量发生变化，进而影响国民收入、物价和利率等变量，使国际收支趋于平衡，如图1.2所示。

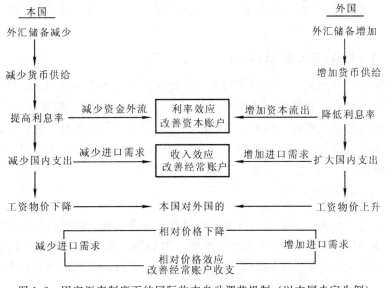

图1.2　固定汇率制度下的国际收支自动调节机制（以本国赤字为例）

(1) 当一国国际收支出现赤字时,为了维持固定汇率,一国货币当局必然减少本国的外汇储备,造成本国货币供给量减少,从而带来市场银根的紧缩,利息率上升,导致资本外流减少,外国资本流入增加,结果改善了资本账户。反之亦然。这是国际收支失衡的利率效应。

(2) 当一国国际收支出现赤字时,货币供给量减少,就会直接减少国内支出,同时利息率的上升又会进一步减少国内支出。而国内支出的一部分是用于进口的,这就必然导致进口需求也会减少,这是收入效应。同样,国际收支盈余也可以通过国内支出增加造成的进口需求增加而得到自动消减。

(3) 物价的变动在国际收支自动恢复调整中也发挥着重要的作用。当一国国际收支出现赤字时,货币的供给量下降通过收入效应会引起国内价格水平下降,使本国商品相对价格下降,增加出口需求,减少进口需求,这就是相对价格效应。同样,国际收支盈余通过物价的上升也得到自动消减。

3. 浮动汇率制度下的国际收支自动调节机制

在浮动汇率制度下,一国货币当局不必通过储备变动来干预外汇市场,汇率水平由市场的外汇供求决定。在这种制度下,国际收支失衡外汇供求变动→汇率水平变动→进出口变动→国际收支均衡。

当一国国际收支逆差→外汇供给小于需求→本币贬值→出口↑进口↓→国际收支均衡。反之,当一国国际收支顺差→外汇供给大于需求→本币升值→出口↓进口↑→国际收支均衡。根据弹性分析理论,当一国贸易弹性满足马歇尔-勒纳条件时,本币的贬值会造成本国商品相对价格的下降,外国商品相对价格的上升,从而引起出口增加、进口减少,最终,一国的国际收支状况得到改善。

(二) 国际收支失衡的政策调节

国际收支自动调节机制的使用不但方便而且对经济的副作用小,但它们只能在某些条件或经济环境下才能发挥作用,并且作用的程度和效果无法保证,所需要的时间也比较长。因此,当一国的国际收支出现失衡时,当局往往要采取适当的政策措施来平衡国际收支。下面主要以国际收支赤字来说明一国政府的政策选择。

1. 外汇缓冲政策

外汇缓冲政策,是指一国政府为应付国际收支失衡,将其黄金外汇储备作为缓冲体(Buffer),通过中央银行在外汇市场上买卖外汇,以消除国际收支不平衡所形成的外汇供求缺口,从而使收支不平衡所产生的影响仅限于外汇储备的增减，而不至于导致汇率的急剧变动而进一步影响本国的经济。外汇缓冲政策的优点是简便易行，但它也有局限性，即它不适用于对付长期、巨额的国际收支赤字，因为一国的外汇储备的数量总是有限的。这时，若完全依靠外汇缓冲政策，必将造成该国外汇储备的枯竭；若该国为填补外汇储备的不足，而向国外借款，又会大量增加外债。

上述分析说明，外汇缓冲政策的优点是对国内经济和汇率水平的影响较少，缺点是会引起官方储备的流失或债务的增加。

外汇缓冲政策主要适用于调节短期的、偶发性的国际收支失衡，不适用于调节长期的、巨额的国际收支失衡；但可作为一种辅助手段，配合其他政策，以使国内经济免受调整过猛所带来的巨大震动。

2. 财政货币政策

（1）财政政策（Fiscal Policy）。在国际收支出现赤字的情况下，一国政府宜实行紧缩性财政政策，抑制公共支出和私人支出，从而抑制总需求和物价上涨。总需求和物价上涨受到抑制，有利于改善贸易收支和国际收支。反之，在国际收支出现盈余的情况下，政府则宜实行扩张性财政政策，以扩大总需求，从而有利于消除贸易收支和国际收支盈余。必须要指出，一国实行什么样的财政政策，一般主要取决于国内经济的需要。

（2）货币政策（Monetary Policy），亦称金融政策。它是西方国家普遍、频繁采用的间接调节国际收支的政策措施。调节国际收支的货币政策，主要有贴现政策（Discount Policy）和改变存款准备金比率（Rate of Reserve Requirement）政策。

贴现政策是中央银行通过改变其对商业银行等金融机构持有的未到期票据进行再贴现时所收取利息计算的比率，即再贴现率（Rediscount Rate），借以影响金融市场利息率的政策。金融市场利息率的升降，既影响资本流出的规模，也影响国内的投资、消费需求和贸易收支，从而影响国际收支。贴现政策是西方国家最普遍、最频繁采用的间接调节国际收支的政策措施。

改变存款准备金比率的政策。在西方国家，商业银行等金融机构都要依法按其吸收存款的一定比率，向中央银行缴存保证存户提现和中央银行控制货币量的特定基金。这个比率的高低，决定着商业银行等金融机构可用于贷款资金规模的大小，因而决定着信用的规模与货币量，从而影响总需求和国际收支。过去，这项政策主要用于国内经济的调节，但从20世纪60年代末开始，这项政策措施也被一些发达国家用于调节国际收支。

上述分析说明，一定的财政货币政策有助于扭转国际收支失衡，但它也有明显的局限性。它往往同国内经济目标发生冲突，为消除国际收支赤字而实行紧缩性财政金融政策，会导致经济增长放慢甚至出现负增长，以及失业率上升；为消除国际收支盈余而实行扩张性财政金融政策，又会促进通货膨胀的发展和加快物价上涨。因此，通过调整财政货币政策而实现国际收支平衡，必然以牺牲国内经济目标为代价。

3. 汇率政策

汇率政策是指一国通过汇率的调整来实现国际收支平衡的政策措施。在固定汇率制度下，当国际收支出现严重逆差时，实行货币法定贬值（Devaluation），以改善国际收支；当国际收支出现巨额顺差时，在他国压力下实行货币法定升值（Revaluation），从而减少和消除国际收支顺差。

1973年春，固定汇率制（Fixed Exchange Rate System）变为浮动汇率制（Floating Exchange Rate System）以后，汇率政策仍被用于调节国际收支。这表现在，各发达国家积极进行市场干预（Market Intervention），使汇率符合自己的期望值，以通过汇率的高估或低估来调节国际收支。

影响汇率政策效力的因素主要有进出口商品的供求弹性、是否达到充分就业以及通货膨胀的承受能力。汇率政策的使用可以避免通货紧缩，但汇率的经常波动会加剧经济的不稳定，且易引起通货膨胀。在充分就业的情况下，本币贬值会引起通货膨胀。因此，汇率政策要结合紧缩性的财政或货币政策来实施。汇率政策适用于调节货币性的国际收支失衡。

4. 直接管制

直接管制（Direct Control）是指政府通过发布行政命令，对国际经济交易进行行政干预，以求国际收支平衡。直接管制包括外汇管制（Foreign Exchange Control）和贸易管制。从实施的性质来看，直接管制的措施有数量性管制措施和价格性管制措施。前者针对进口实施，包括进口配额、进口许可证制、外汇管制等各种进口非关税壁垒。后者既可用于减少进口支出，主要指进口关税，也可用来增加出口收入，如出口补贴、出口退税、外汇留成、出口信贷优惠等。从实施的效果来看，数量性管制措施能够在短期内迅速削减进口支出，立竿见影，而价格性管制措施的作用则基本等同于汇率政策。直接管制通常能起到迅速改善国际收支的效果，能按照本国的不同需要，对进出口贸易和资本流动区别对待。因此，适当地运用直接管制措施，可以在纠正国际收支赤字的同时不影响整个经济局势。

但是，直接管制并不能真正解决国际收支失衡问题，只是将显性国际收支赤字变为隐性国际收支赤字；一旦取消管制，除非经济结构相应得到改善，否则国际收支赤字仍会重新出现。因此许多国家采用直接管制措施，主要是配合产业政策的实施。再者，直接管制还十分容易引起贸易伙伴的报复。一旦对方国家也实行相应的报复性措施，往往导致国与国之间的"贸易战"，使原先实行直接管制的国家前功尽弃。另外，实行直接管制，也容易造成本国产品的生产效率低下，对外竞争能力不振，引起官僚作风和贿赂风气的兴起。因此要谨慎采用该项措施。

当一国国际收支不平衡时，须针对形成的原因采用相应的政策措施。比如，如果国际收支不平衡是季节性变化等暂时性原因引起的，可运用外汇缓冲政策；如果国际收支不平衡是由国内通货膨胀加重而形成的货币性不平衡，可运用货币贬值的汇率政策；如果国际收支不平衡是由国内总需求大于总供给而形成的收入性不平衡，可运用财政货币政策，实行紧缩性政策措施；如果国际收支不平衡由经济结构性原因引起，可进行经济结构调整并采用直接管制措施。

所谓国际收支危机（International Payment Crisis），是指一国的国际收支长期、持续地出现巨额逆差而得不到改善。上述政策措施和政策选择原则不能从根本上消除国际收支不平衡与国际收支危机的原因在于：

（1）自主性经济交易的自发性，会导致国际收支的不平衡。

（2）市场经济的发展必然要发生周期性波动，而经济的周期性波动恰恰是产生国际收支不平衡与国际收支危机的一个重要原因。

（3）发展不平衡是国际收支不平衡与国际收支危机的另一个重要原因。政治、经济发展不平衡，是西方世界绝对存在的一个规律。第二次世界大战后，这种不平衡进一步加剧，各国在经济增长速度、利息率与通货膨胀程度上的差异非常突出，这就不可避免地出现贸易收支不平衡与资本的国际巨额流动，从而形成有关国家的国际收支不平衡。

（4）发展中国家的国际收支危机，在很大程度上是由不合理的国际经济秩序造成的。存在于发展中国家的国际收支危机是很难消除的。

第四节 内外均衡的冲突与协调

一、内外均衡的冲突

内部均衡和外部均衡及政策搭配是英国经济学家詹姆斯·米德于1951年首先提出来的。米德认为：开放的宏观经济运行，有时会使一国内部均衡与外部均衡产生冲突。而要解决这个问题就要同时采用两种独立的经济政策，进行适当的政策搭配，使得一种经济政策实现内部均衡，另一种经济政策实现外部均衡，并提出一种经济政策若要实现两个相互独立的经济目标，则两个目标都实现不了。因此，要实现多少个相互独立的经济目标，就要有多少种不同的政策工具。

这里所指的内部均衡的目标是充分就业、物价稳定和经济增长。外部均衡的目标是国际收支均衡。

所谓的内部不均衡是指经济衰退或通货膨胀。外部不均衡是指国际收支逆差或顺差。

内外经济的组合类型有以下两种：

第一种：内外经济组合情况。

用一种政策调节可使内部不均衡和外部不均衡都得到缓解。如表1.1中第1种情况，经济衰退与国际收支顺差并存，当采用扩张性的政策时，可使经济衰退和国际收支顺差都得到缓解。

表 1.1 内外经济组合

1	对内均衡	对外均衡
2	对内均衡	对外不均衡
3	对内不均衡	对外均衡
4	对内不均衡	对外不均衡

第二种：固定汇率下内外均衡的一致与冲突。

用一种政策调节可使一种不均衡得到缓解，而使另一种不均衡更加严重。如表1.2中第3种情况，经济衰退与国际收支逆差并存，无论实行扩张性还是紧缩性政策，一种均衡的实现都会使另一种不均衡更加严重。同样，表1.2中第4种情况也不赘述。因此，要同时达到内、外部的均衡，就必须采用两种政策进行适当的搭配。

表 1.2 固定汇率下内外均衡的一致与冲突

	内部不均衡	外部不均衡	结　果
1	经济衰退	国际收支顺差	内外均衡一致
2	通货膨胀	国际收支顺差	内外均衡一致
3	经济衰退	国际收支逆差	内外均衡冲突
4	通货膨胀	国际收支逆差	内外均衡冲突

米德理论的前提是在固定汇率制度下，不考虑资金流动，从而导致当政府运用需求管理政策来调节内外均衡时，会出现内外均衡难以兼顾的情形。

二、政策搭配

第二次世界大战后，一些西方经济学家，如丁伯根（J. Tinbergen）、斯旺（T. W. Swan）、约翰逊（J. G. Johnson）、蒙代尔（R. A. Mundell）等，都曾致力于政策搭配问题的研究。他们认为，内部均衡与外部均衡是有机联系的，因此在研究外部均衡的同时，也要研究内部均衡，这样才有利于国家调节经济目标的实现。在经济发展过程中，当外部失衡超过一定限度，必须采取对策加以纠正。纠正外部失衡的对策如下：

（1）开支变更政策（Expenditure Changing Policies），亦称开支调整政策（Expenditure Adjustment Changing Policies），指政府运用财政政策与货币政策来调节总需求（支出），以求得国际收支平衡。

（2）开支转换政策（Expenditure Switching Policies），指政府采用汇率变动措施，使国内相对价格（Relative Price）和国外相对价格发生变化，进而引起对国货与外国货的需求转换的一种政策。

（3）直接管制指政府对某一或某些经济部门予以限制或优待。直接管制分为财政性管制（关税、津贴与出口信贷等）、商业性管制（如许可证、限额与配额等）和货币性管制（如外汇管制、进口预交保证金等）。直接管制因其副作用太大，政府只宜在战争或严重经济危机时采用，其他时期则应尽量避免采用。

关于这三类政策同国家调节经济目标之间的联系，丁伯根认为，为达到一个经济目标，政府至少要运用几种独立、有效的政策，这就是所谓的"丁伯根原则"（Tinbergen Rule）。因此，理想的选择是配合运用这些政策，以期同时获得内部均衡与外部均衡。这是任何国家经济政策都要解决的重大课题。蒙代尔提出，分配给财政政策以稳定国内经济的任务，而分配给货币政策以稳定国际收支的任务。这就是所谓的"蒙代尔分配原则"（Mundell Assignment Rule）。蒙代尔认为，财政政策通常对国内经济的作用大于对国际收支的作用，而货币政策则对国际收支的作用较大，它倾向于扩大本国与外国之间的利差（Interest Rate Differentials），促使大量资本在国际移动，进而影响国际收支。表1.3说明了蒙代尔的分配原则。

表 1.3　蒙代尔的分配原则

外部不均衡	内部不均衡	
	经济衰退	通货膨胀
国际收支逆差	扩张性财政政策 紧缩性货币政策	紧缩性财政政策 紧缩性货币政策
国际收支顺差	扩张性财政政策 扩张性货币政策	紧缩性财政政策 扩张性货币政策

表 1.4 说明了斯旺的支出变更型政策与支出转换型政策的搭配。

表 1.4　支出变更型政策与支出转换型政策的搭配

经济状况	支出变更政策	支出转换政策
衰退/逆差	扩　张	贬　值
通胀/逆差	紧　缩	贬　值
通胀/顺差	紧　缩	升　值
衰退/顺差	扩　张	升　值

现实经济生活远比理论上论述的要复杂得多，在决定政策取向时，不仅要考虑本国经济的需要，还要顾及他国可能做出的反应。比如，在理论假定中，经济衰退和通货膨胀是两种独立的情况，但它们有可能是同时存在的，那样的话，政策搭配的任务就要复杂得多，政策工具的数目也可能超过两个。再比如，货币贬值措施虽然易于实施，但在今天开放的经济条件下，很容易引起他国的报复，从而使得经济目标难以达到。因此，政策搭配理论运用到实际中是比较复杂的。

第五节　西方国际收支理论

一、"物价现金流动机制"理论

英国经济学家大卫·休谟（David Hume）早在 1752 年就论述了"物价现金流动机制"（Price Specie-Flow Mechanism）理论。这个理论认为，一国国际收支出现逆差，会引起黄金外流。黄金外流会引起货币供给减少和物价下跌。物价下跌，有利于出口贸易，而不利于进口，从而使国际收支恢复平衡。如果一国国际收支出现顺差，则会引起黄金流入。黄金流入会引起货币供给增加和物价上涨。物价上涨不利于出口贸易，而有利于进口贸易，从而导致国际收支的自动调节。该理论的基本假设如下：

(1) 不存在大量失业，否则货币供给量的变化很难导致物价相应变动。

(2) 没有国际资本流动，否则国际收支失衡未必引起黄金流动。

(3) 各国都必须遵守金本位制的货币纪律。

(4) 无论赤字国还是盈余国的进出口都须具有较高的价格弹性，以便进出口数量能对价格变动产生有效的反应。

该理论说明了在金本位制度下，价格变动对国际收支失衡具有自动调节作用。因为每一国的货币供给由黄金本身或以黄金为基础的纸币构成，而黄金在国际可以自由流动。

二、弹性论

弹性论（Elasticities Approach）的基本假设如下：

(1) 其他条件不变，只考虑汇率变化的影响；其中收入不变，即充分就业。

(2) 没有资本流动，没有劳务的进出口，国际收支等于贸易收支。

弹性分析理论（The Theory of Elasticities Approach）产生于20世纪30年代，是一种适用于纸币流通制度的国际收支理论。它是由英国经济学家马歇尔（A. Marshall）提出，后经英国经济学家琼·罗宾逊（J. Robinson）和美国经济学家勒纳（A. P. Lerner）等的发展而形成的。

这个理论紧紧围绕进出口商品的供求弹性来论述国际收支问题，因而得名为弹性分析理论。

弹性论主要研究货币贬值对贸易收支的影响。我们知道，贸易收支是出口值与进口值的对比，而出口值＝出口商品数量×出口商品价格，进口值＝进口商品数量×进口商品价格。进出口值均以外币表示。价格的变动会影响需求和供给数量的变动。需求量变动的百分比与价格变动的百分比之比，称为需求对价格的弹性，简称需求弹性。供给量变动的百分比与价格变动的百分比之比，称为供给对价格的弹性，简称供给弹性。在进出口方面，就有4个弹性，它们分别是：

进口商品的需求弹性（E_M），其公式为

$$E_M = \frac{进口商品需求量的变动率}{进口商品价格的变动率}$$

出口商品的需求弹性（E_X），其公式为

$$E_X = \frac{出口商品需求量的变动率}{出口商品价格的变动率}$$

进口商品的供给弹性（S_M），其公式为

$$S_M = \frac{进口商品供给量的变动率}{进口商品价格的变动率}$$

出口商品的供给弹性（S_X），其公式为

$$S_X = \frac{出口商品供给量的变动率}{出口商品价格的变动率}$$

所谓弹性，实际上就是一种比例关系。当这种比例关系的值越高，我们就称弹性越高；反之，比例关系的值越低，就称弹性越低。

一国货币贬值，会使出口价格下跌而促进出口，进口商品价格提高而使进口受到抑制，但这并不意味着贸易收支逆差会减少。贸易收支逆差是否减少最终取决于两个因素：一是由贬值引起的进出口商品的单位价格的变化，二是由进出口商品的单位价格引起的进出口商品数量的变化。然而，出口值增大只发生在出口商品数量的增长率大于出口价格下跌的比率时，亦即出口商品的需求弹性大于1时；只有在进口需求有弹性而且大于零时，进口值才会减少。这样，出口值大于进口值，贸易收支便得到改善。

马歇尔-勒纳条件是指货币贬值后，只有出口商品的需求弹性和进口商品的需求弹性之和大于1，贸易收支才能改善，即贬值取得成功的必要条件是：$E_M + E_X > 1$。

此外，弹性论还认为，当 $E_M + E_X = 1$ 时，货币贬值对贸易收支不发生作用；当 $E_M + E_X < 1$ 时，货币贬值会使贸易收支逆差扩大。

弹性论的重要贡献在于，它的分析纠正了货币贬值一定有改善贸易收支的作用与效果的片面看法，且正确地指出了只有在一定的进出口供求弹性条件下，货币贬值才有改善贸易收支的作用与效果。将弹性理论运用于国际贸易，揭示了汇率与商品相对价格和国际收支的关系。这说明货币贬值对改善国际收支是有条件的，因此对发展中国家有警示意义。但是，它也有很大的局限性。

（1）假设收入和非贸易品价格不变、马歇尔-勒纳条件中供给弹性无穷大，这都与现实不符。

（2）忽略了汇率对资本流动的影响。

（3）只分析结果，不分析原因。

（4）采用静态分析，不考虑时滞的影响。弹性分析理论忽视了汇率变动效应的"时滞"（Time Lag）问题，实际上，汇率变动在贸易收支上的效应并不

是"立竿见影"的，而是呈"J形曲线"（J Curve）的。这是因为，其一，货币贬值初期，以本币表示的进口价格会立即提高，但以本币表示的出口价格却提高得较慢。同时，出口量要经过一段时间才能增加，而进口量也要经过一段时间才能减少。其二，即使在货币贬值后签订贸易协议，出口增长仍要受认识、决策、生产周期等因素的影响。进口方有可能会认为现在的贬值是以后进一步贬值的前奏，从而加速订货。这样，货币贬值初期，出口值会小于进口值，贸易收支仍会恶化。只有经过一段时间之后，贸易收支才会逐渐好转。一般认为出口供给的调整时间需要半年到一年，整个过程用曲线描述出来呈字母"J"形，故在马歇尔-勒纳条件成立的情况下，货币贬值对贸易收支的时滞效应，称为J曲线效应（见图1.3）。在图1.3中，$B_{t_2} > A_{t_1}$，表示贸易收支先恶化，逆差扩大，随着时间推移，再经过 C 点和 D 点得到改善。

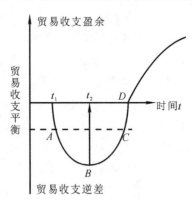

图1.3　J曲线效应

（5）只分析微观因素，未分析宏观因素；采用局部均衡分析。所谓"局部均衡"，就是假定"其他条件不变"。然而，实际上其他条件并非不变，前述的继发性通货膨胀，以及国民收入与利率等都在改变。

（6）在应用弹性论时，可能存在技术上的困难。

三、吸收论

吸收论的基本假设：没有资本流动，国际收支等于贸易收支。

吸收论（The Theory of Absorption Approach）形成于第二次世界大战后初期。它是美国经济学家亚历山大（S. Alexander）阐述的理论。这个理论产生的第一个背景是，西欧国家正在恢复经济，国际收支危机严重；第二个背景则是，凯恩斯主义理论已成为西方国家经济学的主流学派。吸收分析理论实际上是凯恩斯主义理论在国际收支上的具体运用。这个理论是以凯恩斯的国民收入方程式为基础的，即

$$Y = C + I + G$$

式中，Y 为国民收入；C 为私人消费；I 为私人投资；G 为政府支出。这原是凯恩斯对封闭型经济进行考察和分析的均衡方程式。后来，凯恩斯的追随者又对开放型经济进行考察和分析，把对外贸易也包括在方程式之内，因而，上述均衡方程式便成为

$$Y = C + I + G + (X - M)$$

式中，X 为出口收入；M 为进口支出；$X-M$ 为贸易收支差额。假定支出（亚历山大称为吸收，吸收理论即因此得名），即 $C+I+G$ 为 A，并把国际收支 B 抽象为贸易收支，则 $Y=C+I+G+(X-M)$ 变为 $Y=A+B$，变形得 $B=Y-A$，此式表明：

（1）国际收支 ＝ 总收入 － 总吸收。

（2）总吸收如与总收入相等，是国际收支平衡；如总收入大于总吸收，是国际收支顺差；如总收入小于总吸收，则是国际收支逆差。

（3）方程式的左端 B 为果，右端 $Y-A$ 为因。在亚历山大看来，国际收支盈余是总吸收相对于总收入不足的表现，而国际收支赤字则是总吸收相对过大的反映。由方程式 $B=Y-A$ 可知，消除国际收支赤字的方法是：增加总收入，或减少总吸收，或二者兼用。

吸收论的贡献是：以凯恩斯宏观经济理论为基础，从一国国民收入与支出的关系出发，注重将国际收支调节纳入一国总体经济活动来考察，强调收入和吸收在国际收支调节中的关键作用，有助于人们对国际收支失衡和均衡性质的深入认识。它认为：货币贬值要起到改善国际收支的作用，必须有闲置资源的存在；其次，出口扩大会引起国民收入和国内收入的同时增加，只有当边际吸收倾向小于 1，即吸收的增长小于收入的增长时，货币贬值才能改善国际收支。

吸收论的缺陷是：吸收论是建立在国民收入核算会计恒等式的基础上的，但并没有对收入和吸收为因、贸易收支为果的观点提供任何令人信服的逻辑分析；在货币贬值分析中，吸收论完全没有考虑相对价格在调整过程中的作用；吸收论忽略了资源运用效率，认为在充分就业的情况下，货币贬值不能提高收入；吸收论是一个单一国家模型，没有涉及国际资本流动。

四、货币论

货币论的基本假设是：

（1）货币供给不影响收入，货币需求是收入、价格、利率的稳定函数。

（2）一价定律成立，$MD = Pf(y \cdot i)$。

（3）货币供给变动不影响实物产量。

货币论产生于 20 世纪 60 年代，其代表人物有蒙代尔、约翰逊、弗兰克尔，其理论基础是 20 世纪 60 年代兴起的货币主义学说。该理论认为国际收支是一种货币现象，因而强调货币供给与货币需求之间的状况在形成国际收支不平衡及其调节过程中的作用，即货币需求大于货币供给，会导致国际收支出现顺差；货币需求小于货币供给，会导致国际收支出现逆差；货币需求与货币供给处于平衡状态，将使国际收支平衡。货币论用公式表达为

$$MS = MD \tag{1.1}$$

式中，MS 表示名义货币的供应量；MD 表示名义货币的需求量。从长期看，可以假定货币供应与货币需求相等。即

$$MD = Pf(y \cdot i) \tag{1.2}$$

式中，P 为本国价格水平；f 为函数关系；y 为国民收入；i 为利率，$Pf(y \cdot i)$ 表示对名义货币的需求；$f(y \cdot i)$ 表示对实际货币存量（余额）的需求

$$MS = m(D + R) \tag{1.3}$$

式中，D 指国内提供的货币供应基数；R 是来自国外的货币供应基数，它通过国际收支盈余获得，以国际储备作为代表；m 为货币乘数，指银行体系通过辗转存贷创造货币，使货币供应扩大的倍数。现取 $m = 1$，可得

$$MS = D + R \tag{1.4}$$

$$MD = D + R \tag{1.5}$$

$$R = MD - D \tag{1.6}$$

式(1.6)是货币论的最基本方程式，表明国际收支是一种货币现象。

一国的货币供给有两个来源：国内银行体系创造的信用，由经常项目收支顺差所形成的国外资金流入。货币需求只能从这两个方面得到满足。如果国内货币供给不能满足货币需求，只能从国外取得资金来满足。这时，国外资金会流入，直到货币供给与货币需求恢复平衡，而使国际收支平衡。随着国外资金流入和货币供给增加，货币供给会大于货币需求，国际收支也会出现顺差。这时，人们就会扩大商品进口和对外投资，把资金移到国外。这样，国内的货币供给便会减少。随着这些活动的增加，国际收支将出现逆差。可简单表述为：国内信贷总量变化→货币供求变化→国际收支失衡→外汇储备变化→货币供求平衡→国际收支均衡。具体地：国内信贷总量增加→MS＞MD→外币资产↑→国际收支逆差→外汇储备↓→MS↓→国际收支均衡。由此，货币分析理论得出结论：国际收支是一种货币现象；货币政策是调节国际收支的主要手段和工具，影响国际收支的根本因素是货币供应量，国际收支逆差是国内信贷扩张所致，应采用紧缩性的货币政策来调节。为使国际收支平衡，货币供给应与经济增长保持一致。

从上述货币论的主要论点可以看出：①它实际上是休谟的"物价现金流动机制"理论在现代条件下的进一步发展，是新的国际收支自动平衡理论。货币论唤起人们在国际收支分析中对货币因素的重新重视，它对长期国际资金流动

的分析具有一定的说服力。②它较弹性论和吸收论的进步之处在于，它考虑到了资本在国际收支上的平衡效果，即长期的国际收支调节问题，却忽视短期国际收支不平衡所带来的影响，这是货币论的一个缺陷。它假定货币需求函数是相当稳定的。但在短期内，货币需求往往是很不稳定的，也很难不受货币供给变动的影响；货币论还假定货币供给变动不影响实物产量；它强调一价定律的作用，但从长期来看，由于垄断因素和商品供求弹性的存在，一价定律往往是不能成立的。

当前，弹性论、吸收论和货币论不仅为许多国家所重视，而且也成为国际货币基金组织判定调节国际收支方案的理论依据。比如，当某会员国国际收支处于严重困难境地，并要求国际货币基金组织提供高档信贷部分贷款时，国际货币基金组织往往要求该成员国采取大规模削减财政赤字、严格控制信贷和进行货币贬值等措施，以改善国际收支。国际货币基金组织的这些要求，就是以货币论为基础的，国际货币基金组织认为货币供求是决定国际收支的首要因素，因而强调实行以控制国内信贷为主的政策，同时这些要求还反映了吸收论的以控制国内需求为主，以及弹性论的以货币贬值来促进出口的论点。

> 知识拓展 1

下面来看一下我国 2016—2019 年国际收支平衡表（见表 1.5）。

表 1.5　我国国际收支平衡表（年度表）　　　　　　　　　单位：亿 SDR

项目	2016 年	2017 年	2018 年	2019 年
1. 经常账户	**1 448**	**1 397**	**195**	**1 024**
贷方	17 663	19 723	20 686	21 033
借方	−16 216	−18 327	−20 491	−20 009
1.A 货物和服务	**1 838**	**1 552**	**741**	**1 191**
贷方	15 819	17 453	18 747	19 140
借方	−13 981	−15 901	−18 005	−17 949
1.A.a 货物	**3 516**	**3 415**	**2 804**	**3 081**
贷方	14 319	15 921	17 096	17 371
借方	−10 802	−12 506	−14 292	−14 290
1.A.b 服务	**−1 679**	**−1 863**	**−2 063**	**−1 890**
贷方	1 500	1 532	1 650	1 769
借方	−3 179	−3 395	−3 713	−3 659
1.A.b.1 加工服务	132	129	121	111

续 表

项目	2016年	2017年	2018年	2019年
贷方	133	130	123	114
借方	－1	－1	－2	－3
1．A．b．2 维护和维修服务	23	27	33	47
贷方	37	43	51	74
借方	－14	－16	－18	－27
1．A．b．3 运输	－336	－402	－473	－427
贷方	244	268	299	334
借方	－580	－670	－772	－761
1．A．b．4 旅行	－1 481	－1 579	－1 672	－1 583
贷方	320	277	285	259
借方	－1 801	－1 856	－1 957	－1 843
1．A．b．5 建设	30	26	35	37
贷方	91	88	96	104
借方	－61	－62	－61	－68
1．A．b．6 保险和养老金服务	－64	－53	－47	－45
贷方	29	29	35	35
借方	－93	－82	－82	－80
1．A．b．7 金融服务	8	13	9	11
贷方	23	25	24	28
借方	－15	－12	－15	－17
1．A．b．8 知识产权使用费	－164	－172	－213	－201
贷方	8	34	39	48
借方	－172	－207	－252	－249
1．A．b．9 电信、计算机和信息服务	91	54	46	58
贷方	183	193	212	253
借方	－92	－139	－166	－195
1．A．b．10 其他商业服务	106	122	135	140
贷方	417	427	467	501
借方	－311	－305	－332	－361
1．A．b．11 个人、文化和娱乐服务	－10	－14	－17	－23
贷方	5	6	7	7

续表

项目	2016年	2017年	2018年	2019年
借方	−15	−20	−24	−30
1.A.b.12 别处未提及的政府服务	−14	−13	−19	−15
贷方	9	12	12	11
借方	−23	−25	−32	−27
1.B 初次收入	**−321**	**−70**	**−530**	**−241**
贷方	1 623	2 068	1 744	1 706
借方	−1 944	−2 137	−2 274	−1 947
1.B.1 雇员报酬	149	108	57	22
贷方	193	156	128	103
借方	−45	−49	−70	−81
1.B.2 投资收益	−472	−180	−600	−271
贷方	1 425	1 906	1 602	1 590
借方	−1 898	−2 087	−2 202	−1 861
1.B.3 其他初次收入	2	3	13	8
贷方	4	5	15	13
借方	−2	−2	−2	−5
1.C 二次收入	**−69**	**−86**	**−16**	**74**
贷方	222	203	196	188
借方	−291	−288	−212	−113
1.C.1 个人转移	/	−18	−3	0
贷方	/	50	44	29
借方	/	−69	−46	−29
1.C.2 其他二次收入	/	−67	−13	74
贷方	/	152	152	158
借方	/	−220	−165	−85
2. 资本和金融账户	**205**	**131**	**1 070**	**409**
2.1 资本账户	**−2**	**−1**	**−4**	**−2**
贷方	2	2	2	2
借方	−5	−2	−6	−4
2.2 金融账户	**208**	**132**	**1 074**	**412**

续 表

项目	2016年	2017年	2018年	2019年
资产	−1 662	−3 044	−2 553	−1 440
负债	1 870	3 177	3 627	1 852
2.2.1 非储备性质的金融账户	−2 996	784	1 198	271
资产	−4 866	−2 392	−2 430	−1 581
负债	1 870	3 177	3 627	1 852
2.2.1.1 直接投资	−292	196	646	420
2.2.1.1.1 资产	−1 554	−993	−1 011	−707
2.2.1.1.1.1 股权	−1 054	−979	−798	−615
2.2.1.1.1.2 关联企业债务	−499	−14	−213	−93
2.2.1.1.1.a 金融部门	/	−128	−147	−127
2.2.1.1.1.1.a 股权	/	−127	−141	−138
2.2.1.1.1.2.a 关联企业债务	/	−1	−5	12
2.2.1.1.1.b 非金融部门	/	−865	−864	−581
2.2.1.1.1.1.b 股权	/	−852	−657	−476
2.2.1.1.1.2.b 关联企业债务	/	−13	−207	−105
2.2.1.1.2 负债	1 262	1 189	1 657	1 127
2.2.1.1.2.1 股权	1 191	1 008	1 312	949
2.2.1.1.2.2 关联企业债务	71	181	345	178
2.2.1.1.2.a 金融部门	/	87	124	133
2.2.1.1.2.1.a 股权	/	64	105	115
2.2.1.1.2.2.a 关联企业债务	/	22	18	18
2.2.1.1.2.b 非金融部门	/	1 102	1 533	994
2.2.1.1.2.1.b 股权	/	944	1 206	834
2.2.1.1.2.2.b 关联企业债务	/	159	326	160
2.2.1.2 证券投资	−379	208	752	420
2.2.1.2.1 资产	−741	−680	−374	−648
2.2.1.2.1.1 股权	−275	−235	−123	−213
2.2.1.2.1.2 债券	−466	−444	−251	−435
2.2.1.2.2 负债	363	887	1 126	1 067
2.2.1.2.2.1 股权	168	260	428	325

续表

项目	2016年	2017年	2018年	2019年
2.2.1.2.2.2 债券	194	627	698	742
2.2.1.3 金融衍生工具	−39	3	−44	−17
2.2.1.3.1 资产	−47	11	−34	10
2.2.1.3.2 负债	8	−8	−9	−27
2.2.1.4 其他投资	−2 287	378	−156	−551
2.2.1.4.1 资产	−2 524	−731	−1 010	−236
2.2.1.4.1.1 其他股权	0	0	−10	−11
2.2.1.4.1.2 货币和存款	−463	−410	−106	−624
2.2.1.4.1.3 贷款	−794	−327	−573	241
2.2.1.4.1.4 保险和养老金	−3	0	−4	−8
2.2.1.4.1.5 贸易信贷	−731	−128	−473	262
2.2.1.4.1.6 其他	−534	134	156	−95
2.2.1.4.2 负债	237	1 109	854	−315
2.2.1.4.2.1 其他股权	0	0	0	0
2.2.1.4.2.2 货币和存款	62	786	363	−403
2.2.1.4.2.3 贷款	−124	367	222	306
2.2.1.4.2.4 保险和养老金	−5	5	2	13
2.2.1.4.2.5 贸易信贷	118	−16	292	−205
2.2.1.4.2.6 其他	187	−32	−25	−26
2.2.1.4.2.7 特别提款权	0	0	0	0
2.2.2 储备资产	3 204	−652	−123	141
2.2.2.1 货币黄金	0	0	0	0
2.2.2.2 特别提款权	2	−5	0	−4
2.2.2.3 在国际货币基金组织的储备头寸	−38	16	−5	0
2.2.2.4 外汇储备	3 240	−662	−118	145
2.2.2.5 其他储备资产	0	0	0	0
3. 净误差与遗漏	−1 653	−1 528	−1 266	−1 433

资料来源：国家外汇管理局门户网站

国际收支统计的复式记账法

一、单个交易的记录

分别在借方和贷方记录单个交易构成了会计体系的基础。国际收支中每笔交易的记录均由两个金额相等但方向相反的分录组成,反映了每笔交易的流入和流出。对于每笔交易,各方都记录一个与之相对应的贷方分录和借方分录。

贷记(CR)——货物和服务出口,应收收入、资产减少,或负债增加。

借记(DR)——货物和服务进口,应付收入、资产增加,或负债减少。

(1)向非居民出售100个货币单位的货物,对于卖方而言(该交易包括向非居民提供物质资源,以及从非居民收到金融资源,即补偿性收入):

出口100(贷记——实物资产减少)

货币100(借记——金融资产增加)

(2)只涉及金融资产分录的交易:出售50个货币单位的股份,对于卖方而言(售方提供股份,并收到货币):

股份和其他股权50(贷记——金融资产减少)

货币50(借记——金融资产增加)

(3)涉及资产换取负债的交易:借款人收到70个货币单位的现金贷款,对于借款人而言:

贷款70(贷记——负债增加)

货币70(借记——金融资产增加)

二、汇总记录

在国际收支汇总数据中,经常账户和资本账户分录为合计数据,而金融账户分录是有关每项资产和负债下每个类别或工具的净值。

由于每笔业务都有两个分录,因此,从概念上说,一国国际收支中的贷方分录合计额与借方分录合计额之差为零,也就是说,在概念上,整个账户是平衡的。在实践中,计量问题会使它们之间存在差异。

国际收支具有两个分录的这种性质可用不同方式表现在汇总数据中。分录性质通过列标题反映(即贷方、借方、金融资产净获得和负债净产生),一般认为这种表示便于用户理解。在另一种表示中,贷方分录显示为正,而借方分录显示为负,这种表示可用于计算差额,但需要为用户做更多的解释(例如,资产增加显示为负值)。

在国民账户体系的表示中,对编报经济体而言,国际收支经常账户中的贷方分录称为"世界其他地方所部门的使用"（例如，出口是被世界其他地方所使用）。同样，编报经济体的借方分录在国民账户体系中称为"资源的提供"（例如，进口是由世界其他地方提供的资源）。由于国民账户体系的世界其他地方账户从非居民角度出发，因此国际账户中编报经济体的资产在国民账户体系中被列示为世界其他地方这一部门的负债。

资料来源：国际货币基金组织. 国际收支和国际投资头寸手册 [S]. 6 版. 华盛顿：国际货币基金组织，2009.

知识拓展3

国际收支结构变动理论：克劳瑟模型

根据英国经济学家杰弗里·克劳瑟的理论，一个国家在发展过程中，要经历不同阶段，随着国民收入水平的变化，这个国家的国际收支将发生一系列的变化。杰弗里·克劳瑟把一个国家国际收支的变化分成6个阶段：

第一阶段，年轻债务国：贸易、投资收入、经常项目逆差；资本项目顺差。

第二阶段，成熟债务国：贸易顺差，投资收益逆差，经常项目逆差；资本项目顺差。

第三阶段，债务偿还国：贸易顺差，投资收益逆差，经常项目顺差；资本项目顺差。

第四阶段，年轻债权国：贸易顺差，投资收益顺差，经常项目顺差；资本项目逆差。

第五阶段，成熟债权国：贸易逆差，投资收益顺差，经常项目顺差；资本项目逆差。

第六阶段，债权减损国：贸易逆差，投资收益顺差，经常项目逆差；资本项目顺差（海外资本回流）。

一个国家在经济发展过程中，国际收支的各个项目会发生一定的变化。这种变化最重要的原因是这个国家在经济发展过程中投资和储蓄之间的关系发生变化。跟克劳瑟模型相对应，我们假定一个国家在发展初期要有一定的投资率，投资率为20%或25%，但是，这个国家很穷，不可能有很多的储蓄，所以在发展初期，一定是投资率高于储蓄率。随着一国经济的发展，储蓄不足的缺口将越来越小，到了某一点之后，实际上储蓄率就大于投资率了。

而一个国家走向衰老之后，其储蓄率又小于投资率了。国际收支里面，经常项目、贸易项目和投资收入项目是一个动态的过程。看一个国家是资本输出国还是输入国，非常简单，就看这个国家经常项目是顺差还是逆差。

资料来源：余永定. 国际收支结构变动的理论和实践及其对中国的政策含义 [J]. 科学发展，2014（7）.

本 章 小 结

1. 根据国际货币基金组织对国际收支的解释，国际收支是指一国（地区）的居民在一定时期内（通常为一年）与非居民之间的经济交易的系统货币记录。国际收支记录的是一国（地区）居民与非居民之间的交易，国际收支是系统的货币记录，国际收支是一个流量和事后的概念。

2. 国际收支平衡表是一国（地区）根据特定的账户设置，按照复式簿记原理对其一定时期内的全部对外经济交易进行系统记录的报表。国际收支平衡表按照复式簿记原理即借贷记账法编制；根据《国际收支和国际投资头寸手册》第六版，国际收支的账户设置为经常账户、资本账户、金融账户和错误与遗漏账户。

3. 国际收支平衡表所列的全部项目中，除了错误和遗漏项目之外，其余所有的项目都代表着实际的交易，所有这些交易活动，按照其交易主体和交易目的的不同，可以分为自主交易和补偿交易两种不同性质的交易。国际收支平衡是指国际收支中自主交易的平衡，即自主交易的贷方余额等于自主交易的借方余额。而国际收支失衡或不平衡是指国际收支自主性交易发生逆差或顺差，当自主交易的贷方余额大于自主交易的借方余额时为顺差，当自主交易的贷方余额小于自主交易的借方余额时为逆差。

4. 国际收支平衡表的每个具体账户和科目的借方额和贷方额往往是不相等的，这种差额被称为局部差额。常用的局部差额统计口径包括贸易收支差额、经常账户差额、资本与金融账户差额和综合账户差额，在没有特别说明的情况下，当自主交易的贷方余额大于自主交易的借方余额时为顺差，当自主交易的贷方余额小于自主交易的借方余额时为逆差。

5. 国际收支失衡是经常的、绝对的。根据引起国际收支失衡的主要原因，国际收支失衡包括偶然性失衡、收入性失衡、货币性失衡、结构性失衡、周期性失衡等。开放经济条件下国际收支失衡对一国经济具有重要影响。调节国际收支失衡以实现国际收支平衡是一国重要的宏观目标之一。

6. 一个国家的国际收支无论是出现持续性的巨额顺差还是逆差，都会对本国经济产生不利的影响。因此，需要对一国产生的国际收支失衡进行调节。调节手段有两种：一是国际收支的自动调节机制，包括货币-价格机制、收入机制和利率机制。二是国际收支的政策调节机制，包括支出增减型政策、支出转换型政策、融资型政策和其他政策。支出增减型政策包括汇率政策、补贴和关税政策、直接管制政策；支出转换型政策包括财政政策和货币政策；融资型政策包括内部融资和外部融资；其他政策包括供给政策、道义与宣示型政策以及国际经济合作政策。

7. 开放经济条件下，政府的宏观经济政策目标既包括内部均衡也包括外部均衡，而内部均衡和外部均衡之间存在冲突的可能性，即存在米德冲突。因此，开放经济条件下的政策调控需要有新的思路。而政策配合的"丁伯根原则"与政策指派的"有效市场分类原则"等理论发展了开放经济的政策调控理论，确定了开放经济条件下的政策调控的基本思想，即针对内外均衡目标，确定不同政策工具的指派对象，并且尽可能地进行协调，以同时实现内外均衡。在用政策搭配来实现内外均衡的模型中，蒙代尔提出的货币政策与财政政策的搭配以及斯旺提出的支出转换型政策与支出增减型政策的搭配最有影响。

8. 西方具有代表性的国际收支调节理论包括弹性论、吸收论和货币论。弹性论指出，货币贬值能否改善贸易收支取决于进出口供求弹性，只有进出口商品需求弹性之和大于1，进出口商品供给弹性趋于无限大时，货币贬值才能改善一国的贸易收支。吸收论则认为国际收支不平衡的根本原因在于国民收入和国内支出总量失衡。改善国际收支就需要通过收入一方的调整或者支出一方的调整加以调节。货币论则主张运用一国货币供应量的变化来调节国际收支的不平衡，而国际收支对一国货币供给量的大小又具有自动调节功能。

复习思考题

1. 在国际收支平衡表中，资本与金融账户包括哪几项？
2. 简述国际收支不平衡的几种类型以及对一国经济的影响。
3. 简述国际收支自动平衡机制。
4. 简述国际收支政策调节的作用过程。
5. 简述蒙代尔的政策搭配理论。
6. 在怎样的情况下会出现米德冲突？其根源是什么？
7. 试总结各派国际收支调节理论的前提条件与核心内容的异同。联系我国实际，运用内外均衡理论说明如何做好内外政策协调。
8. 试述国际收支理论的各学派的主要观点及贡献。

第二章 国际储备

【学习目的】

一国的国际收支经常会出现不平衡，这种不平衡如果是顺差，会使其国际储备增加；如果是逆差，会使其国际储备减少。通过本章的学习，学生应掌握国际储备和国际清偿能力的概念、构成与作用，国际储备的来源及国际储备的管理等。

【重点难点】

(1) 国际储备的概念及内容；
(2) 国际清偿能力的概念及内容；
(3) 国际储备的管理。

【重要概念】

国际储备/国际清偿能力/借入储备/特别提款权/备用储备/互惠信贷协议/国际储备总量管理/国际储备结构管理

第一节 国际储备的概念及内容

一、国际储备的概念

国际储备（International Reserve）是指一国货币当局持有的，用于弥补国际收支逆差，维持其货币汇率和作为对外偿债保证的各种形式资产的总称。按照这个定义，一种资产须具备三个特征，方能成为国际储备。第一个特征是可得性，即它可以随时、方便地被政府得到。第二个特征是流动性，即变为现金的能力。第三个特征是普遍接受性，即它可以在外汇市场上或在政府间清算国际收支差额时被普遍接受。

二、国际储备的内容

一国国际储备的内容主要包括一国的货币用黄金储备、外汇储备、在国际货币基金组织的储备头寸,以及在国际货币基金组织的特别提款权。

1. 黄金储备

黄金储备是指一国货币当局持有的货币性黄金。

在典型的国际金本位制度下,黄金是最重要的国际储备形式。在第二次世界大战后的布雷顿森林体系下,黄金仍是很重要的国际储备形式。自1976年起,根据国际货币基金组织的《牙买加协议》,黄金同国际货币制度和各国的货币脱钩,黄金不准成为货币制度的基础,也不准用于政府间的国际收支差额清算。但是,国际货币基金组织在统计和公布各成员国的国际储备时,依然把黄金储备列入其中。主要原因是长期以来黄金一直被人们认为是一种最后支付手段,它的贵金属特性使它易于被人们所接受,加之世界上存有发达的黄金市场,各国货币当局可以方便地通过向市场出售黄金来获得所需的外汇,平衡国际收支的差额。

自黄金与国际货币体系脱钩以来,由于金价的波动,国际货币基金组织在公布各国黄金储备时,采用了两种方法:①公布数量(以盎司为单位)。②按各种口径(比如年底的或年平均)的市场价格公布各国的黄金储备金额。

2. 外汇储备

外汇储备是一国货币当局持有的对外流动性资产,其主要形式为国外银行存款和外国政府债券。国际货币基金组织对外汇储备的解释为:它是货币行政当局以银行存款、财政部库存、长短期政府证券等形式所保有的,在国际收支逆差时可以使用。

外汇储备是当今国际储备中的主体。因为从金额而言,它超过所有其他类型的储备。更重要的是,外汇储备在实际中使用的频率最高,规模最大,黄金储备几乎很少使用。储备地位和特别提款权因其本身的性质和规模,其作用也远远小于外汇储备。

由于外汇储备是国际储备中的主体,因此,就全球而言,外汇储备供给状况直接影响世界贸易和国际经济往来能否顺利进行。供给太少,很多国家将被迫实行外汇管制或采取其他不利于国际经贸活动顺利开展的措施;反之,若供给太多,又会增加世界性通货膨胀的压力。因此,外汇储备的供给如何在总体上保持适量,是国际金融研究的一个重要课题。

在20世纪70年代以前,外汇储备的供应主要依赖于美元。美国通过其国际收支逆差，使大量美元流出美国，形成一种世界性货币，其中一部分被各国政府所拥有，成为各国的美元储备。自20世纪70年代初期起，由于美元币值的相对不稳定，且其他一些国家如日本、德国在经济上的崛起以及在世界经贸领域中作用的扩大，储备货币的供应开始出现多样化。随着欧元的产生，世界外汇储备的格局也发生了一些变化。然而，在今后一个相当长的时期内，美元作为主要储备货币的地位很难被其他货币取代。

3. 在国际货币基金组织的储备头寸

在国际货币基金组织的储备头寸，亦称普通提款权，是指成员国在国际货币基金组织的普通资金账户中可自由提取和使用的资产。

国际货币基金组织犹如一个股份制性质的储蓄互助会。当一个国家加入基金组织时，须按一定的份额向该组织缴纳一笔钱，称之为份额。按该组织现在的规定，认缴份额的25%须以可兑换货币缴纳，其余75%用本国货币缴纳。当成员国发生国际收支困难时，有权以本国货币抵押的形式向该组织申请提用可兑换货币。提用的数额分5档，每档占其认缴份额的25%，条件逐档严格。由于第一档提款额就等于该成员国认缴的可兑换货币额，因此，条件最为宽松。在实践中，只要提出申请，便可提用这一档。该档提款权为储备部分提款权，其余四档为信用提款权。

4. 特别提款权

特别提款权（Special Drawing Rights，SDRs）是国际货币基金组织在1969年9月正式决定创造的无形货币，作为成员国的账面货币，是成员国原有的普通提款权以外的提款权利，故称特别提款权。

国际货币基金组织于1969年创设特别提款权，并于1970年按成员国认缴份额开始向参加特别提款权部的成员国分配特别提款权。特别提款权是一种依靠国际纪律而创造出来的储备资产。它的分配是无偿的，它具有价值尺度、支付手段、储藏手段的职能，但没有流通手段的职能，不能被私人用来直接进行国际商品的流通，因此，它还不是一种完全的世界货币。这里需要特别说明的是，其一是特别提款权的利率和用途。用于特别提款权的价值是用5种主要货币汇率加权平均后求得的，因此，与之对应，特别提款权资产的利率也是用这5种货币的市场利率经加权平均后求得的。在国际货币基金组织范围内，特别提款权有以下用途：以划账的形式获取其他可兑换货币（见前述）；清偿与国际货币基金组织之间的债务；缴纳份额；向国际货币基金组织捐款或贷款；作为本国货币汇率的基础（1993年2月，有5个成员国的货币与特别提款权保持固定比价）；成员国之间的互惠信贷协议；国际货币基金组织的记账单位；

充当储备资产。其二是特别提款权的定价方法。2001年1月1日，定值货币改为4种，即美元、欧元、日元和英镑，其权数分别为45%、29%、15%和11%。以美元表示的SDRs价值＝45%＋美元/欧元比价29%＋美元/日元比价15%＋美元/英镑比价11%。

人民币在2016年10月1日成为继美元、欧元、日元、英镑后，特别提款权中的第五种货币。特别提款权的价值由美元、欧元、人民币、日元、英镑这五种货币所构成的一篮子货币的当期汇率确定，所占权重分别为41.73%、30.93%、10.92%、8.33%和8.09%。

第二节 国际清偿能力的概念及内容

一、国际清偿能力的概念

在经济文献中，常常出现国际清偿能力的概念，人们很容易把它等同于国际储备，这是错误的。实际上，国际清偿能力的概念所包含的内容要广于国际储备。一国的国际清偿能力除包括一国的国际储备之外，还包括一国在国外筹措资金的能力，即国际清偿能力应该是一国现有的国际储备与可能借入储备资产之和。国际储备的数量反映了一国在涉外货币金融领域中的地位，而国际清偿能力则反映了一国货币当局干预外汇市场的总体能力。虽然借入储备多半是短期的，但因为引起汇率波动的因素有许多是短期因素，因此，包含国际储备和借入储备的国际清偿能力，常常被经济研究人员和外汇市场交易者视作一国货币金融当局维持其汇率水平能力的重要依据。

二、国际清偿能力的内容

国际清偿能力除包括国际储备之外，另一个主要内容就是借入储备。借入储备资产主要包括备用信贷、互惠信贷和支付协议、本国商业银行的对外短期可兑换货币资产三项内容。

(1) 备用信贷。所谓备用信贷，是一成员国在国际收支发生困难或预计要发生困难时，同国际货币基金组织签订的一种备用借款协议。这种协议通常包括可借用款项的额度、使用期限、利率、分阶段使用的规定、币种等。协议一经签订，成员国在需要时便可按协议规定的方法提用，无须再办理新的手续。对于未使用部分的款项，只需缴纳约1%的管理费。备用信贷协议中规定的借款额度，有时并不被完全使用。有的成员国与国际货币基金组织签订了备用信贷协议，却根本不去使用它。备用信贷协议的签订，对外汇市场上的交易者和投机者,具有一种心理上的作用。它一方面表明政府干预外汇市场的能力得到了扩大,另一方面又表明了政府干预外汇市场的决心。因此,协议签订的本身,有时就能起到调节国际收支的作用。

(2) 互惠信贷和支付协议,是指两个国家签订的使用对方货币的协议。在这种协议下,当其中一国发生国际收支困难时,便可按协议规定的条件(通过包括最高限额和最长使用期限)自动地使用对方的货币,然后在规定的期限内偿还。这种协议同备用信贷协议一样,从中获得的储备资产是借入的,可以随时使用。互惠信贷和支付协议不是多边的,而是双边的,它只能用来解决协议国之间的收支差额,而不能用作清算同第三国的收支差额。美国在20世纪60年代分别同十多个国家签订过双边互惠信贷协议,以期减缓当时外汇市场上对美元的压力。

(3) 本国商业银行的对外短期可兑换货币资产,尤其是在离岸金融市场或欧洲货币市场上的资产,虽其所有权不属于政府,也未被政府所借入,但因为这些资金流动性强、投机性强、对政策的反应十分灵敏,故政府可以通过政策的、新闻的、道义的手段来诱导其流动方向,从而间接达到调节国际收支的目的。

第三节 国际储备的作用及管理

一、国际储备的作用

1. 充作干预资产

这是指一国货币当局用来干预外汇市场以维持其货币汇率的外汇资产,它是支持与加强本国货币信誉的物质基础。

2. 弥补国际收支逆差

一国发生短期的国际收支逆差,可以运用本国的国际储备来平衡,而不必采用紧缩的国内经济政策,不用以牺牲国内经济为代价的措施来调整国际收支和稳定汇率。这样国际储备便发挥了国际收支"缓冲器"的作用。

3. 作为偿还外债的保证

在必要时,一国可将其外汇储备通过兑换或直接用于支付对外债务。因此,国际储备可充作偿还外债的保证。它的多寡,成为衡量一国对外资信的一个重要指标。

二、国际储备的管理

一国国际储备管理包括两个方面:一方面是国际储备的总量管理,以求得适度的储备水平;另一方面是国际储备的结构管理,以求得合理的储备结构。

(一) 国际储备的总量管理

国际储备总量管理的含义:一国如何确定一个最适度的储备量,以最小的成本获取最大的安全性和收益性。

就一个国家来说,有什么样的国际储备量才算是适度呢?目前没有一个普遍适用的统一标准,我们只能从一国对国际储备的需求和供给两个方面进行探讨。

1. 国际储备需求量的管理

决定一国国际储备需求量的因素主要有以下几个方面:

(1) 持有国际储备的机会成本。国际储备实际上是对国外实际资源的购买力。它们若得到利用,就可以增加国内投资和加快经济的发展。因此,一国持有国际储备,实际上是将这些实际资源储备起来,牺牲和放弃利用它们来加快本国经济发展的机会,折射一种经济效益的损失,是持有国际储备的机会成本,亦即使用国外实际资源的投资收益率的损失。它表明一国国际储备所付出的代价。但一国政府的储备,往往以存款的形式存放在外国银行,因此还会有一定的利息收益。这样,一国持有的国际储备的成本,等于投资收益率与利息收益率之差。差额大,表明持有国际储备的成本高;差额小,则表明持有国际储备的成本低。举例来说,若动用储备进口物资所带来的国民经济增长和投资收益率,高于国外存款的利息收益率,其差额就构成持有国际储备的机会成本。再如,持有国际储备而导致国内货币供应量增加,物价上升,也构成持有国际储备的一种成本。因此,持有国际储备的相对(机会)成本越高,则国际储备的保有量就应越低。

(2) 汇率制度。国际储备需求同汇率制度有密切的关系。如前所述,国际储备的一大作用就是干预汇率。如果一国采取的是固定汇率制,并且政府不愿经常性地改变汇率水平,那么,相应地讲,它就需要持有较多的国际储备以及应对国际收支可能产生的突发性巨额逆差或外汇市场上突然的大规模投机;反之,一个实行浮动汇率制的国家,其储备的保有量就可相对较低。与这个概念有关的是外汇管制情况。实行严格外汇管制的国家,储备保有量可相对较低;反之,则较多。

(3) 国际收支自动调节机制和调节政策的效率。一国发生国际收支逆差时，该国的国际收支自动调节机制和政府调节政策的效率，也影响国际储备的需求。比如，本书第一章讲的物价现金流动机制，是一种自动调节机制。我们极端地假定它的效率为零，则国际收支的全部逆差将不得不依靠国际储备（或政府的政策）来解决。在这种情况下，国际储备的需求自然就高。调节政策一般包括财政政策、货币政策、汇率政策和管制政策。这些政策调节国际收支差额的效率越高，国际储备的需求就越小；反之，这些政策的效率越低，国际储备的需求就越高。

（4）金融市场的发育程度。发达的金融市场能提供较多的诱导性储备，并且对利率、汇率等调节政策的反应比较灵敏。因此，金融市场越发达，政府保有的国际储备便可相应越少；反之，金融市场越落后，政府对国际储备的依赖程度就越高。

（5）国际货币合作状况。如果一国政府同外国货币当局、国际货币金融机构有良好的合作关系，签订有较多的互惠信贷、备用信贷协议，或当国际收支发生逆差时，其他货币当局能协同干预外汇市场，则该国政府对国际储备的需求就越少；反之，该国政府对国际储备的需求就越大。

（6）一国承受国际收支政策调节的能力。如前所述，国际收支逆差的政策调节，往往会改变货币供应量、收入水平、就业水平等，带来调节负担。猛烈的调节还可能导致经济萎缩、失业猛增。因此，承受调节负担的能力以及与之相关的政府采用政策调节的意愿，有时会严重影响一国政府对国际储备需求的判断。

（7）进口规模。储备是一个存量，进口是一个流量。为克服这一差别，一般采用年进口额这一指标，以它为分母，以储备为分子，采用比例法来推算一国的最佳储备量。比例法比较简单，易操作，因此，至今仍然是国际储备需求研究中最常用的方法之一。但是，一般认为这一比例值在 20%～50% 的范围内，由于国际金融市场的高度发展而使其适用性明显下降。

（8）进出口贸易（或国际收支）差额的波动幅度。采用比例法，应结合考察本指标。因为比例法中的进口额，仅仅表示资金的一种单向流动（即支出），而进出口或国际收支差额，则反映了资金的双向运动及对国际储备的实际需求。但对一个国家来说，每年的差额是不一样的，有时大，有时小；有时顺差，有时逆差。即有一个波动幅度的问题，波动幅度越大，对国际储备的需求就越大；波动幅度越小，对国际储备的需求就越小。一般可用经济统计的方法来求得或预测一段时期中的平均波动幅度，以此作为确定国际储备需求的参考。

上述说明，确定一国国际储备的需求量是很复杂的，应将上述各种因素综合起来考虑，仅从某个因素考虑是片面的。

影响一国最佳储备量的因素有政治的、社会的，也有经济的。这些因素交织作用，使最佳储备的确定复杂化。一般来讲，最佳储备是指这样一种储备量，这种储备量能满足应对正常的国际收支差额波动和汇率波动，再加上一个最低储备量。一般情况下，一国国际储备的合理数量，约为该国年进口总额的20%～50%。实施外汇管制的国家，因政府能有效地控制进口，故储备量可少一点，但底线不能低于20%；不实施外汇管制的国家，储备量应多一点，但一般不超过50%。对大多数国家来讲，保持国际储备占年进口总额的30%～40%是比较合理的。

鉴于确定一国国际储备需求量的复杂性，国际货币基金组织曾采用几项客观指标来反映一国国际储备不足和对国际储备需求量增加的情况：一是持续实行高利率政策；二是对国际经济交易加强限制；三是以增加储备作为目标的经济政策；四是汇率的持续不稳定；五是储备增加的结构变化，如一国储备的增加多来自向国外的借款。

2. 国际储备供给量的管理

一国对国际储备总量的管理，从根本上说，就是使国际储备的供应保持在最适度国际储备量的水平上。如上所述，国际货币基金组织会员国的国际储备是由货币性黄金、外汇储备、特别提款权和在国际货币基金组织的储备头寸所组成的，其中特别提款权、储备头寸是国际货币基金组织根据各会员国份额予以分配的，一国无法主动增加其持有额。因此，一国增减国际储备，主要从黄金和外汇储备方面着手。

黄金作为一种重要的金融资产，国际上仍存在着活跃的市场，对于储备货币发行国来说，通过用本国货币在国际黄金市场上购买黄金，可以增加其国际储备量，但对于占绝大多数的非储备货币发行国，由于本国货币在国际支付中不为人们接受，在国际市场购买黄金只能使用国际可接受的货币，即储备货币。这样，国际储备总量并不因此改变，改变的只是外汇储备与黄金储备之间的比例。一国只有用本国货币在国内收购黄金时，才会增加其黄金储备，这一做法称为"黄金的货币化"（Monetization of Gold），即将黄金从非货币用途转引至货币用途。黄金的非货币化（Demonetization of Gold）则正好相反。然而，通过黄金货币化来增加国际储备量毕竟是有限的，因为一国私人持有的黄金量是有限的，而且黄金产量也受到自然条件的限制。事实上，世界各国的黄金储备基本上是保持稳定不变的。

外汇干预是一国增减国际储备的主要渠道。当一国当局在外汇市场抛售本国货币，购入外国货币时，这部分新增的外汇就列入外汇储备。反之，当一国当局向外汇市场提供外汇时，本国的外汇储备就会下降。除了外汇干预外，一国货币当局还可以直接从国际金融市场或国际金融机构借入贷款来补充外汇储备。储备货币的发行国还可以通过互惠信贷和支付协议（Swap Arrangement）相互提供外汇储备。从根本上看，外汇储备增加的来源是国际收支盈余，其中经常账户盈余是更可靠、稳定的来源，而来自资本账户盈余的新增外汇储备则具有借入储备的性质。值得注意的一个问题是，在国际收支差额与外汇储备的这种关系下，一些国家通过国际收支长期盈余缓解了外汇储备的需求，却出现了外汇储备的积累，而发行货币国却从国际收支逆差为国际提供了世界货币，来满足世界各国对国际货币的需求。国际收支差额对外汇储备供给和需求两方面的反悖制约是现行国际储备体制所面临的一个重大困境，是今后国际货币制度改革的一个重大问题。

从理论上看，作为国际储备发行国的美国，其国际收支逆差主要是别国希望增加储备、追求国际收支顺差所造成的。另一种理论认为，美国国际收支逆差是美国国内信贷膨胀，其国际经济地位相对下降造成的。这两种理论均有一定道理。

从现实上看，在当今世界上，美国及其他储备货币发行国的纸币凭其发行国的实力，自然而然地发挥世界货币的作用，以满足世界经济发展的需要。另外，储备货币发行国与非发行国都从储备货币发行国的国际收支逆差中获得巨大利益。对于发行国来讲，由于其货币发挥着世界货币的作用，其在国际货币金融领域中就居于支配地位。此外，通过输出纸币，发行国还获得巨大的铸币税。所谓铸币税，是指货币发行者凭借其发行特权获得的货币面值与发行成本之间的差额。如100美元的纸币，其印刷和发行成本几乎为零，但通过输出这100美元，美国便可获得相当于100美元的实际财富。第二次世界大战后，美国通过其国际收支逆差来维持其在全世界政治、经济和军事中的地位，攫取实际利益，就是铸币税运用的一个例子；作为其他国家来说，储备货币输出到这些国家，使它们获得了世界货币，便利了国际经贸的发展，促进了国内经济的发展。

需要注意的是，储备货币发行国的权利、义务与国际收支调节是不对称的。储备货币发行国通过国际收支逆差输出货币，取得在世界货币金融领域中的支配地位和铸币税。与此同时，它们也承担一定的义务。储备货币发行国的货币政策，常常受到世界各国对储备货币需求波动的影响，也受到外汇市场上投机性因素的影响。从非储备货币发行国来讲，它们通过获取储备货币而便利和扩大了本国的国际经济交往，与此同时，也必须为之承担义务。当它们与储备货币发行国之间的国际收支发生不平衡时，它们必须首先承担起调节的任务，并承受较多的调节成本。

以一国货币充当世界货币会导致国际收支调节的不对称性。如何解决这种不对称性，长期以来一直是个争论不休的问题。调节不对称性不利于非储备货币国家，这种不对称性往往迫使它们有时不得不采取引起社会动荡和经济萎缩的措施来纠正其国际收支逆差。但同时，它们又获得了以一国货币表示的世界货币，便利了其国际经贸往来的发展。对于储备货币发行国而言，调节不对称性对它们是有利的，可它们为此损失了货币政策的部分主权。

对于非储备货币发行国来说，增加国际储备的主要途径是争取国际收支盈余。凡能够奖出限入的调整政策不仅会节省国际储备的使用，而且还可能会增加国际储备规模。由于大多数发展中国家存在结构性的巨额经常账户赤字，从国际金融市场筹措资金的途径有限，其国际储备需求面临强烈的下限制约。

对于主要发达国家来说，现行的国际储备体制是十分符合它的利益的。除了它们向发展中国家提供国际储备来"支付"其国际收支赤字而减少储备需求外，在增加国际储备供应时也处于较为主动的地位。前文已经指出，它们可主动通过互惠信贷相互提供外汇储备。特别提款权是按照会员国份额来进行分配的，而份额的确定方法是有利于主要发达国家的。除了储备档份额资金外，构成一国净储备头寸的还有国际货币基金组织用去的该国货币持有量。事实上，国际货币基金组织用来向其他会员国贷款的会员国货币都是主要发达国家货币，至于发展中国家货币一般不会为国际货币基金组织实际使用。发达国家很容易从国际金融市场借到资金来补充国际储备。

可以看出，在国际储备的总量管理中，发展中国家与发达国家的处境形成了强烈的反差，这进一步说明了迫切需要国际储备的国家面临储备短缺，而不那么迫切需要国际储备的国家反而感觉储备过剩这种分布不均的状况。这种状况正是现行国际储备体制的重大弊端。

（二）国际储备的结构管理

一国持有的国际储备，除了在总量上要适度外，在结构上也要合理，以确保流动性、收益性和安全性。合理的国际储备结构，是指国际储备资产最佳的分布格局，即使黄金储备、外汇储备、普通提款权和特别提款权之间，以及使外汇储备的各种储备货币之间保持适当的比例关系。

1. 储备货币种类的安排

储备货币种类的安排指各种储备货币在一国国际储备额中各自所占的比重。储备货币的结构管理是随着布雷顿森林体系的崩溃而出现的。浮动汇率制下各种货币之间比率的波动造成了以不同货币持有的收益差异和不确定性，趋利避害是人类的自然本能，因此，人们通过不同的货币组合，在承担一定风险的条件下获取尽可能高的预期收益率。预期收益率等于名义利率加上该资产的预期升值率。不同储备货币的名义利率是容易确定的，然而在收益率中重要的是一种资产对另一种资产的升值。在浮动汇率制下这部分收益难以事先确定，由此也使得整个收益率具有不确定性。对于外汇储备，收益不确定的风险表现为一国当局将持有的储备资产转化为其他资产进行使用时面临购买力下降的可能性。外汇储备的币种结构管理是指合理选择储备货币并确定它们在一国外汇储备中各自所占的比重。

在储备币种选择上，应遵循以下原则：

（1）尽可能选择有升值趋势的货币（即硬币）。

（2）尽可能选择汇率波动较小的货币，以保证储备货币的价值稳定。

（3）尽可能选择经常使用的货币。为了减少汇率风险，一国可以考虑设立与弥补赤字和干预市场所需用的货币保持一致的储备货币结构。持有国际储备的目的之一是支付进口大于出口的部分，因此，一国外汇储备所面临的汇率风险主要在于该国进口大于出口的那些国家的货币，该国应当将储备集中在这些币种上。当计算贸易赤字的货币构成时，进口就包括预期以各种货币清偿的还本付息支出净额。也就是说，一国以各种货币表示的债务净额（债务大于债权的部分）就是确定外汇储备结构的依据。因此，一国国际储备构成应当集中在进口来源国和出口目标国的货币。

（4）储备的日常职能是充当外汇干预手段，支持本国货币的汇率，为此，一国货币当局必须确定一种干预货币。一国在储备中保有足够的干预货币，不仅可以避免兑换而产生的交易成本，还可以避免因兑换而产生的汇率风险。

（5）实行储备货币多样化。目前世界储备货币多样化的格局也正是在浮动汇率制度下各国货币当局避免风险、保持外汇储备购买力的决策结果。根据詹姆士·托宾（James Tobin）的投资组合选择理论，把各种相互独立的不同资产混合搭配进行投资所承担的风险，一般要低于投资于任何一种资产所承担的风险。因此，一部分资产的亏损可以由另一部分资产的升值来抵销，从而维持预期的收益率，或保证资产的价值不受损失。同样，一国货币当局实行储备货币多样化组合，也可以避免"将所有鸡蛋放在同一个篮子中"的风险，使整个储备资产的购买力保持不变。

通常认为，一国国际储备可分为两个部分。一部分基于日常弥补赤字和干预外汇市场的需要，称为交易性储备；另一部分基于不可预测的、社会性的内外冲击，称为预防性储备。总的来看，交易性储备的货币构成应与弥补赤字和干预市场所需用的货币构成保持一致，而预防性储备则应按照分散原理进行投资。

2. 储备资产的流动性结构管理

在外汇储备中，为了减少外汇汇率变动的风险，各种货币要占一定的比重。那么，在一种货币储备中存款和各种证券又应占多大比重呢？储备货币构成的安排需要考虑的是流动性与盈利性之间的关系。一般来说，流动性是与盈利性成反方向关系的。流动性（或变现性）高的资产，盈利性往往就低；而盈利性高的资产，其流动性往往就低。

储备资产按照流动性的高低可划分为如下三个档次：

（1）一级储备资产。它是指流动性最高且收益率最低的储备资产。

（2）二级储备资产。它是指收益率高于一级储备，而流动性低于一级储备但仍具很高流动性的储备资产。

（3）三级储备资产。它是指收益率最高而流动性最低的储备资产。

至于流动性的这三个档次在储备资产中具体如何安排，要视各国的情况而定。大体来说，一国应当拥有足够的一级储备来满足储备的交易性需求，这部分储备随时可以动用，充当日常干预外汇市场的手段。一旦满足这种交易性需要，货币当局就可以将剩余的储备资产用于在各种二级储备与高收益的三级储备之间进行组合投资，以期在保持一定的流动性条件下获取尽可能高的预期收益率。

从流动性程度来看，会员国在国际货币基金组织的储备头寸随时可以动用，类似于一级储备。特别提款权的使用尽管不附带限制条件，但必须向国际货币基金组织申请，并由国际货币基金组织安排接受特别提款权提供可兑换外汇的国家，这一过程需要一定时间，故可以将特别提款权视同二级储备。而黄金的投机性最强，一国当局往往只有在认为是合适的价格水平上才愿意出售黄金，以此来换得所需要的储备货币。因此，黄金应列为高收益低流动性的储备资产。

由于不同储备资产的流动性和收益率不同，各国应根据具体情况合理安排三个档次的储备资产的比例。一般而言，各国通常持有较多的一级储备，较少的二级储备与三级储备。

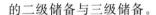

美国和日本的双层次储备管理体系

一、美国的储备管理体系

美国的储备管理体系由财政部和美联储共同管理。美国的国际金融政策实际上是由美国财政部负责制定的，美联储则负责国内货币政策的决策及执行。在外汇储备管理上，两者共同协作，以保持美国国际货币和金融政策的连续性。事实上，从1962年开始，美国财政部和美联储就开始相互协调对外汇市场的干预，具体的干预操作由纽约联邦储备银行实施，它既是美联储的重要组成部分，也是美国财政部的代理人。从20世纪70年代后期开始，美国财政部拥有一半左右的外汇储备，而美联储掌握着另一半。

美国财政部主要通过外汇平准基金（ESF）来管理外汇储备。其管理过程如下：

（1）早在1934年，美国《黄金储备法》即规定财政部对外汇平准基金的资产有完全的支配权。目前，外汇平准基金由三种资产构成，包括美元资产、外汇资产和特别提款权，其中外汇部分由纽约联邦储备银行代理，主要用于在纽约外汇市场上投资于外国中央银行的存款和政府债券。

（2）外汇平准基金在特殊情况下还可以与美联储进行货币的互换操作，从而获得更多可用的美元资产。此时，外汇平准基金在即期向美联储出售外汇，并在远期按照市场价格买回外汇。

（3）外汇平准基金所有的操作都要经过美国财政部的许可，因为财政部负责制定和完善美国的国际货币和国际金融政策，包括外汇市场的干预政策。此外，美国《外汇稳定基金法》要求财政部每年向总统和国会就有关外汇平准基金的操作进行报告，其中还包括财政部审计署对外汇平准基金的审计报告。

美联储主要通过联邦公开市场委员会（FOMC）来管理外汇储备，并与美国财政部保持密切的合作。其管理过程如下：

（1）美联储通过纽约联邦储备银行的联储公开市场账户经理作为美国财政部和联邦公开市场委员会的代理人，主要在纽约外汇市场上进行外汇储备的交易。

（2）美联储对外汇市场干预操作的范围和方式随着国际货币体系的变化而变化。这可分为三个阶段：第一阶段是布雷顿森林体系时期，美联储更多的是关注黄金市场上美元能否维持平价，而不是外汇市场；第二阶段是1971年以后，浮动汇率制度开始形成，美联储开始积极干预外汇市场，当时主要采用和其他国家中央银行的货币互换的方式；第三阶段是 1985 年《广场协议》之后，美联储对于外汇市场的干预很少使用货币互换，而是采取直接购买美元或外汇的方式进行。

二、日本的储备管理体系

日本的储备管理体系由财务省负责，根据日本《外汇及对外贸易法》的规定，财务相为了维持日元汇率的稳定，可以对外汇市场采取各种必要的干预措施。而日本银行根据《日本银行法》的规定，作为政府的银行，在财务相认为有必要采取行动干预外汇市场时，按照财务省的指示，进行实际的外汇干预操作。

日本银行在外汇管理体系中居于执行者的角色。一旦开始进行对外汇市场的干预，所需资金都从外汇资产特别账户划拨。当需要卖出外汇时，日本银行主要通过在外汇市场上出售外汇资产特别账户中的外汇资产来实现；当需要买进外汇时，所需要的日元资金主要通过发行政府短期债券来筹集。通过大量卖出日元、买进外汇的操作所积累起来的外汇资产，构成了日本的外汇储备。日本银行的外汇市场介入操作通常在东京外汇市场上进行，如有必要，日本银行也可向外国中央银行提出委托介入的请求，但介入所需金额、外汇对象、介入手段等都仍由财务大臣决定。日本银行主要通过金融市场局和国际局两个部门来实施外汇市场干预，其中金融市场局负责外汇市场分析及决策建议，并经财务省批准，而国际局则负责在财务省作出决定后，进行实际的外汇交易。

除了美国和日本采取双层次的外汇储备的管理体系以外，世界上还有许多国家和地区也采取同样的管理体系，如英国等。

资料来源：孔立平. 外汇储备管理体系的国际比较与借鉴 [J]. 金融教学与研究，2006（5）.

本 章 小 结

1. 国际储备是指一国货币当局持有的，用于弥补国际收支逆差，维持其货币汇率和作为对外偿债保证的各种形式资产的总称。按照这个定义，一种资产须具备三个特征，方能成为国际储备。第一个特征是可得性，即它可以随时、方便地被政府得到。第二个特征是流动性，即变为现金的能力。第三个特征是普遍接受性，即它可以在外汇市场上或在政府间清算国际收支差额时被普遍接受。一国国际储备的内容主要包括一国的货币用黄金储备、外汇储备、在国际货币基金组织的储备头寸，以及在国际货币基金组织的特别提款权。

2. 一国的国际清偿能力除包括一国的国际储备之外，还包括一国在国外筹措资金的能力,即国际清偿能力应该是一国的现有国际储备与可能借入储备资产之和。国际储备的数量反映了一国在涉外货币金融领域中的地位,而国际清偿能力则反映了一国货币当局干预外汇市场的总体能力。

3. 国际储备中的主体是外汇储备。国际储备仅仅反映一国货币当局干预外汇市场、平衡国际收支逆差的部分能力,借入储备也可被用来干预外汇市场,平抑汇率波动,尤其是短期性的汇率波动和收支逆差。

国际清偿能力与国际储备的联系和区别:①国际清能偿力的含义比国际储备要广。②国际储备的使用是直接的和无条件的,而国际储备以外的国际清偿能力(借入储备)的使用通常是有条件的。

4. 国际储备资产的管理主要涉及国际储备的需求管理和国际储备的结构管理。国际储备的需求管理亦是储备的数量管理,即一国应保持多少数量的储备才算合理;国际储备的结构管理亦是储备的币种管理,即一国应如何搭配不同种类的储备货币才能实现风险最小或收益最大。

复习思考题

1. 什么是国际储备?国际储备资产的特点是什么?
2. 试分析国际储备和国际清偿能力的关系。
3. 国际储备由哪几部分构成?其中哪部分是国际储备的主体?
4. 国际储备的作用有哪些?
5. 国际储备的来源是如何形成的?
6. 现行国际储备体系存在的问题是什么?其影响是什么?
7. 试述影响国际储备规模的主要因素。
8. 一国如何确定适度的国际储备量。
9. 国际储备结构管理的原则是什么?
10. 简述国际储备的结构管理。
11. 简要分析中央银行干预汇率方式与财政部干预汇率方式的差异。
12. 为什么各国政府持有的外汇平准基金当中不仅包括外币资产,还包括本币资产?试分析在本币存在贬值压力情况下,财政部如何干预外汇市场,请给出各方资产负债表的变化形式。
13. 你认为我国国际储备有何特点?

第三章 汇 率

【学习目的】

国际收支平衡表中的每一项收支均涉及外汇资金的流动，而汇率的变化不仅影响每笔进口、出口的盈亏，而且还影响出口商品的竞争能力与销售市场。通过本章学习，学生应掌握外汇与汇率的基本概念，汇率变动的形式，影响汇率变动的主要因素以及汇率变动的经济影响，现代汇率决定的几种主要理论和模型等内容。

【重点难点】

(1) 外汇与汇率的基本概念；
(2) 影响汇率变动的因素；
(3) 汇率变动对一国经济的影响；
(4) 西方有关汇率决定理论。

【重要概念】

外汇/动态外汇/静态外汇/自由外汇/记账外汇/现汇/汇率/直接标价法/间接标价法/美元标价法/基点/买入汇率/卖出汇率/即期汇率/远期汇率/基本汇率/套算汇率/官方汇率/市场汇率/法定贬值/法定升值/实际汇率/有效汇率

第一节 外汇与汇率的基本概念

一、外汇

1. 外汇的概念

外汇是国际汇兑的简称。外汇有动态和静态之分。动态的外汇是指将一种货币兑换成另一种货币以清偿国际债务的金融活动。从这个意义上说，外汇等同于国际结算。静态的外汇是指以外币表示的用于国际结算的支付手段。只有为各国普遍接受的支付手段，才能用于国际结算。因此，外汇必须具备三个特征：①外币性。外汇必须首先以外国货币表示。本国货币及其支付凭证和有价证券等，不管是否可以自由兑换，都不属于该国外汇的范畴。②可兑换性。一种货币要成为外汇，还必须能够自由兑换成其他货币表示的资产或支付手段。如果一种货币不能自由兑换，就不可能将一国的购买力转换为另一国的购买力，也就无法偿付对外债务，不具备作为国际支付手段的条件，因而该货币自然不是外汇。③普遍接受性。一种货币要成为外汇，必须被各国所普遍接受和运用。

外汇必须是在国外当时当地具有清偿债务效力的支付手段，包括在国外银行的存款以及代表对国外银行债权的各种票据，如汇票、本票和支票等。严格来说，发行国境外的现钞也不属于狭义的外汇范畴，因为在没有运到货币发行国之前不能直接用于支付。

广义的外汇把可间接用于清偿国际债权债务的支付手段也包括在内，实际上就是指外币金融资产。《中华人民共和国外汇管理条例》中规定的外汇包括外国货币（纸币、铸币等）、外币支付凭证（票据、银行存款凭证、邮政储蓄凭证等）、外币有价证券（政府债券、公司债券、股票等）、特别提款权、欧洲货币单位（现已不存在）以及其他外汇资产。

2. 外汇的种类

外汇有多种分类方法，形成多种相互交叉的外汇种类。

按能否自由兑换可分为自由外汇和记账外汇。自由外汇是指在国际外汇市场上可以自由买卖，在国际结算中广泛使用，在国际上可以得到偿付，并可以自由兑换成其他国家货币的外汇。记账外汇是指在两国政府签订的支付协定中所使用的外汇，在一定条件下可以作为两国交往中使用的记账工具。记账外汇不经货币发行国管理当局批准，不能自由兑换为其他国家的货币，也不能对第三国支付，只能根据两国的有关协定，在相互间使用。

按买卖的交割期限可分为即期外汇和远期外汇。即期外汇又称现汇，是指在外汇成交后于当日或两个营业日内办理交割的外汇。远期外汇又称期汇，是指按协定的汇率签订买卖合同，在约定的未来某一时间进行交割的外汇。

按外汇的形态可分为外币现钞和现汇。外币现钞是指纸币、铸币等外国货币，现钞主要由境外携入。现汇是指外汇实体是在货币发行国的银行存款账户中的自由外汇，现汇主要由国外汇入，或由境外携入、寄入的外币票据，经银行收妥后存入。

表 3.1 中列出了几种常用的国际货币名称、国际符号和缩略符号。

表 3.1　常用的国际货币名称、国际符号和缩略符号

货币名称	美元	英镑	日元	欧元	瑞士法郎	加拿大元	澳大利亚元
国际符号	USD	GBP	JPY	EUR	CHF	CAD	AUD
缩略符号	$	£	¥	€	SF	C$	A$

二、汇率

汇率（Exchange Rate）是指不同货币相互兑换的比率，即以一种货币表示另一种货币的价格。如果把外汇看作商品，那么汇率就是买卖外汇的价格，因此也称为汇价。

要折算两种货币的比价，首先要确定以何种货币为标准。由于确定标准的不同，于是便产生了不同的汇率标价方法。除了直接标价法和间接标价法这两种基本方法以外，还有美元标价法。

1. 直接标价法（Direct Quotation）

直接标价法是以一定单位的外国货币作为标准，折算为本国货币来表示汇率，即汇率表示为一定单位外国货币折算成本国货币的数量。在直接标价法下，以外币作为单位货币，以本币作为计价货币。世界上绝大多数国家都采用直接标价法，人民币汇率采用的就是直接标价法。

下面列出了 2019 年 12 月 30 日我国外汇市场的人民币基准汇率：

USD 1＝RMB 6.976 2

JPY 100＝RMB 6.408 6

EUR 1＝RMB 7.815 5

在直接标价法下，汇率值的升贬与本币的升贬反向，与外汇升贬同向。直接标价法下汇率的涨跌是以本币数量的变化来表示的。如果汇率值上升，则一定单位的外币折算成本币的数量比原来多，说明外汇升值，本币贬值；反之，外汇贬值，本币升值。

2. 间接标价法（Indirect Quotation）

间接标价法是以一定单位的本国货币作为标准，折算为外国货币来表示汇率，即汇率表示为一定单位本国货币折算成外国货币的数量。在间接标价法下，以本币作为单位货币，以外币作为计价货币。美国、英国和其他英联邦国家采用间接标价法。

下面列出了 2019 年 12 月 31 日伦敦外汇市场收盘时几种外汇买卖中间价：
GBP 1＝USD 1.312 2
GBP 1＝CAD 1.712 8
GBP 1＝JPY 142.79
GBP 1＝EUR 1.170 8

3. 美元标价法

由于美元是外汇市场上交易最为频繁的货币，所以在国际外汇市场上银行同业间外汇交易通常使用美元标价法。在美元标价法下，其中一种货币必须是美元，另一种货币不一定是本币，而且对市场所在地来说更多的是两种外币之间的汇率。

4. 汇率的报价法

汇率变动的最小单位称为基点（Basic Point）。就像前面汇率标价方法一样，汇率一般计算到五位数。对于大多数货币，1 点通常是 0.000 1 货币单位；对于币值较小的货币，如日元，1 点就是 0.01 货币单位。例如，美元对加元的汇率从 1.583 5 上升到 1.585 2，就可以说美元对加元的汇率上升 17 点。

银行的汇率报价通常采取双向报价制，即同时报出买入汇率和卖出汇率。在所报的两个汇率中，前一个汇率值较小，后一个汇率值较大。习惯上，汇率报价只写出前一个汇率和后一个汇率的最后两位数字，如 GBP 1＝USD 1.4518/24。

买入汇率和卖出汇率是从报价银行买卖外汇的角度说的，不能混淆为从询价的银行客户或买卖本币的角度。

买入汇率（Buying Rate，或称 Bid）又称买入价，是银行买入外汇时所使用的汇率。因为银行买入外汇的对象主要是出口商，也常称为出口汇率。

卖出汇率（Selling Rate，或称 Ask）又称卖出价，是银行卖出外汇时使用的汇率。因为银行卖出外汇的对象主要是进口商，也常称为进口汇率。

中间汇率又称中间价，是指买入汇率和卖出汇率的算术平均数。汇率分析中常用的是中间汇率，报纸杂志刊登的汇率大多也是中间汇率，银行年终决算、制作报表时也使用中间汇率。

在银行外汇牌价中，还有一种现钞汇率。现钞汇率是银行买卖外币现钞的汇率。外币现钞只能运送到国外才能用于支付，银行运送现钞需承担运费、保费、利息等费用，而且经营现钞兑换的金额较小，成本比较高，也比较费事，所以现钞的买卖价差要大于现汇。

第二节 汇率变动的形式

从汇率变动机制的角度来看,汇率变动可以分为两类:一种是官方汇率的法定贬值和法定升值,另一种是市场汇率的贬值和升值。

1. 官方汇率的变动:法定贬值与法定升值

货币法定贬值(Devaluation)是指货币当局公开宣布降低本国货币的法定含金量或对外价值,从而降低本国货币汇率或提高外国货币汇率。例如,美国政府在1971年12月宣布美元战后第一次法定贬值。

货币法定升值(Revaluation)是指货币当局公开宣布提高本国货币的法定含金量或对外价值,相应地提高本国货币汇率或降低外国货币汇率。

2. 市场汇率的变动:贬值与升值

货币贬值(Depreciation)是指在外汇市场上,一定量的一国货币只能兑换到比以前少的其他国家货币。例如,在纽约外汇市场上,1美元在1995年4月17日可以兑换81.90日元,而到第二日就只能兑换80.62日元,美元对日元贬值1.6%。

货币升值(Appreciation)是指在外汇市场上,一定量的一国货币可以兑换到比以前多的其他国家货币。例如,在纽约外汇市场上,1美元在1995年4月19日只能兑换80.60日元,而到第二日就可以兑换81.19日元,美元对日元升值0.7%。

3. 名义汇率、实际汇率与有效汇率

名义汇率是指公布的汇率。我们知道,各国政府为了达到增加出口、减少进口的目的,经常对各类出口商品进行财政补贴,对进口商品征收各种类型的附加税。

实际汇率便是名义汇率与这些补贴和税收之和或差,用公式表示为

$$实际汇率 = 名义汇率 \pm 财政补贴和税收减免$$

实际汇率在研究汇率调整、考察货币实际购买力时常常被用到。实际汇率的另一种概念是指名义汇率减去通货膨胀率。这一概念旨在解答通货膨胀对名义汇率的影响,同时它在货币实际购买力的研究中也常常被用到。

有效汇率(Effective Exchange Rate,EER)是本国货币对一组外币汇率的加权平均数。目前国际货币基金组织定期公布17个工业发达国家的若干种有效汇率指数,包括劳动力成本、消费物价、批发物价等为权数的经加权平均得出的

不同类型的有效汇率指数。以贸易比重为权数的有效汇率所反映的是一国货币汇率在国际贸易中的总体竞争力和总体波动幅度。一国的产品出口到不同国家可能会使用不同的汇率。另外,一国货币对某一国货币升值时也可能在对另一种货币贬值,即使该种货币同时对所有其他货币升值或贬值,其程度也不一定完全一致。因此,人们广泛使用有效汇率来观察某种货币的总体波动幅度及其在国际贸易和金融领域中的总体地位。有效汇率的公式为

A 国货币的有效汇率=∑A 国货币对 B 国货币的汇率×

(A 国对 B 国的贸易值/A 国的全部对外贸易值)

第三节 汇率决定的基础和影响汇率变动的因素

一、汇率决定的基础

1. 金币本位制度下的外汇汇率

在第一次世界大战以前,西方国家实行典型的金币本位制度(Gold Coin Standard System)。在金币本位制度下,金币是用一定数量和成色的黄金铸造的,金币所含有的一定重量和成色的黄金叫作含金量(Gold Content)。两个实行金币本位制度国家货币单位的含金量之比,叫作铸币平价(Mint Par, Specie Par)。两种金币的金含量是决定它们的汇率的物质基础,铸币平价则是它们的汇率的标准。

在实行金币本位制度时,英国货币 1 英镑的重量为 123.274 47 格令(Grain),成色为 22 开(Karat)金,即含金量为 113.001 6 格令(等于 7.322 38 克)纯金;美国货币 1 美元的重量为 25.8 格令,成色为 90%,即含量为 23.22 格令(等于 1.504 63 克)纯金。根据含金量计算,英镑和美元的铸币平价是

$$\frac{113.001\ 6}{23.22}=4.866\ 5$$

这就是说,1 英镑的含金量是 1 美元的含量的 4.866 5 倍,因此,1 英镑=4.866 5 美元。可见,英镑和美元的汇率以铸币平价作为标准。

外汇市场的实际汇率由外汇的供求直接决定,围绕着铸币平价上下波动。各国的国际收支,反映了各国外汇的供求情况。在一国的国际收支发生顺差时,外国对它的货币需求量增加,则该国的货币贵,外国的货币贱,外汇汇率就要下跌。反之,当一国的国际收支发生逆差时,它对外国货币的需求量增加,则该国的货币贱,外国的货币贵,外汇汇率就要上升。

但是,在金币本位制度下,汇率的波动不是漫无边际的,而是大致以黄金输送点(Gold Transport Points)为其界限的。这是因为在金币本位制度下,黄金可以自由输入与输出。当汇率对它有利时,它就利用外汇办理国际结算;当汇率对它不利时,它就可以不利用外汇,改用输出输入黄金的方法。可见,黄金输送点是金币本位制度下汇率波动的上下界限。

在两国间输出输入黄金,要支付包装费、运费、保险费和检验费等费用;在运输过程中,还有利息问题。第一次世界大战以前,在英国和美国之间运送黄金的各项费用和利息,约为所运送黄金价值的 0.5%~0.7%,按平均数 0.6% 计算,在英国和美国之间运送 1 英镑黄金的费用及其他费用约为 0.03 美元。铸币平价 4.866 5±0.03 就是英镑和美元两种货币的黄金输送点,在原则上,这是英镑、美元汇率波动的界限。

【例】 美国商人 2 月从英国进口价值 100 万英镑的毛纺织品,3 月付款时汇率由 1 英镑＝4.836 5 美元涨到 1 英镑＝4.900 美元,美国商人须付出 490 万美元才能兑换到 100 万英镑。但如果改输出黄金,只需付出 489.65 万美元。因此,它输出相当于 100 万英镑的黄金,可以节省 3 500 美元。4.896 5 是黄金输送点的上限。

若美国商人 2 月向英国出口价值为 100 万英镑的商品,3 月英国进口商付款时市场汇率由 1 英镑＝4.836 5 美元下跌为 1 英镑＝4.820 美元,这时,如果美国商人收下 100 万英镑,就只能换得 482 万美元,若要求输入黄金则可得 483.65 万美元,多收入 16 500 美元。4.836 5 就是黄金输送点的下限。

因此,英镑和美元的黄金输送点为:

上限:4.866 5＋0.03＝4.896 5 　　　(黄金输出点)
下限:4.866 5－0.03＝4.836 5 　　　(黄金输入点)

国际运送黄金的费用,特别是利息,并不是固定不变的。但是,它们占所运送的黄金价值的比重很小。因此,相对来说,在金币本位制度下,金币汇率的波动幅度小,基本上是固定的。

第一次世界大战爆发后,交战国家的金币本位制度陷于崩溃。战后,它们分别实行了金块本位制度(Gold Bullion Standard System)和金汇兑本位制度(Gold Exchange Standard System)。在这两种货币制度下,西方各国汇率确定的基础是各国货币单位所代表的金量,即黄金平价(Gold Parity)之比。在 1929—1933 年资本主义世界经济危机期间,金本位制度彻底崩溃,完全成为历史遗迹。从此以后,西方国家普遍实行了纸币制度(Paper Money System),并且都走上了通货膨胀(Inflation)的道路。实行纸币国家的汇率是如何计算的呢?

2. 纸币制度下的外汇汇率

纸币是作为金属货币的代表而出现的。由于纸币所代表的金属货币具有价值,所以纸币被称为价值符号。在实行纸币制度时,各国政府都参照过去流通的金属货币的含金量用法令规定纸币的金平价(Par Value,Gold Parity),即纸币所代表的金量。在纸币流通制度下,两国纸币的金平价应当是决定汇率的依据。但是,实行纸币流通的国家普遍存在着纸币贬值(Depreciation)现象,纸币的法定金平价与其实际所代表的金量严重脱节。在这种情况下,纸币的汇率不应由纸币的金平价来决定,而应以贬值了的纸币实际上代表的金量为依据。

在纸币流通制度下,汇率变化的规律受通货膨胀的严重影响与国际收支的状况所制约。通货膨胀越严重,纸币实际所代表的外国货币的价格上涨得越高,国际收支状况越恶化,外汇汇率也越上涨。纸币汇率的波动,已经没有金本位制度下黄金输送点的界限,外汇汇率有时上涨得奇高,在自由市场上表现得最为突出。

二、影响汇率变动的主要因素

汇率是联系一国国民经济与外部世界的重要纽带。一方面,汇率变动受制于一系列经济因素;另一方面,汇率变动又会产生广泛的经济影响。汇率作为一种价格,理应由外汇市场的供求状况决定,外汇供求的变化导致汇率的变动,而外汇供求状况及其变动受制于一系列经济或非经济因素。

1. 国际收支

国际收支大体上能够反映外汇市场的供求状况。国际收支出现逆差,在外汇市场上表现为外汇需求大于供给,从而引起外汇升值、本币贬值;反之,国际收支顺差会导致外汇贬值、本币升值。

必须指出,国际收支状况并非一定会影响到汇率,这主要看国际收支顺(逆)差的性质。短期的、临时性的、小规模的国际收支差额,可以轻易地被国际资金的流动、相对利率和通货膨胀率、政府在外汇市场上的干预和其他因素所抵销。不过,长期、巨额的国际收支逆差,一般必定会导致本国货币汇率的下降。

2. 相对通货膨胀率

货币对外价值的基础是对内价值。如果货币的对内价值降低,其对外价值即汇率则必然随之下降。自从纸币在全世界范围内取代金属铸币流通后,通货膨胀几乎在所有国家都发生。根据购买力平价理论,国内外通货膨胀率差异是决定汇率长期趋势中的主导因素。其影响汇率的传导机制包括两个方面:

当一国通货膨胀高于其他国家时,该国商品出口竞争力下降,引起贸易收支逆差,从而导致本币贬值。

通货膨胀使一国实际利率下降,资本流出,引起资本项目逆差,从而引起本币贬值。

因此,在考察通货膨胀率对汇率的影响时,不仅要考虑本国的通货膨胀率,还要比较他国的通货膨胀率,即要考虑相对通货膨胀率。一般说来,相对通货膨胀率持续较高的国家,由于其货币的国内价值下降持续地相对较快,则其货币汇率也随之下降。

3. 相对利率

利率作为使用资金的代价或放弃使用资金的收益,也会影响到汇率水平。利率对汇率的影响尤其在短期极为显著。它影响汇率的传导机制包括:①提高利率会吸引资本流入,在外汇市场上形成对该国货币的需求,从而导致该国货币升值。当前国际金融市场上存在着大量对利率变动异常敏感的国际游资,所以从短期来看,诱发资本流动是利率影响汇率的主要途径。②提高利率意味着信用紧缩,会抑制通货膨胀和总需求,导致进口减少,从而有助于该国货币升值。从上述两个方面来看,利率的上升会推动本国货币汇率的上升。

但是,如前所述,在考察利率变动的影响时,也要注意两个"比较"。一是比较外国利率的情况,二是比较本国的通货膨胀率。如果本国利率上升,但其幅度不如外国利率的上升幅度,或其幅度不如国内通货膨胀率的上升幅度,则不能导致本国货币汇率的上升。

利率对长期汇率的影响是十分有限的。与国际收支、通货膨胀等因素不同,利率在很大程度上是属于政策工具的范畴,它具有一种被动性,因而,它对短期汇率产生较大的影响。

4. 总需求与总供给

总需求与总供给增长中的结构不一致和数量不一致也会影响汇率。如果总需求中对进口的需求增长快于总供给中对出口供给的增长,本国货币汇率将下降。如果总需求的整体增长快于总供给的整体增长,满足不了的那部分总需求将转向国外,引起进口增长,从而导致本国货币汇率下降。当总需求的增长从整体上快于总供给的增长时,还会导致本国货币汇率下降。因此,简单地说,当总需求增长快于总供给时,本国货币汇率一般呈下降趋势。

5. 财政赤字

财政赤字的增加或减少也会影响汇率的变动方向。财政赤字往往导致货币汇率的下降,但如同国际收支等其他因素一样,财政赤字增加的同时伴有利率上升,则其对货币汇率的影响就难说了。

6. 国际储备

较多的国际储备表明政府干预外汇市场、稳定货币汇率的能力较强,因此,国际储备增加能加强外汇市场对本国货币的信心,有助于本国货币汇率的上升。反之,国际储备下降则会诱发本国货币汇率下降。

7. 市场预期

市场对各种价格信号的预期都会影响汇率,预期因素是短期内影响汇率变动的主要因素之一。而心理预期有时候能对汇率产生重大影响。心理预期多种多样,包括经济的、政治的和社会的。就经济方面而言,心理预期包括对国际收支状况的预期、对相对物价水平和通货膨胀率的预期、对相对利率或相对的资产收益的预期,以及对汇率本身的预期等。心理预期通常是捕捉刚刚出现的某些信号,从而改变心理预期的方向。

8. 重大的国际政治因素

重大的国际政治因素对汇率变动也有影响。重大政治事件和重大政策改变,会影响国际经济交易和资本流动,从而引起汇率变化。如1991年8月苏联发生非常事件,当时的总统戈尔巴乔夫被扣押在克里米亚后,德国马克对美元的汇率急剧下降,在几天之内由1美元=1.717 0马克下降为1美元=1.860 0马克。这是由于德国在苏联有大量投资,如果苏联政策变化,会对德国投资产生不利影响。

此外,外汇交易商对汇率走势的预期与技术性因素(如长期的平仓,长期空头后的补进等),以及投机因素对汇率变化也有影响。

上述因素对汇率的影响不是绝对的、孤立的,它们可能反方向地交叉起来对汇率产生影响,加之汇率变动还受其他许多因素(包括政治的和社会的因素)的影响,从而使分析汇率变动的任务困难化和复杂化。上述八大因素对汇率的实际影响,只有在假定"其他条件都不变"的情况下,才能显示出来。但是,在一定时期内(如1年)国际收支是决定汇率基本走势的主导因素;通货膨胀与财政状况、利率水平和汇率政策会助长或削弱国际收支所起的作用;预期与投机因素不仅是上述各项因素的综合反映,还在国际收支状况所决定的汇率走势的基础上,起推波助澜的作用,加剧汇率的波动幅度。在一定条件下,利率水平对一国货币汇率涨跌起重要作用,而长期来看,相对经济增长率和货币供给增长率决定着汇率的长期走势。

第四节 汇率变动对经济的影响

汇率是连接国内外商品市场和金融市场的一条重要纽带。一方面，汇率的变动受制于一系列经济因素；另一方面，汇率的变动又会对其他经济因素产生广泛的影响。汇率的变动无非是升值或贬值两个方面，因此集中分析汇率贬值对经济的影响即可。对于汇率升值对经济的影响，则可以反过来论述。

一、汇率贬值的进出口效应

一国货币汇率的贬值，会使该国进出口商品价格相应发生变化，使国内外居民对进出口商品的需求发生变化，从而影响进出口规模和贸易收支。例如，一国货币对外汇率下跌（即对外贬值），则以本币所表现的外币价格高涨，出口收汇兑成本币后的数额较前增多。与此同时，一国货币汇率下跌，以本币所标示的进口商品的价格上涨，从而抑制本国居民对进口商品的需求。在一般情况下，出口扩大，进口减少，有利于汇率下跌国家的贸易收支的改善。这就是贬值的进出口效应。一国货币贬值通过降低本国产品相对于外国产品的价格，即外国进口品的本币价格上升，本国出口品的外币价格下降，诱发国外居民增加对本国产品的需求，本国居民减少对外国产品的需求，从而有利于该国增加出口，减少进口。

二、汇率贬值的国际资本流动效应

贬值对一国资本项目的影响情况，取决于贬值如何影响市场对该货币今后变动趋势的预期。资本从一国流向国外，主要是追求利润和避免受损，因而汇率变动会影响资本的流出与流入。当一国货币贬值而尚未到位时，国内资本的持有者和外国投资者为避免该国货币再贬值而受损失，会将资本调出该国，进行资本逃避。若该国货币贬值，并已到位，在具备投资环境的条件下，投资者不再揭发贬值受损，外逃的资本就会抽回国内。当然，货币贬值过头，当投资者预期汇率将会反弹时，就会纷纷将资本调到该国，以牟取汇率将会上升的好处。关于货币升值对于资本流动的影响，一般情况下与此相反。需要说明的是，汇率变动对资本流动的上述影响，是以利率、通货膨胀等因素不变或相对缓慢变动为前提的。

三、汇率贬值的产出效应

货币贬值后，一国贸易收支往往会得到改善。如果一国还存在闲置的生产要素，包括劳动力、机器等资本品和原材料等，那么该国就具备了扩大再生产的可能性和现实性,从而增加生产的产量。这时,贸易收支的改善将会通过乘数效应扩大总需求,带动国内经济实现充分就业。

四、汇率贬值的物价效应

汇率贬值的一个直接后果就是对物价水平的影响。贬值通过货币工资机制、生产成本机制、货币供应机制和收入机制,可能导致国内物价工资和物价水平的循环上升,并最终抵消贬值可能带来的全部好处。

(1)货币工资机制。进口物价的上升,会推动生活费用的上涨,从而导致工资收入者要求更高的名义工资。更高的名义工资又推动货币生产成本和生活费用的提高,如此循环不已,最终使出口商品和进口替代品以及整个物价水平上升,抵消汇率下跌可能带来的好处。

(2)生产成本机制。当进口商品构成出口商品的重要组成部分时,贬值会直接导致出口商品价格的上升,并可能最终恶化本国的贸易收支。

(3)货币供应机制。贬值后,由于货币工资机制和生产成本机制的作用,货币供应量可能增加。另外,在外汇市场上,政府在结汇方面也将付出更多的本国货币,从而导致本国货币供应的增加。

(4)收入机制。如果国内对进口商品的需求弹性较低,从而汇率下降不能减少进口总量,外国对本国的出口商品的需求弹性较低,从而汇率下跌不能增加本国出口总量(弹性分析论)。在这种情况下,本国的收入会减少,支出会增加,并会导致贸易收支恶化和物价水平上升。

综上所述,货币贬值会不会引起国内物价水平的上升,除了取决于进出口商品的弹性外,还取决于国内的经济制度、经济结构和人们的消费习惯和消费心理等。

五、汇率贬值的资源配置效应

货币贬值后,出口品本币价格由于出口数量的扩大而上涨,进口替代品价格由于进口品本币价格上升带动而上涨,从而整个贸易品部门的价格相对于非贸易品部门的价格就会上升,由此会引发生产资源从非贸易品部门转移到贸易品部门。

六、汇率贬值的外部溢出效应

一国货币贬值不仅对本国经济产生影响,而且还会对世界上其他国家经济产生影响,尤其是主要工业国家的汇率变动。

第五节 汇率决定理论

在现代汇率决定理论体系中,购买力平价理论和利率平价理论是汇率决定理论的基础和基本前提,在此基础上形成了包括国际货币主义模型、汇率超调模型和资产组合头寸模型在内的资产市场理论。

一、国际借贷说

国际借贷说是英国学者葛逊于1861年提出的。该理论认为汇率是由外汇市场上的供求关系决定的。而外汇的供求关系又是由国际收支引起的,商品的进出口、劳务利润、债券的买卖等等,都会引起国际收入和支出。而只有已进入支付阶段的国际收支才会影响外汇的供求。当一国进入支出阶段的外汇支出大于进入收入阶段的外汇收入时,外汇需求才大于供应。因此,本国货币汇率才下降;反之,则本国汇率上升。当进入收入阶段的外汇供求相等时,汇率便处于均衡状态。这种进入支出阶段的外汇支出被称为流动债务,进入收入阶段的外汇收入称为流动债权。葛逊理论实际上就是汇率的供求决定论,它只能用来解释短期汇率的形成,并不能用于解释长期汇率的决定。

二、购买力平价理论

购买力平价理论是英国经济学家桑顿在1802年提出的,其后成为李嘉图的古典经济理论的一个组成部分,最后由瑞典经济学家古斯塔夫·卡塞尔加以发展与充实,并在其1922年出版的《1914年以后的货币与外汇》一书中做了详细论述。该理论认为:本国人需要外国货币是因为该国货币在其发行国具有购买力,外国人需要本国货币是因为本国货币在本国具有购买力。那么,按一定汇率用本币购买外汇,也就是购进了外币的购买力。所以,两国货币的兑换比率是由两国货币的购买力决定的。购买力平价(Purchasing Power Parity,PPP)是指两国货币的购买力之比,货币的购买力与一般物价水平呈反比,是一般物价水平的倒数。购买力平价分为绝对购买力平价和相对购买力平价。

1. 绝对购买力平价

绝对购买力平价指的是某一时点上汇率的决定,即汇率等于两国一般物价水平之比。它的计算公式为

$$R = \frac{\sum P_A}{\sum P_B}$$

式中，$\sum P_A$ 代表甲国物价水平；$\sum P_B$ 代表乙国的物价水平；R 代表汇率，即 1 单位乙国货币以甲国货币表示的价格。

2. 相对购买力平价

相对购买力平价（Relative PPP）指的是某一时期汇率的变动，即两个时点的汇率之比等于两国一般物价指数之比。假定甲国货币新汇率为 R_1，旧汇率为 R_0（均为间接物价法），货币购买力变化率为 P_A，乙国货币购买力变化率为 P_B。它的计算公式为

$$R_1 = R_0 \times \frac{P_A}{P_B}$$

购买力平价理论认为，物价的变化源于货币量的变化。因此，购买力平价理论来源于货币数量理论。对于购买力理论，人们对相对购买力更感兴趣，因为它可以用来预测实际汇率，反映了汇率与通货膨胀率之间的关系。

3. 购买力平价理论的修正与发展

购买力平价理论从商品交易角度考察汇率的决定基础，汇率的长期走势与购买力平价趋势基本上一致，但是该理论不能很好地解释汇率剧烈的短期变动。

购买力平价理论的发展之一是成本平价理论，这是相对购买力平价的一种替代形式。成本平价理论认为，货币的购买力最终取决于劳动生产率和工资水平。

购买力平价理论的另一发展就是贸易品平价。传统购买力平价从长期价格水平来考察长期汇率，没有考察贸易品和非贸易品的区别。贸易品平价理论认为，只有贸易品符合购买力平价，而非贸易品很难符合购买力平价条件。

三、利率平价理论

利率平价理论亦称远期汇率理论。它是由英国经济学家凯恩斯于 1923 年提出，后经西方国家一些经济学家发展而成的。由于世界生产与资本国际化的不断发展，国际资本流动的规模日益扩大，并成为决定汇率变化的一个重要因素，而仅用购买力来解释汇率的变化已显然不行，为此，利率平价理论便应运而生。

利率平价理论从国际资本流动角度探讨汇率，考察利率对汇率的影响，特别是短期汇率的变动，认为利率的作用至关重要。利率平价理论分为抵补利率平价和未抵补利率平价。

1. 抵补利率平价

投资者可以在本国投资,也可以在外国投资,这取决于国内外的投资收益率。如果收益率存在差异,则存在获得无风险收益的套利机会,资本就会从低收益率国家流向高收益率国家,直至两国收益率相等才达到均衡,这时的汇率就是均衡汇率。

2. 未抵补利率平价

未抵补利率平价是指在没有抵补情况下未来即期汇率与利率之间的关系。也就是说,投资者在国外投资时,没有相应地进行远期外汇交易,投资决策要依据投资者对未来即期汇率的预期。

由于预期可能和现实汇率有偏差,所以投资者要承担汇率风险。假设投资者是风险中性者,即对承担的汇率风险不需要风险报酬(Risk Premium),那么投资者根据预期汇率来比较国内外投资的收益率,资金流向收益率高的国家,最终使得国内外收益率相等。

例如:设本国利率为 I_a,外国利率为 I_b,S 为即期汇率,F 为远期汇率,汇率的标价方法为直接标价法,1 单位本币在国内投资收益为 $1+I_a$,1 单位本币在国外投资,须先兑换为外币,则为 $1/S$,投资所得收益为 $1/S \times (1+I_b)$,再按远期汇率折合为本币,得 $1/S \times (1+I_b) \times F$,以便同本国投资收益进行对比。

如果两国投资收益不同,金融市场上便会出现套利行为,但当本国投资收益与外国投资收益相等时,本国与外国之间的套利活动终止,即

$$1+I_a = 1/S \times (1+I_b) \times F = F/S \times (1+I_b) \tag{3.1}$$

将式(3.1)整理,得

$$\frac{F}{S} = \frac{1+I_a}{1+I_b} \tag{3.2}$$

式(3.2)两边各减去 1,得

$$\frac{F-S}{S} = \frac{I_a - I_a}{1+I_b} \tag{3.3}$$

显然,在式(3.3)中,若本国的利率水平高于外国,即 $I_a > I_b$,则 $F > S$,即远期汇率为升水,$(F-S)/S$ 变为升水率;若本国利率水平低于外国,即 $I_a < I_b$,则 $F < S$,即远期汇率为贴水,$(F-S)/S$ 为贴水率。现令 P 为远期外汇的升、贴水率,则式(3.3)变为

$$P = \frac{I_a - I_b}{1+I_b} \tag{3.4}$$

将式(3.4)变形,得

$$P + P \times I_b = I_a - I_b \tag{3.5}$$

式(3.5)中的 P 和 I_b 均为百分数,其乘积的数值很小,可忽略不计,式(3.5)即变为

$$P \approx I_a - I_b \tag{3.6}$$

式(3.6)表明,外汇远期的升、贴水率大约等于本国与外国的利率差。

利率平价理论表明:利率低的国家的货币,其远期汇率必然升水;利率高的国家的货币,其远期汇率必然贴水;远期汇率的升贴水率大约等于两国货币的利率差。利率平价理论的最大贡献就是揭示了远期汇率和利率之间的必然联系,揭示了资本在国际流动的内在规律。但由于利率平价理论忽略了外汇交易成本,也未考虑外汇管制以及国家对外汇的干预等因素,从而使得按理论预测的远期汇率同即期汇率的差价往往与实际不符,特别是在货币危机时相距更远。

四、资产市场理论

20世纪70年代以来,国际资本流动获得空前发展,于是产生了一种汇率决定理论。同传统的汇率决定理论相比,资产市场理论是将商品市场、货币市场和证券市场结合起来进行汇率决定的分析。因此资产市场理论特别重视金融资产市场均衡与汇率的关系。它认为,一国资产市场出现失衡,既可以通过国内商品市场也可以通过国外资产市场来恢复均衡,作为两国资产的相对价格不同,国际商品的套购机制就会发生作用,其结果导致本外币汇率的变化,而汇率的变动又能够消除资产市场出现的超额供给或需求。所以汇率变动是一种货币现象。均衡汇率就是使两国资产市场供求存量保持均衡时的汇率,这是资产市场理论的基本市场。

1. 国际货币主义模型

国际货币主义模型(Monetary Approach to Exchange Rate)是货币主义理论在汇率领域的应用,因此该模型的特点是长期的比较静态分析。国民收入、利息率等因素是通过影响货币需求而对汇率发生作用的。本国国民收入增加,会扩大货币需求,从而本币汇率上升;本国利息率上升,会缩小货币需求,从而本币汇率下跌。

汇率的货币论认为,一国货币的疲软,是其货币增长过快所致。因此,这个理论主张货币的增长率要控制在与国民生产总值增长率相一致的水平上,才能保持汇率的稳定,否则,汇率将是不稳定的。它是购买力平价理论的现代翻版。

汇率的国际货币主义有助于说明汇率的长期趋势,并提醒人们注意货币均衡。但它过于绝对地把物价与货币市场均衡相联系,而忽略了影响物价的其他

因素。

2. 汇率超调模型

汇率超调模型(Overshooting Model)是美国经济学家鲁迪格·多恩布什提出的,与国际货币主义模型不同,汇率超调模型假设价格是黏性的,即在长期购买力平价成立,但短期内购买力平价不成立。因此,汇率超调模型又被称为黏性价格(Sticky-price)货币模型,以区别于国际货币主义模型的弹性价格(Flexible-price)模型。

汇率超调模型假设国内外资产具有完全的替代性,即利率平价成立。该模型认为,货币市场失衡后,商品市场价格具有黏性,而证券市场反应极其灵敏,利率将立即调整,以使货币市场恢复均衡。由于价格在短期内不变,汇率在短期会出现超调,即调整幅度超过长期均衡水平,随着时间的推移,价格将逐步缓慢调整,利率和汇率将重新掉头,向长期均衡汇率调整。

汇率超调模型的基本结论是:如果存在资本在国际自由流动的条件,利息率的变动必然引起套利活动和汇率的变动,而且汇率变动的幅度也大于货币市场失衡的幅度。从长期来看,由于利率、汇率的变动,商品价格也会慢慢发生变动,而最终达到国际货币主义汇率理论所说明的汇率长期均衡水平。正是这个原因,汇率的超调模型与国际货币主义模型同属于货币论。所不同的是,汇率的超调模型是货币的动态模型,有助于人们认识短期内的汇率变动。

3. 资产组合头寸模型

资产组合头寸模型认为,各国资产具有完全替代性的假设过于严格,即使在资本具有完全流动性条件下,由于存在汇率风险并且投资者是风险厌恶者,投资者对承担的风险需要额外的收益补偿,因此利率平价也很难成立,从而主张运用风险-收益分析法取代商品套购和套利机制。资产组合头寸模型继承了多恩布什的黏性价格理论,其假设短期内资产市场的失衡是通过国内外资产市场的迅速调整来消除的,其中汇率是使资产市场供求存量保持和恢复均衡的关键变量。此理论认为:在短期内,汇率取决于资产市场(包括货币市场和证券市场)的均衡。由于各国资产市场(货币和证券)之间具有替代性,一国居民既持有本国资产,也持有外国资产。当国内外利息率、货币财政政策、经常账户差额和对汇率的预期发生变化时,人们就会进行资产组合的调整,从而引起资本的国际流动、外汇的供求与汇率的变动。在长期内,物价也会慢慢调整,物价与经常账户差额相互发生作用,共同影响汇率。

该理论有助于人们认识现今货币汇率的短期波动,其最大局限是建立在金融市场十分发达和资本国际流动完全自由化的前提下,因而其应用有很大的局限性。

知识拓展1

金本位制的形式

1. 金币本位制(Gold Specie Standard)

这是金本位货币制度的最早形式,亦称为"古典的或纯粹的金本位制",盛行于1880—1914年间。自由铸造、自由兑换及黄金自由输出输入是该货币制度的三大特点。在该制度下,各国政府以法律形式规定货币的含金量,两国货币含金量的对比即为决定汇率基础的铸币平价。黄金可以自由输出或输入国境,并在输出入过程形成铸币-物价流动机制,对汇率起到自动调节作用。这种制度下的汇率,因铸币平价的作用和受黄金输送点的限制,波动幅度不大。

2. 金块本位制(Gold Bullion Standard)

这是一种以金块办理国际结算的变相金本位制,亦称"金条本位制"。在该制度下,由国家储存金块作为储备;流通中各种货币与黄金的兑换关系受到限制,不再实行自由兑换,但在需要时,可按规定的限制数量以纸币向本国中央银行无限制兑换金块。可见,这种货币制度实际上是一种附有限制条件的金本位制。

3. 金汇兑本位制(Gold Exchange Standard)

这是一种在金块本位制或金币本位制国家保持外汇,准许本国货币无限制地兑换外汇的金本位制。在该制度下,国内只流通银行券,银行券不能兑换黄金,只能兑换实行金块或金币本位制国家的货币,国际储备除黄金外,还有一定比重的外汇,外汇在国外才可兑换黄金,黄金是最后的支付手段。实行金汇兑本位制的国家,要使其货币与另一实行金块或金币本位制国家的货币保持固定比率,通过无限制地买卖外汇来维持本国货币币值的稳定。

金块本位制和金汇兑本位制这两种货币制度在1970年左右基本消失。

资料来源:根据凤凰财经相关报道整理,http://finance.ifeng.com/topic/20090329489438.shtml.

知识拓展2

巨无霸指数

巨无霸指数(Big Mac Index)是一个非正式的经济指数,用以测量两种货币的汇率理论是否合理。这种测量方法假定购买力平价理论成立。

购买力平价的大前提为两种货币的汇率会自然调整至某一水平,使一篮子货物在两种货币的售价相同(一价定律)。在巨无霸指数下,该"一篮子"货品就是一个在麦当劳连锁快餐店里售卖的巨无霸。选择巨无霸的原因是,巨无霸在多个国家均有供应,而它在各地的制作规格相同,由当地麦当劳的经销商负责为材料议价。这些因素使该指数能有意义地比较各国货币。

两国的巨无霸的购买力平价汇率的计算法,是以一个国家的巨无霸以当地货币的价格,除以另一个国家的巨无霸以当地货币的价格。该商用来跟实际的汇率比较,要是商数比汇率低,就表示第一国货币的汇价被低估了(根据购买力平价理论);相反,要是商数比汇率高,则第一国货币的汇价被高估了。

举例而言,假设一个巨无霸在美国的售价为 \$2.50,在英国的售价为 £2.00;购买力平价汇率就是 $2.50 \div 2.00 = 1.25$。要是 1 美元能买入 £0.55(或 £1 = \$1.82),则表示以两国巨无霸的售价而言,英镑兑美元的汇价被高估了 $[(1.82-1.25) \div 1.25] \times 100\% = 45.6\%$。

巨无霸指数是由《经济学人》期刊于 1986 年 9 月推出的,此后该报每年出版一次新的指数。该指数在英语国家里衍生了汉堡包经济(Burgernomics)一词。

2004 年 1 月,《经济学人》推出了中杯拿铁咖啡指数(Tall Latte Index),计算原理一样,但巨无霸被一杯星巴克咖啡取代,标志着该连锁店的全球扩展。1997 年,该报也出版了一份"可口可乐地图",用每个国家的人均可乐饮用量,比较国与国之间的财富。该图显示可乐饮用量越多,国家就越富有。

用汉堡包测量购买力平价是有其限制的。比如说,当地税收、商业竞争力及汉堡包材料的进口税可能无法代表该国的整体经济状况。在许多国家,像在麦当劳这样的国际快餐店就餐要比当地餐馆贵,而且不同国家对巨无霸的需求也不一样。例如在美国,低收入的家庭可能会一周几次在麦当劳就餐,但在马来西亚,低收入者可能从来不会去吃巨无霸。尽管如此,巨无霸指数广为经济学家引述。

资料来源:巨无霸指数,http//www.qq.com/a/20140512/028541.htm.

本 章 小 结

不同货币制度下汇率的形成机制有明显差异。在金本位制下,铸币平价是决定两种货币汇率的基础,汇率的波动要受黄金输运点的限制。在纸币流通制度实行的初期,当流通中的纸币量超过所需的金属货币量时,其所代表的含金量就会减少,汇率就会产生波动。在布雷顿森林货币体系下,从表面看,黄金仍是决定汇率的基础,但实际上,各国货币汇率围绕黄金平价上下波动的范围非常有限,而且是人为强行限制的。布雷顿森林货币体系崩溃后,各国货币间的汇率不再以含金量来确定,而是由货币所代表的实际价值所决定。国际借贷论是阐述金本位制下汇率变动的重要学说,该理论认为国际借贷关系的变化是汇率变动的主要因素。购买力平价理论认为,在纸币本位制度下,汇率的决定和变动均与物价水平有关。货币主义汇率理论认为,汇率决定于该两国相对的货币供给量、相对的国民收入以及相对的名义利率水平。资产组合平衡理论综合了传统的和货币主义的分析方法,把汇率水平看成是由货币供求和经济实体等因素诱发的资产调节与资产评价过程所共同决定的。汇率变动是一个极其复杂的问题,影响外汇汇率变动的因素很多,既有国内的因素,又有国外的因素;既有经济因素,又有非经济因素。汇率作为一个重要的经济杠杆,对整个经济运行都有着重要影响。

复习思考题

1. 简述引起汇率变动的主要因素。
2. 试述汇率变动的经济影响。
3. 简述汇率决定的购买力平价理论。
4. 简述汇率决定的利率平价理论。
5. 简述汇率决定的资产市场理论。

第四章 外汇业务和外币折算

【学习目的】

通过本章学习,应掌握西方国家主要外汇业务的内容与做法,掌握不同外币不同交割期限之间的折(套)算原则与技巧,掌握买入汇率与卖出汇率的折算原则,掌握汇率表的查阅方法与内涵,以期在融资投资和进出口贸易中准确地核算成本,提高对外报价水平,改善企业经营管理,进一步提高企业经济效益。

【重点难点】

(1)外汇市场;
(2)外汇业务;
(3)外汇的进出口报价。

【重要概念】

即期外汇业务/远期外汇业务/套汇/套利/掉期/期权/择期

第一节 外汇市场概述

一、外汇市场的概念

外汇市场是国际金融市场的重要组成部分,是指有经营外汇业务的银行、金融机构以及个人进行外汇买卖和调剂外汇余缺的交易场所。它包含以下几方面的含义:

(1)外汇市场是国际金融市场的重要组成部分,与国际金融市场的其他构成部分(国际货币市场、国际资本市场)有着密切的联系。国际货币市场和国际资本市场主要进行货币资金的借贷,外汇市场则主要是将所借入的某种外国货币资金兑换成所需要的另一种外汇资金。

(2)外汇市场是进行外汇买卖的场所。由于国际贸易的发展,国际支付和清偿的结果使得有些单位或个人需要外汇而其本身又无外汇收入,有些有外汇收入的单位或个人暂时又不需要外汇,外汇市场的存在正好为这两者提供了一个互通有无的场所。

(3)外汇市场的场所可以是有形的市场,也可以是无形的市场。有形的外汇市场主要是指以有固定场所的交易所等为特征的场所,早期的外汇买卖多数都集中在外汇交易所内进行,目前德国、法国的外汇交易仍然采取这种形式进行。无形的外汇市场是指以电话、电传、电报等现代通信方式进行的业务。新发展起来的外汇市场都是无形市场。

二、外汇市场的参加者

外汇市场的参加者即外汇市场的主体,是指外汇市场交易的主要当事人,它包括各国的中央银行、外汇指定银行、外汇经纪人和客户等。

(一)中央银行

各国的中央银行是各个国家金融机构的最高领导机构,它在外汇市场上的活动主要有以下几方面:

(1)中央银行作为普通者参加外汇交易活动。中央银行作为政府的银行参加外汇市场,为政府和重要的国有企业进行外汇交易。有时,中央银行还需要买卖一些次要的外汇,以满足一些企业对冷僻货币的需要,此时,中央银行的作用与一般银行的作用是一致的。除此之外,中央银行还与国际金融机构、他国中央银行直接买卖外汇。当然,由于中央银行的特殊地位,中央银行在从事外汇交易时,尽量避免自身的行为对外汇市场的影响。

(2)中央银行作为特殊机构参与外汇交易。货币政策是一国的重要经济手段,各国借助货币政策来调节外汇市场时,往往是通过中央银行对外汇市场进行干预来实现的。当国际游资大量游动或其他因素导致一国汇率发生剧烈变动时,当一国的宏观经济政策需要外汇市场汇率调整的配合时,当一国为了管理和控制本国的货币供应量,以及一国为了增加官方储备、稳定汇率等原因需要一国中央银行参与外汇市场时,中央银行就会大量抛售或购进某种外汇,使外汇汇率或本币朝着有利于中央银行管理的方向变化。这时,中央银行的领导地位就充分地显示出来了。中央银行不仅是外汇市场的参与者,而且是外汇市场的实际操纵者。

(3)中央银行作为国家的管理机构,监督和管理整个金融市场。中央银行的管理主要表现在中央银行可以制定一系列的外汇条例和法规,对于完全不能自由浮动的货币,中央银行实行完全的外汇管制,占据绝对的控制地位。在防止外汇市场的过度投机、制止外汇市场的违法行为方面,中央银行也负有义不容辞的责任。

中央银行对外汇市场的积极干预政策的选择,要考虑以下一些因素:一方面中央银行要充分考虑本币价值的高低、国内货币供应量、外汇储备、干预时机、干预环境、干预政策、市场预期、经济规律等因素。如本币价值方面,若外汇需求过旺,本币价值下跌,中央银行就抛售外汇买进本币。而中央银行的抛售外币又会使本币的供给减少,从而影响货币供应量,引起国内物价的变动。另一方面,中央银行的外汇干预也不是立竿见影的。当国际游资数额巨大,外汇市场波动剧烈时,中央银行单靠一国的力量是不够的。

特别需要指出的是,中央银行对外汇市场的独特作用,使外汇市场的参加者常常根据中央银行的动向做出外汇的有关决策,这是其他参加者对外汇决策制定的重要依据。当然,中央银行与一般的商业银行进入外汇市场的目的是不同的。中央银行进入外汇市场的根本目的不是商业利润,而是为了稳定汇率,平衡外汇供求。

(二)外汇指定银行

外汇指定银行是指经中央银行批准可以经营外汇业务的商业银行和其他金融机构。主要包括三种类型:专营或兼营外汇业务的本国商业银行;在本国的外国商业银行分行;经营外汇业务的其他金融机构,如信托公司、财务公司等。发达资本主义国家的商业银行一般都可从事外汇业务。

商业银行是外汇市场的主要参加者,其获得利润的主要途径有以下几个。

1. 充当外汇买卖中介

商业银行通过代客户买卖外汇并提供服务获得利润。具体做法是当顾客询问一个外汇的买卖报价时,银行的交易商在查询到市场价格可行之后,加上一个价差(交易金额越小,价差率越大;交易金额越大,价差率越小)。但是,由于外汇市场竞争的日趋激烈,依赖此项目获利已经不易,所以各商业银行在报价上尽可能地接近市场价格,有时还要比市场价格更加优惠。

2. 以银行自己的账户直接进行外汇的买卖

其目的在于调整外汇头寸,保持存贷于合理的水平上;或利用外汇市场上的汇率差价、时间差价赚取利润。商业银行在这里的主要任务是通过判断外汇市场的汇率波动来确定一个合理的买价和卖价,即外汇银行自身起外汇交易商的作用。

外汇银行参与外汇交易时,一般与以下对象发生交易。

(1)经纪人。在外汇银行的业务中,外汇经纪人同样起着重要的作用。在由本国居民参加的外汇市场中,银行通过外汇经纪人得到更多的外汇信息,从数家银行中得到更加合理的报价,并通过经纪人为居民买卖外汇。

(2)其他外汇银行,即银行的同业拆借市场。他们的交易主要是为了弥补与客户交易而产生的买卖差额,这是因为银行在与客户的交易中难免会出现营业日内外汇头寸的"多头"与"空头"。借助于银行间的同业拆借,银行可以及时调拨外汇,轧平外汇头寸上的短缺。除此之外,银行间的同业拆借也可以用于外汇投机(如套利、套汇)。当然,银行间同业拆借的利率一般会低于银行和顾客之间的买卖价,但是由于其金额较大,一般每笔金额都在100万美元以上,所以银行仍可以"薄利多销"获得利润。

(3)工商企业。主要是银行对工商企业的用汇和外汇结余进行买卖,它们或者是为了避免汇率变动带来的风险提前买进或卖出外汇,或者是由于进出口过程中以本币换外汇的需要,成为外汇银行的主要客户。

(4)中央银行。外汇银行与中央银行的业务往来主要有两个途径:直接的外汇买卖或通过外汇经纪人达成买卖。

在外汇市场中,大的商业银行是真正的造市者。这是因为大银行具有以下特点:①资本雄厚。它们在世界各地的银行都有外汇账户,与世界市场的经济贸易都有结算业务。②交易金额较大。外汇银行的业务面向大型银行或大型工商企业,或对中小企业提供服务。一般而言,外汇银行的一次交易量在100万美元以上,小于100万美元的交易,通常在分支机构处理,待汇足后才转到银行间的市场。③阵容强大,信誉良好。外汇银行拥有大量技术娴熟的外汇交易人员,配备精良的通信设备和资料信息处理设备。正是由于以上原因,各国外汇银行的报价成为外汇市场的最具有影响力的报价,对外汇市场起着至关重要的作用。

(三)外汇经纪人

外汇经纪人是专门负责牵线搭桥促使外汇买卖成交的人。外汇市场的经纪人可以分为两类:一类是以自由资金参与外汇交易的经纪人,即外汇自营商,他们在外汇交易中自负盈亏,自担风险。另一类是"跑街"经纪人,他们专门替客户买卖外汇,只收取佣金,不承担外汇交易盈亏风险。

外汇经纪人的主要任务是提供正确、迅速的交易情报,联络买卖双方促进外汇交易顺利成交。尽管各大银行为了节省外汇费用,越来越倾向于直接交易,但是,包括伦敦在内的外汇市场间的商业银行依然都通过连接经纪人的专线电话进行外汇交易。因为根据伦敦银行界的一项君子协定,伦敦银行间的外汇交易必须以经纪人作为中介人,外汇经纪人基本是外汇市场的主要促成者。纽约的外汇交易市场的情形也差不多,只是由于计算机的广泛应用,现代银行业的交往越来越快捷,有些商业银行可以不需要通过经纪人就可以直接交易。但是经纪人的作用是不可取代的。由于竞争的日趋激烈,外汇经纪人必须特别熟悉银行间的外汇供求状况,了解外汇市场业务,具备充分分析市场外汇变化的能力,能充分发现市场价格,并及时向客户提供这种价格,帮助客户实现理想的成交价格。这样,才能不断发展自己的业务,赢得客户市场。

(四)客户

这里主要指外汇市场的需求者和外汇资金的结余者。具体来讲,主要包括进出口商、跨国企业、政府机构和外汇投机者。进出口商和跨国机构是外汇市场的实际需要者与供求者。这些企业或机构参与外汇市场或是为了进行债权与债务的结算,或是为了进出口收付款的需要,或是为了对未来的一笔账款的结算进行规避风险的需要,或是为了外汇投机,成为外汇市场的主要参加者之一。而外汇投机者,又是外汇市场的不可缺少者。外汇投机者通过对汇率涨跌趋势的预测,利用外汇汇率和时间的差异,低买高卖,赚取市场投机差异利润。他们参与外汇交易的目的不是为了进出口结算,也不是为了保值,而是为了赚取差利。在浮动汇率制度下,外汇投机者利用买空卖空活动,一方面促使各国加强了对汇率的管制,进一步完善了各国汇率体系,并通过外汇投机家的外汇买卖,给市场提供了一个平衡外汇差价的空间,也促使各国加强对本国金融市场的规范化管理;另一方面投机者的买空卖空,使外汇市场的资金急剧膨胀,加大了外汇市场的动荡,给各个国家的经济带来了很多不稳定的因素,造成国际性的金融危机。

三、外汇市场的种类

根据外汇市场的业务特点和构成因素,外汇市场可以划分为以下几类:

(1)按市场参加者的不同,分为零售市场和批发市场。零售市场是由外汇银行、个人和公司客户之间的交易构成的外汇市场,其交易规模较小,但每天交易总量却很大。批发市场是指银行同业之间买卖外汇形成的市场,每天成交金额巨大,据统计,6%以上的国际外汇交易都是由银行间的外汇买卖形成的,而由贸易、投资、货币管理所形成的外汇资金只占5%。

(2)按市场组织形式的不同,分为柜台交易市场和交易所交易市场。柜台交易市场是指没有固定场所,外汇买卖无须面对面的交易,其交易的完成主要是通过计算机网络来进行的。如纽约外汇市场、伦敦外汇市场、苏黎世外汇市场都是这种形式的市场。交易所市场是指外汇交易的形式采用具体的、固定的交易所。如巴黎外汇市场、米兰外汇市场等。

(3)按外汇交割期限划,分为即期外汇市场和远期外汇市场。即期外汇市场是指外汇买卖成交以后,原则上在两个营业日内进行交割的外汇业务。远期外汇业务是指外汇买卖成交以后,根据事先约定的价格、汇率、金额,在两个营业日以后规定的日期进行的交割。

目前,以上的外汇交易大都通过现代化手段来完成,以伦敦为例,伦敦外汇市场包括365家商业银行和外国投资银行,以及一些大的经纪公司、大银行都设有专门的交易室,在室内按动按钮,各大银行就可以与经纪人谈判交易,这种方法很快就能促使一笔交易的达成,并促使供求双方能在很短的时间内完成交易,因此,外汇市场的价格经常是趋于一致的。

第二节 外汇业务

一、即期外汇业务

1. 即期外汇业务的定义

即期外汇业务是指交易双方以当天的外汇市场交易价格成交以后,根据事先约定的价格、汇率、金额,原则上在两个营业日内进行交割的交易行为。它是市场上最常见的一种外汇交易形式,是其他外汇交易的基础。

这里所说的"营业日",是指两个清算国银行全都开门营业的日期。如果两个货币交割时其中的任何一个国家,在交割日是节假日,则交割日顺延,直到两个国家的银行都营业为止。交割日为当天的,称为当日交割,交割日为成交后第一个营业日的称为明日交割,交割日为成交后第二个营业日的称为即期交割。

在即期外汇业务中,其风险较其他外汇业务要小得多。但是,这并不意味着即期外汇业务不存在风险,即便是在一个营业日内进行的外汇业务也会存在风险。由于时区的差别,在一个特定时间内,亚洲的市场要早些,欧洲次之,美国市场再次之。这样,若有一笔外汇款通过中国香港的银行汇出,美国纽约的银行收到后再解付给美国的公司,在此期间,如果美国银行的外汇还未付款给客户,而该银行已破产,则公司同样面临外汇风险。

2. 即期外汇业务的种类

(1)电汇。电汇指外汇汇款人向当地银行交付本国货币后,由该行用电报或电传的方式通知其在海外的分行或代理行立即付出外汇的业务。电汇的凭证就是电汇汇款委托书。

在浮动汇率制度下,汇率会经常剧烈波动,而电汇时间短,在实践中出口商为了减少风险,大多开出带有电报索汇条款的信用证,即开证允许议付行在议付后以电报方式通知开证行,说明各种单证与信用证相符,开证行接到上述电报后,有义务立即将货款用电汇的方式划拨给议付行。这样,出口商能在较短的时间内收回货款,加速资金的周转,较好地回避了外汇风险。此外,商业银行为了平衡外汇买卖头寸,投机者为了进行外汇投机,大多也使用电汇汇率。因此,电汇汇率已成为外汇市场的基本汇率,是制定其他汇率的基础。

在电汇汇款方式下,银行在国内收进本国货币,在国外付出外汇的时间相隔不过一两日,由于银行占用客户的资金时间较短,获得的邮程利息较少,所以,电汇汇款较贵。电汇汇率在国际贸易中使用很广,尤其是在大宗商品贸易的货款金额的结算或在急需货款的项目结算时多使用电汇汇款方式。在信用证结算方式下,付款行偿付议付行垫款时,也经常使用电汇汇款方式,即电索货款。

(2)票汇。票汇指汇出行应汇款人的申请,开立的以汇入行为付款人的汇票,列明收款人的姓名、汇款金额等,交由汇款人自行寄送给收款人或亲自携带出国的一种汇款方式。票汇的凭证即银行的汇票。票汇的特点是汇入行无须通知收款人取款,而是由收款人上门自取,收款人可以将汇票背书后转让。在国际贸易中,进出口商在支付佣金、回扣、寄售货款、小型样品、展品出售和索赔等时,常采用汇票的方式进行。

(3)信汇。信汇指汇款人向当地银行交付本国货币,由银行开具付款委托书,用邮寄交国外代理行,办理付出外汇业务。在进出口贸易合同中,如果规定凭商业汇票"见票即付",则议付行把商业汇票和各种单据用信函寄往国外,进口方银行见汇票后,用信汇(航邮)向议付行拨付外汇,这就是信汇方式在进出口结算的应用。为了推迟支付货款的时间,进口商常在信用证中加注"单到国内,信汇付款"条款,一方面是为了避免本身资金的积压,另一方面也是为了在国内验单后,在保证进口商品质量的前提下再付款。信汇汇款的凭证是信汇付款委托书,其内容与电汇委托书内容相同,只是汇出行在信汇委托书上不加注押密,而以负责人签字代替。

二、远期外汇业务

1. 远期外汇业务的概念

远期外汇交易,又称期汇交易,是指外汇买卖成交的两个营业日后,按合同规定的汇率于未来特定日期进行交割的一种外汇交易。

远期外汇交易的要求主要有以下几点:

(1)合约内容要全面。远期外汇交易的买卖双方必须订立远期合约。合约要载明买卖双方的姓名、商号、币种、金额、汇价、远期期限及交割日等。合约一经签订,双方必须按期履约,不能任意违约。若有一方在交割期以前要求取消合约金额,由此而遭受损失的一方,可向取消合约的一方要求给予赔偿金。

(2)远期期限要明示。远期外汇期限有长有短,常见的期限有20天、1个月、2个月、3个月、6个月和1年。

(3)交割日期要确定。远期外汇交割日的确定有两种方法:一种是固定的交割日,即合约签订的日期加上对应的时间,如1月10日签约的2个月远期合约,则交割日是3月10日。另一种远期外汇交易是非固定交割日的远期外汇交易,也叫择期外汇交易。这种交易的原因是由于进出口贸易的双方有时不能确定其具体用汇结算的日期,所以,就和银行签订择期外汇交易。交易的具体方式,是由客户和银行签订一个远期外汇合同,并事先就规定好交割期限,在交割期限到期前的任何一天,客户都有权选择进行交割。

2. 远期外汇的报价

(1)远期外汇的报价方式。远期外汇的报价方式有两种:一是直接报出远期外汇的具体数字,采用这种方法的有日本、瑞士等少数国家。如银行直接报出美元兑日元的3个月汇率是123.33/124.33。二是只报出远期外汇与即期外汇的点数,即报出远期外汇的升水、贴水和平价。远期外汇升水是指远期外汇比即期外汇贵,贴水是指远期外汇比即期外汇贱,平价是指远期外汇与即期外汇相等。

(2)远期外汇升(贴)水数与远期实际价格。在银行的远期实际业务中,银行的报价有时说明是升水或贴水,有时仅报出即期汇率和银行的汇水数字,这时就需要计算远期汇率的实际数字。计算远期的实际汇率的方法有以下几种:

1)列出即期外汇的全部数字,将远期汇水数字对准即期汇率的买入价和卖出价相应的部位。

2)判断远期升水还是贴水的规则:在直接标价法下,前面的点大于后面的点是贴水,前面的点小于后面的点是升水。在间接标价法下,前面的点大于后面的点是升水,前面的点小于后面的点是贴水。

3)在直接标价法下,远期汇率等于即期汇率加升水减贴水;在间接标价法下,远期汇率等于即期汇率减升水加贴水。

例如:某年某月法兰克福市场美元/马克的即期汇率为1.476 4/1.478 4,3个月远期汇率为30/20。则:①判断升水、贴水:直接标价法下,30>20为贴水。②3个月的实际汇率为1.478 4-0.003 0=1.473 4,1.478 4-0.002 0=1.476 4。

远期汇率和即期汇率的计算还可以进一步简化为:已知远期汇率两个数字,前面的点和后面的点相比:"前小后大往上加""前大后小往下减"。另外要注意:

实际汇率两个数字前小后大,则无论何种标价法,即无论最后算出的结果是买入价在前还是卖出价在前,都是前面的数字小于后面的数字。如果前面的数字大于后面的数字,说明计算错误。

3. 远期外汇与利率的关系

(1)远期外汇是升水还是贴水,受利率水平的制约。在其他条件不变的情况下,利率低的国家的远期货币汇率会升水,利率高的国家远期货币汇率会贴水。

银行经营外汇业务必须遵守买卖平衡原则,即银行卖出多少外汇,同时要补进相同数额的外汇。假设英国某银行卖出远期美元外汇较多,而买进远期美元外汇较少,则二者之间不能平衡。该银行必须拿出一定英镑现汇购买相当上述差额的美元外汇,将其存放于美国有关银行,以备已卖出的美元远期外汇到期时办理交割。这样,英国某银行就要把它的一部分英镑资金兑成美元,存放在纽约。如果纽约的利率低于伦敦,则英国某银行将在利息上受到损失。因此,该银行要把经营该项远期外汇业务所引起的利息损失转嫁给远期外汇的购买者,即客户买进远期美元的汇率应高于即期美元的汇率,从而发生升水。现说明如下:

假设,英国伦敦市场的利息率(年利)为 9.5%,美国纽约市场的利息率(年利)为 7%,伦敦市场的利息率比纽约市场高 2.5%。伦敦市场的美元即期汇率为 1 英镑=1.96 美元,英国某银行卖出即期美元外汇 19 600 美元,向顾客索要 10 000 英镑;如果它卖出 3 个月期的美元远期外汇 19 600 美元,由于该行未能同时补进 3 个月期的美元远期外汇,则它不能向顾客索要 10 000 英镑,而要 10 062.5 英镑。因为该行未能补进 3 个月远期美元外汇,它必须动用自己的资金 10 000 英镑,按 1 英镑=1.96 美元的比价,购买 19 600 美元即期外汇,存放在美国纽约的银行,以备 3 个月后向顾客交割。这样,英国某银行要有一定的利息损失,因为英镑资金存在英国银行有 9.5% 的利息收入,而存在美国银行只有 7% 的利息收入,利差损失 2.5%。存款期限 3 个月的具体利息损失金额是:10 000 英镑 $\times[(9.5-7)/100]\times 3/12=62.5$ 英镑。这时,该银行理所当然要将 62.5 英镑的利息损失转嫁给购买 3 个月远期美元外汇的顾客身上,即顾客要支出 10 062.5 英镑,才能买到 3 个月远期的 19 600 美元,而不像购买即期外汇那样,只支付 10 000 英镑即可购买即期 19 600 美元。那么,英国某银行向顾客卖出 3 个月远期美元的具体价格是多少呢?每 1 英镑能买到 3 个月远期美元的具体数字应是:10 062.5 英镑:19 600 美元=1 英镑:x 美元,$x=1.947\,826$ 美元。

当英国伦敦市场为美元即期汇率 1 英镑=1.96 美元时,伦敦市场利息率为 9.5%,纽约市场利息率为 7%,在伦敦市场 3 个月美元远期汇率应为 1.947 8 美元,即比即期汇率升水 1.2 美分。

由此可见,远期汇率、即期汇率和利率三者之间的关系是:①其他条件不变,两种货币之间的利率水平较低的货币,其远期汇率为升水,较高的为贴水。②远期汇率和即期汇率的差异,决定于两种货币的利率差异,并大致和利率的差异保持平衡。

(2)远期汇率升水(贴水)数字可以从两种货币利差与即期汇率中推导出来。具体公式如下:

$$升水(贴水)具体数字=即期汇率×两地利率差×月数/12$$

例如:英国某银行向客户卖出远期3个月美元,设即期汇率1英镑=1.96美元,英国伦敦市场利率为9.5%,美国纽约市场利率为7%。那么,升水(贴水)的具体数字是$1.96×(9.5-7)/100×(3/12)=0.012$。所以,伦敦市场3个月远期美元实际价格为1英镑=$1.960-0.012=1.948$美元。

(3)升水(贴水)的折年率也可以从即期汇率与升水(贴水)的具体数字中推导出来。折年率的目的是为了便于比较投机套利是否合算,公式如下:

$$折年率=升水(贴水)具体数据/(即期汇率×月数/12)=$$
$$升水(贴水)具体数据×12/(即期汇率×月数)$$

如上例,3个月远期美元外汇升水(或贴水)为1.2美分,则具体折年率为$(0.012×12)/(1.96×3)=2.5\%$。

4. 远期外汇的应用

(1)出口商外汇保值。对于出口商而言,如果他预测所收外汇贬值,就可作远期进行保值。

(2)进口商付汇保值。进口商付汇的目的是担心所付外汇在未来上升,因此以一个固定价格买进一笔将要支付的远期外汇,以固定成本。

(3)投机性远期外汇交易。预期远期汇率与当前市场价格不一致,则进行投机。在投机时,投机者并不需要交纳很多资金,所以可以起到以小搏大的作用。具体讲,投机又分为"买空"和"卖空"两类投机。"买空"的投机是基于外汇即期汇率将要上升的预期。如果远期汇率在合约到期时果然上升,则合约持有者可以用约定价格交割,然后将外汇转到现汇市场上以高于买入价来卖出,获取利差。

【例】 设日本东京市场美元/日元6个月远期汇率为126.00/10,若投机商预测6个月后即期汇率为130.20/30,若预测准确,则其收益多少?

解 日本商人买入100万6个月美元须支付:
$$1\,000\,000×126.10=126\,100\,000 日元$$

6个月后若卖出100万美元可收进:

$$1\,000\,000 \times 130.20 = 130\,200\,000 \text{ 日元}$$

则该日本商人可多得 410 万日元。

同理，"卖空"是指投机者基于对外汇即期汇率将要下跌的预测而在市场上卖出远期合同的一种投机活动。若到交割日时，即期汇率低于远期合约汇率，则投机者可按卖出时的价格交割，比现汇要多折合本币。

当然"买空""卖空"都是基于正确的外汇预测，一旦预测不准将会使投机者遭受重大损失。

三、套汇交易

1. 套汇交易的概念

套汇交易是利用不同市场的汇率差异，在汇率低的市场大量买进，同时在汇率高的市场卖出，利用贱买贵卖，套取投机利润的外汇业务。这种做法具有强烈的投机性。

套汇的种类主要有地点套汇、时间套汇和利息套汇。时间套汇就是后面要讲到的掉期交易，利息套汇又叫套利交易。通常所说的套汇是指地点套汇，它是利用同一货币在不同外汇市场上的汇率差异而进行的一种外汇买卖行为。

2. 地点套汇的种类

(1) 直接套汇，又叫两角套汇，是银行利用两个外汇市场之间货币汇率的差异，在一个市场上卖出货币，又在另一个市场上买入同样货币，通过这种买卖赚取差价，规避风险。例如，假定某一时期，纽约外汇市场：1 美元 = 128.40～128.50 日元；东京外汇市场：1 美元 = 128.70～128.90 日元。

可见美元在纽约市场上比东京市场上便宜，银行此时套汇，可获得收益。具体办法是：某银行在纽约市场以 1 美元 = 128.5 日元的价格卖出 128.50 日元，买入 1 美元，同时在东京市场上以 1 美元 = 128.7 日元的价格卖出 1 美元，买入 128.70 日元，每 1 美元经过转手可得 20 点位的差价收益。若该银行以 100 万美元套汇，则可得 20 万日元，收益还是相当可观的。上述套汇活动可以一直进行下去，直到美元与日元两地汇差消失或接近为止。

当然，套汇业务要花费电传、佣金等套汇费用，套汇利润必须大于套汇费用，否则套汇无利可图。

(2) 间接套汇，又称三角套汇或多角套汇，是银行利用三个或三个以上外汇市场之间货币汇率差异，在多个市场间调拨资金，贱买贵卖，赚取其中差价的一种外汇买卖业务。

例如，假定某一时期：

纽约外汇市场： 1美元＝2.498 5～2.500 0 德国马克 (4.1)
法兰克福外汇市场：1法国法郎＝0.250 0～0.251 0 德国马克 (4.2)
巴黎外汇市场： 1美元＝12.000 0～12.010 0 法国法郎 (4.3)
为了便于比较,把式(4.3)代入式(4.2),有
法兰克福外汇市场：1美元＝3.000 0～3.014 5 德国马克 (4.4)
可见,德国马克在式(4.1)中比在式(4.4)中贵,因此,套汇的操作如下：

在巴黎外汇市场上以1美元＝12.000 0法国法郎的价格卖出10万美元,买入120万法国法郎；同时电告法兰克福市场以1法郎＝0.250 0德国马克的价格卖出120万法国法郎,买入30万德国马克；接着电告纽约外汇市场以1美元＝2.5德国马克的价格卖出30万德国马克,买入12万美元。在此种买卖中,如果将有关费用忽略不计,该银行可净得2万美元。

事实上,外汇市场交易的银行在实务操作中,单纯依靠上述两地进行套汇,在今天几乎是不可能的了。主要原因是由于电信技术的日益发达,不同外汇市场的汇差会同时为各国银行所了解,因而其差价会随着买卖的增加逐渐消失。要想获得套利,往往需要三个或三个以上的地区,甚至更多的市场参与。

在进行间接套汇时,判断三地汇率有无差异的简便算法,就是把三种汇率改为用直接标价法表示的方法,然后用汇率连乘。乘积是1,汇率无差异；乘积不是1,则表示汇率有差异。例如,纽约外汇市场：1美元＝1.322 6瑞士法郎；苏黎世外汇市场：1克朗＝0.158 2瑞士法郎；斯德哥尔摩外汇市场：1美元＝7.042 0瑞典克朗。采用连乘方法：1/1.332 26×0.158 2×7.042 0＝0.842 3。这表示三地汇率有差异,可以套汇。

四、套利

套利又叫时间套汇或利息套汇。它是指当外汇市场中不同货币的即期汇率与远期汇率的差距小于当时两种货币的利率差,而两种货币的汇率在短期内波动不大时,套汇者进行的套汇活动。具体来讲,套利是指利用两个不同国家(或地区)短期利率差异,将资金由低利率国家或地区向高利率国家或地区移动,以获取利率收益的交易。

当外汇市场同一货币的即期汇率与远期汇率的差距小于当时两种货币的利率差,而两种货币的汇率在短期内波动幅度不大时,套汇者就可进行即期和远期外汇的套汇活动,以牟取利润。例如,美国金融市场短期利率的年息为7%,而在英国则为9.5%,于是在美国以年息7%贷入一笔美元资金,购入英镑现汇,汇往英国。如不考虑手续费等因素,在英国运用英镑资金的利润比在美国高2.5%,即为英、美两国短期利率的差额。由美国调往英国的资金无论是借入的,

或是自有的,在由美元兑换成英镑汇往英国运用时,都要承受英镑汇率波动的风险。因此,在美国购入英镑现汇时,就应同时在美国出售与这笔美元资金等值的英镑远期外汇,以避免英镑汇率波动的风险。

五、掉期外汇业务

掉期外汇从广义上讲应属于套汇的一种,也叫时间套汇。它是指同时买入或卖出同种货币、同等数额而期限不同的外汇,以避免汇率风险或套取汇率、利率差额的外汇交易。

掉期业务活动能为国际贸易和投资活动提供有效的保值。当进出口商收到外汇和使用外汇的时间不同时,为预防贬值损失,可利用复远期调换,卖出收到日到期的近远期外汇,兑换成升水货币或高利货币,买入使用日到期的远期外汇,既保证用汇需要,又赚取利差或汇差。投资者将资金调往海外时,为防止汇率波动损害未来投资回收,可以在买入即期外汇的同时,卖出远期外汇,而且掉期交易的成本低于单独买卖现汇和期汇的套期保值。

银行能利用掉期交易调节外汇资产结构,消除与客户和其他银行单独进行即期、远期交易产生的风险头寸、平衡外汇交易中的交割期限结构。当然,由于客户与银行的交易有各种各样的金额,期限、方向能在一定程度上相互抵消,但总会有承担汇率的风险头寸暴露。为了抵补头寸,银行间交易必须达到相当的规模和数量,才能获得报价优势和利率优势,而各种借款的增加必然又会改变银行资产负债结构,给资本比率、负债管理带来压力。相比之下,采用掉期交易则具有更好的适用性和灵活性。

例如,银行3个月远期美元超买100万,6个月远期美元超卖100万,银行对多头空头分别进行抵补,需要很多笔交易,付出较高成本,而利用复远期调换,卖出3个月美元期汇,同时买入6个月美元期汇,能以一笔交易和较低费用实现抵补。

六、外汇期权交易

1. 外汇期权的产生及概念

期权亦称选择权,是由买方选择买或卖一种标的物的权利。

最早的期权可以追溯到公元前1200年,当时希腊和古腓尼基国的交易者为了运输的需要,往往与船主达成协议,并支付一定保证金,以保证必要时有权得到一定舱位。17世纪荷兰的郁金香购买者及种植人为了避免风险,也曾有过期权交易,其后18世纪的英国、美国的农产品都曾出现过期权交易。外汇期权交易产生于1982年12月费城股票交易所,首次交易的币种是英镑期权和马克期权,并经过了美国证券交易委员会的批准。1984年芝加哥期货交易所推出了外汇期货合同的期权交易。到20世纪80年代后半期,各大银行开始向顾客出售外币现汇期权,使外汇期权业务成为外汇银行的一项主要业务。

所谓的外汇期权业务,是指期权合约的买方在支付一定费用后,可以获得在约定的时间内按规定的价格买卖约定数量的某种货币的权利或放弃这种买卖权利的一种交易。实际上,交易双方在此交易的是"选择权"。即在缴纳一定比例的期权费后,买方有权决定是否按规定买卖外汇。如果行情利于自己时,期权购买者可选择履约,不利时可选择放弃履约。这是因为在一种交易交割之前,无论是买方还是卖方都有盈亏的可能,而且这种风险是无限的,但是一旦持有合约者购买了期权费,就会将这种风险降到一个可以承受的限度内,见表4.1。

表4.1 外汇期权交易的条件与结果

	看涨期权	看跌期权
当市价＞协定价＋期权费时	有利可图	
当市价＝协定价＋期权费时	扯平	
当市价＜协定价＋期权费时	无利可图	
当市价＞协定价＋期权费时		无利可图
当市价＝协定价＋期权费时		扯平
当市价＜协定价＋期权费时		有利可图

2. 外汇期权交易的特点

(1)权责不对等。外汇期权的买方购买到的是一种选择权,当协定汇率与未来的市场汇率相比,对买方有利时,他就执行合约,否则就放弃合约。对期权交易卖方而言没有选择余地。

(2)保险费不能收回。期权费相当于投保的保险费,期权交易的购买者必须向合约卖方支付一笔费用,以弥补卖方在汇率上可能遭到的损失。期权费在合约成交第二个营业日一次付清,且不可追回。费率的高低,视合约到期长短与汇率波动大小的影响而定。

(3)损失额度有限,不管汇率如何变动,期权持有者的损失不会超过期权保险金。

(4)外汇期权也有一定局限性。最主要的局限性表现在期权的合约是标准化的,每天随市清算,因此在范围上受限制。加之目前经营机构少、有效期限短、流动性差等缺点,外汇期权的交易量不大。但是,随着现代金融资产运营的不断发展,期权交易的花样不断增多,已经构成了外汇银行业务的重要组成部分。

3. 外汇期权的种类

(1)按交割时间划分,分为欧式期权和美式期权。欧式期权指在合约到期日方可办理交割的期权交易,不能提前交割。美式期权的买方在合同到期或到期日之前任何一天均可要求卖方执行期权合同,与欧式期权相比,美式期权的买方在执行合同上更具有灵活性,但支付的保险费也更高。

(2)按期权性质划分,分为看涨期权和看跌期权。看涨期权亦称多头期权或购买期权。期权购买者支付保险费并取得固定汇率购买特定数量外汇的权利,购买看涨期权既可在外汇价格上涨期间保值,又可以协定低价买入,从而以较高价格再卖出,以赚取利润。

(3)看跌期权,又叫空头期权或卖出期权。购买者支付保险费并取得既定汇率出售特定数量外汇的权利,购买看跌期权是为了在价格下跌期间对所持有外汇债权加以保值,以及在外汇价格下跌时以较低的市场价格买入外汇,以期获得较高外汇卖出价格间的差价。

七、择期业务

1. 择期的概念

择期是远期外汇的购买者(或出售者)在合约的有效期内任何一天,有权要求银行交割的一种外汇业务,它给予了外汇交易远期业务在收付时间上一定的灵活性。

择期交易的双方在签订的合约中确定交易的币种、数量和外汇汇率,但不确定交割日,而授权某一方在规定期限内选择交割日期。授权给买方的称为"买方选择",授权给卖方的称为"卖方选择"。交割日的范围可以从签约日至到期日的整个期间,也可以定于该期间内某两个具体日期之间,或具体的月份中。期限越长,授权方风险越大,所以择期期限一般在一个半月以内。

2. 择期交易的特点

(1)灵活性。在国际贸易中,进出口商签订了买卖商品的合同,但往往不能十分肯定哪一天货物到达并付出进口外汇。如果签订了固定的远期合约,一旦到期不能拨出应付款或收到应收款,都需承担违约责任,而又都希望通过远期交易稳定贸易成本,避免外汇风险,因此大多选择择期交易。

(2)风险性。择期交易的授权方必须于规定期限内按合约所规定的外汇、汇率数量履行交割义务,仅有权在有限时间内选择交割日期的先后。因此,为获得选择权,投资者应付出相应代价,将比远期交易损失更多的贴水或升水收益。

3. 择期交易定价

择期交易定价的核心问题是确定择期内外汇的升水或贴水值。

银行与客户进行择期交易,并将主动权授予客户,自身要承担更多的风险和有关成本。银行如果按择期第一天的报价卖出一种升水货币,而客户到择期的最后一天才办理交割,银行就要付出这笔升水;同理,如银行按第一天汇价买入贴水价,客户在到期日最后一天才交付该货币,银行同样有贴水损失。为了维持该项业务的存在,银行必须按与此方向相反的方式选择报价,即买入的货币,升水按择期第一天计算,贴水按择期最后一天计算;卖出的货币,升水按择期的最后一天收取,贴水按择期最初值计算,这种汇价见表4.2。

表 4.2 择期交易的银行报价

	银行买入本币卖出外汇	银行卖出本币买入外汇
本币升水外币贴水	择期从现在开始,用即期汇率;择期在未来两日之间,按最初一日报价	按择期最后一天报价
本币贴水外币升水	按择期最后一天报价	择期从现在开始,用即期汇率;择期在未来两日之间,按最初一日报价
本币从升水到贴水(或相反)	按择期期间最高外币升水或最低外币贴水报价	按择期期间最高外币升水或最低外币贴水报价

以美元换马克为例,在表 4.2 中的三种条件下的运作情况如下:

(1) 假设美元升水,马克贴水,则有

USD/DEM 即期汇率　　　　1.701 0~1.703 0

　1 个月远期　　　　　　　230~250

　3 个月远期　　　　　　　300~320

择期从 1 个月到 3 个月,银行买美元、卖马克,即期汇率为 1.701 0,银行买马克、卖美元,则报择期最后一天期汇为 1.703 0+0.025 0=1.728 0。

择期从 1 个月到 3 个月,银行买美元、卖马克,取一个月期汇为 1.701 0+0.023 0=1.724 0,银行买马克、卖美元,则报择期最后一天期汇为 1.703 0+0.032 0=1.735 0。

(2) 假设美元贴水,马克升水,则有

USD/DEM 即期汇率	1.7010～1.7030
1个月期汇	250～230
3个月期汇	320～300

择期从现期到1个月,银行买美元、卖马克,按择期的最后一天报价1.7010－0.0250＝1.6760,而银行买马克、卖美元,则报即期汇率为1.7010。

择期从1个月到3个月,银行买美元、卖马克,仍选择期最后一天报价1.7010－0.0320＝1.6690;银行卖美元、买马克,则报1个月期汇为1.7030－0.0230＝1.6800。

(3) 马克先升水后贴水,则有

USD/DEM 即期汇率	1.7010～1.7030
1个月期汇	250～230
3个月期汇	300～320

择期从现期1个月,银行买美元、卖马克,按马克最高升水报价为1.7010－0.0250＝1.6760,银行买马克、卖美元按最低美元贴水报价为1.7030。

择期1个月到3个月,银行买美元、卖马克,按最低贴水报价为1.7010－0.0250＝1.6760,银行卖马克、买美元,按最高的升水报价为1.7030＋0.0320＝1.7350。

总之,银行在择期外汇交易报价中的原则是:始终收取择期期间最高升水,付出最低贴水。

第三节 外汇汇率的折算与进出口报价

一、即期汇率下的外币折算与报价

1. 已知外币/本币,折本币/外币

在对外贸易及国际经济活动中,经常遇到这样的问题,已知某外国货币对本国货币的汇率,但并没有本币与外币比价的正式牌价。要想精确折算这种本币对外币的报价,然后对进出口商品价格发盘,就需要将外币/本币的报价用倒数来求解,即用1除以具体的外币/本币的数字就是本币/外币的价格。

例如:已知中国银行某日牌价 USD 1＝RMB 8.2764,则 RMB 1＝1/8.2764＝USD 0.1208。

如果中国某项产品出口,原报1元人民币的价格,现在就可报0.120 8美元的价格。

2. 已知外币/本币的买入价与卖出价,折本币/外币的买入价与卖出价

这种情况适用于银行有两个报价时,对进出口商要根据具体情况来选择。当已知外币/本币的标价对于本币所在国是直接标价法,而现在改为以本币/外币,即将标准货币换为本币时,对本币而言是间接标价法。在求解时,要将已知的买入与卖出价易位,然后再置于分母上,用1来除。具体折算如下:

【例】 已知中国银行某牌价 USD 8.277 4/RMB 8.288 4,求 RMB/USD 的值。

解 将8.277 4与8.288 4易位,并置于分母之上

RMB/USD=(1/8.288 4)/(1/8.277 4)=0.120 7/0.120 8

3. 已知未挂牌外汇/本币,求本币/未挂牌外币的套算

(1)查出某一世界储备货币(如英镑或美元)对本币的中间汇率。

(2)查出同一主要外币对未挂牌货币汇率的中间汇率。

(3)将(2)除以(1),得出本币/未挂牌外币的比价。

例如:某日中国一出口商按西班牙进口商要求,对该商品发出人民币及西班牙比塞塔两种货币报价。设当日中国银行牌价中间汇价:1英镑=13.08人民币,1英镑=180比塞塔,则人民币/比塞塔货币为180/13.08=13.762。中国出口商可以在此基础上根据产品成本价报出比塞塔货币的报价。

4. 已知本币/甲种外币,本币/乙种外币,求甲/乙和乙/甲外汇汇率

这种报价主要是由于进出口范围的扩大,商品市场业务开拓越来越广而形成的,当对方要求用不同货币进行发盘时,必须掌握该种业务。

【例】 已知伦敦外汇市场:

1 GBP=1.785 5/1.786 5 CAD

1 GBP=1.432 0/1.433 0 USD

求:USD/CAD 和 CAD/USD 的卖出价与买入价。

解 套算此汇率的方法如下:

先确定标准货币,求 USD/CAD,则 USD 是标准货币;求 CAD/USD,则 CAD 是标准货币;标准货币易位,置于分母上;对应货币置于分子上,不易位。

那么,解上题得

USD/CAD=(1.785 5/1.433 0)/(1.786 5/1.432 0)=1.246 0/1.247 6

CAD/USD=(1.432 0/1.786 5)/(1.433 0/1.785 5)=0.801 6/0.802 6

5. 即期汇率表也是确定进口报价可接受水平的主要依据

在进出口贸易实务中,进口商或出口商在不同的贸易市场中对同一商品会有不同的报价。作为进口商应尽力选择较低支付外币的方式接受报价,而出口商则选择尽可能高的外汇作为可接受报价。但大多数外国商人都是从其自己国家汇率报出商品价格,这时就需要在价格可比上利用即期汇率表作为参考。

例如:某国的一种仪表出口我国,在同等质量、规格之下,美元报价为 66 元,瑞士法郎报价为 100 法郎。这时,中国进口商就应依据即期汇率表进行选择。假设当天中国银行汇率为 SFR 1＝RMB 2.978 4/2.993 3,USD 1＝RMB 4.710 3/4.733 9,则美元折合人民币为 66×4.733 9＝312.44 元,瑞士法郎折合人民币为 100×2.993 3＝299.33 元。

因为 299.33＜312.44,所以应接受瑞士法郎的报价。

同样道理,试假设中国在上述汇率下是供货方,即出口商,则应该接受何国的报价,选择出口市场。

二、合理利用汇率的买入价与卖出价

外汇汇率买入价与卖出价之间一般相差 1%～3%。进出口商在折算时应计算精确,并在合同条款上明确规定,否则会遭受损失。

1. 本币折算外币时,应该用买入价

在进出口实务中,如果一出口商原以一种本国货币作为商品价格报价,但外国进口商往往要求将本币报价改为外国货币,以便于计算成本,考虑可接受市场价格,这时就要求出口商准确报出外币价格。

【例】 中国某服装厂出口西服原报价 10 000.00 元/套,设×年×月×日外汇牌价美元/人民币汇率为 8.266 4/8.269 4,现外国进出口商要求改美元报价,问应如何报?

解

外币报价＝本币价÷外币/本币买入价

美元报价＝10 000/8.266 4＝1 209.72 美元

出口商将本币折合外币按买入价折算的原因在于:出口商原收取本币,现改收外币,则需将外币卖给银行,换回原本币,出口商卖外币,即银行的买入,按买入价折算。

2. 外币折本币时,应该用卖出价

这种情况适用于出口商原商品底价为外币报价,现在根据外国客户的要求改报本币。

【例】 香港某机床出口原报价为 10 000 美元,现假设×年×月×日美元/港币汇率为 7.791 0/7.795 0,现外商要求改港币报价。

解 本币报价＝外币报价×外币/本币卖出价

港币报价＝10 000×7.795 0＝77 950 港币

出口商将外币折合本币的原因在于:出口商原收外币,现改本币,则需用本币向银行买回原外币,出口商的买入,即银行的卖出,故按卖出价折算。

在以上计算中,需要特别指出的是,它适用于直接标价法。在间接标价法下,要想改货币报价,则须将间接标价法改为外汇市场所在国的直接标价法。

3. 以一种外币折算成另一种外币,按国际外汇市场牌价折算

这种情况是指在国际贸易中,当一国出口商报出一种外币(设为 A 国货币)时,外国进口商可能要求出口商改为其所希望的货币报价(设为 B 国货币),这时出口商遵循的原则是:无论是直接标价法还是间接标价法,将外汇市场货币视为本币。然后根据前述内容进行计算,即外币折算本币,均用卖出价;本币折算外币,均用买入价。

【例】 ×年×月×日,巴黎外汇市场美元/法国法郎的汇率是 4.435 0/4.455 0,中国一出口商出口某仪表原报价 8 000 法郎,现应进口商要求改美元报价。

解 将法国巴黎外汇市场视为本国市场,则

外币报价＝本币报价÷外币/本币买入价＝8 000/4.435 0＝1 803.83 美元

上述买入价、卖出价的折算原则,不仅适用于即期汇率,也适用于远期汇率。在外贸实务操作中,要根据情况具体应用。

三、远期汇率的折算与进出口报价

1. 已知本币/外币远期汇率,要求折算成外币/本币的远期汇率

为了套期保值或报价,有时需要通过已知的本币对外币的远期汇率,来计算出外币/本币的远期汇率,再进行进出口报价。具体操作步骤如下:

(1) 先求出远期本币/外币的实际汇率。
(2) 计算出外币/本币点数。

设 P^* 代表外币/本币远期点数，P 代表本币/外币的远期点数，S 代表本币/外币的即期点数，F 代表本币/外币的实际远期汇率，则计算公式为

$$P^* = P/(S \times F)$$

(3) 将按上述公式计算出的点数（卖出与买入）易位，即可得出外币/本币的买入价点数和卖出价点数。

(4) 根据已知的本币/外币的即期汇率求出外币/本币的即期汇率，然后按点数确定加法或减法，即可求出外币/本币的远期汇率。

【例】 已知：纽约外汇市场美元/瑞士法郎的即期汇率为 1.6030/40，3 个月远期汇率为 140/135。

求：瑞士法郎/美元的远期汇率。

解 (1) USD/SFR 3 个月远期汇率为 1.589 0/1.590 5。
(2) 代入公式 $P^* = P/(S \times F)$，则 3 个月 SFR/USD 点数分别为

$$0.014\ 0/(1.603\ 0 \times 1.589\ 0) = 0.005\ 5$$
$$0.013\ 5/(1.604\ 0 \times 1.590\ 5) = 0.005\ 3$$

(3) 将卖出与买入点数易位得 53~55。
(4) SFR/USD 的即期汇率为

$$(1/1.604\ 0)/(1/1.603\ 0) = 0.623\ 4/0.623\ 8$$

因此，SFR/USD 3 个月实际远期汇率为 0.628 7/0.629 3。

2. 汇率表中远期贴水（点）数，可作为延期报价标准

远期汇率表中升水货币为增值货币，贴水货币为贬值货币。在出口贸易时，国外进口商以延期付款方式支付时，要求我方以两种外币报价。假设甲币为升水，乙币为贴水。若按甲币报价，则可按原价报出，若以乙币报价仍按原报价，则要承担乙币贴水后的损失。也就是说，贴水货币是软货币，只有按软货币贴水后的实际价值来报价，才能减少贴水损失。

3. 汇率表中远期贴水年率，可作为延期报价标准

外汇远期贴水年率，就是外国货币的贴水编制年率。若某出口商原以较硬货币报价，外商要求改贴水货币报价，出口商根据即期汇率将升水货币换算成贴水货币的同时，应将一定时期内贴水年率加在折算后的货价上，以抵补远期软币贴水造成的损失。

【例】某公司出口棉布,原报价为每匹 1 000 英镑,6 个月后付款,现客户要求改法国法郎报价。设某日伦敦外汇市场:GBP/FFR 的即期汇率为 9.454 5/9.457 5,6 个月的远期汇率为 14.12/15.86,合年率为 3.17%,求该公司的法国法郎报价。

解 (1)将伦敦外汇市场的间接标价法折算成直接标价法为
$$FFR/GBP = 1/9.457\ 5 - 1/9.454\ 5$$
(2)将英镑视为本币,则
$$1\ 000 \div 9.454\ 5 \times (1 + 6 \div 12 \times 3.17\%) = 107.45$$
该公司应报 107.45 法国法郎。

4. 在一软一硬两种货币的进口报价中,远期汇率是确定接受软货币(贴水货币)加价幅度的依据

在进口业务中审核外商提供的报价时,若外国出口商以一软一硬两种货币报价,则其软币报价的加价幅度,不得超过该软币与相应货币的远期汇率,否则仍按原硬货币报价。

【例】 某日苏黎士外汇市场上,美元/瑞士法郎的即期汇率为 USD 1=SFR 2.000 0,3 个月远期汇率为 USD 1=SFR 1.950 0。某公司从瑞士进口小仪表,3 个月远期付款,每个报价 100 瑞士法郎,若进口方要求改美元报价,最高应报多少?

解 3 个月远期汇率折算为 SFR 100/1.950 0 = USD 51.3,也就是说,按美元最高的贬值幅度计算出的报价不会超过 51.3 美元,若超过此报价,应仍按瑞士法郎报价。

> **知识拓展**

主要国家和地区货币名称与标准货币符号

根据国际标准化组织(International Standard Organization,ISO)的规定,世界各国货币都有自己的英文简称与货币符号。一般英文简称由三个字母构成,前两个字母代表国家,后一个字母代表该国的货币名称。此外,有的国家货币还有自己特殊的货币符号。比如人民币元￥,越南盾₫,英镑£,欧元€,日元￥,泰铢฿,而美元、澳大利亚元、加拿大元、新加坡元、港币、林吉特、澳门元都是$,但不同的是要在$前面加各个国家名称的缩写以示区别,类似的情况还有韩元与朝鲜元(₩)等(见表 4.3)。

表 4.3 世界主要国家与地区货币名称与标准货币符号一览表

国家和地区名称	货币名称	ISO 国际标准三字符货币代码	辅币进位制
中国	人民币	CNY	1 CNY = 100 fen（分）
美国	美元	USD	1 USD = 100 cent（分）
中国香港	港币	HKD	1 HKD = 100 cents（分）
英国	英镑	GBP	1 GBP = 100 newpence（新便士）
瑞士	瑞士法郎	CHF	1 CHF = 100 centimes（生丁）
瑞典	瑞典克朗	SEK	1 SEK = 100 ore（欧尔）
丹麦	丹麦克朗	DKK	1 DKK = 100 ore（欧尔）
挪威	挪威克朗	NOK	1 NOK=100 ore（欧尔）
欧元区国家(德国、法国、荷兰、意大利、芬兰、希腊、西班牙、葡萄牙、比利时、爱尔兰、卢森堡、奥地利、斯洛文尼亚、塞浦路斯、马耳他等）	欧元	EUR	1 EUR = 100 eurocents（欧分）
澳大利亚	澳大利亚元	AUD	1 AUD = 100 cents（分）
加拿大	加拿大元	CAD	1 CAD = 100 cents（分）
新加坡	新加坡元	SGD	1 SGD = 100 cents（分）
韩国	韩元	KRW	1 KRW= 100 钱
日本	日元	JPY	1 JPY = 100 sen（钱）
泰国	泰铢	THB	1 THP=100 sateng（萨当）
马来西亚	林吉特	MYR	1 MYR = 100 cents（分）
中国澳门	澳门元	MOP	1 MOP = 100 avos（仙）
印度	印度卢比	INR	1 INR = 100 paise（派士，单数:paisa）
朝鲜	朝鲜元	KPW	1 KPW = 100 分
越南	越南盾	VND	1 VND = 100 分
蒙古	图格里克	MNT	1 MNT = 100 蒙戈
俄罗斯	卢布	RUB	1 RUB = 100 kopee（戈比）

续表

国家和地区名称	货币名称	ISO 国际标准三字符货币代码	辅币进位制
伊朗	里亚尔	IRR	1 IRR = 100 dinars（第纳尔）
科威特	第纳尔	KWD	1 KWD = 1 000 fils（费尔）
伊拉克	第纳尔	IQD	1 IQD = 1 000 fils（费尔）
巴基斯坦	马基斯坦卢比	PKR	1 PRK = 100 paisa（派萨）
印度尼西亚	印尼盾	IDR	1 IDR = 100 cents（分）
菲律宾	菲律宾比索	PHP	1 PUP = 100 centavos（分）
孟加拉国	孟加拉塔卡	BDT	1 BDT = 100 poisha（波依夏）
缅甸	缅元	BUK	1 BUK = 100 pyas（分）
阿富汗	阿富汗尼	AFA	1 AFA = 100 puls（普尔）
尼泊尔	尼泊尔卢比	NPR	1 NPR = 100 paise（派司）
柬埔寨	瑞尔	KHR	1 KHR = 100 sen（仙）
锡金	印度卢比	INR	1 INR = 100 paise
不丹	努尔特鲁姆	BTN	1 BTN = 100 chetlum（切特鲁姆）
老挝	基普	LAK	1 LAK = 100 ats（阿特）
文莱	文莱元	BND	1 BND = 100 cents（分）
塔吉克斯坦	索莫尼	TJS	1 TJS = 100 diram（迪拉姆）
哈萨克斯坦	坚戈	KZT	1 KZT = 100 tyiyn（泰因）
吉尔吉斯斯坦	索姆	KGS	1 KGZ = 100 tyiyn（提因）

本 章 小 结

1. 外汇市场是指有经营外汇业务的银行、各种金融机构以及个人进行外汇买卖和调剂外汇余缺的交易场所,参与者主要有各国的中央银行、外汇专业银行、外汇经纪人、客户等。

2. 外汇市场按不同的方法,可以划分为零售市场和批发市场、柜台交易市场和交易所交易市场、即期外汇市场和远期外汇市场。

3. 即期和远期外汇交易是外汇交易市场上两大基本交易形式。即期外汇业务是交易双方以当天的外汇市场交易价格成交以后,根据事先约定的价格、汇率、金额,原则上在两个营业日内进行交割的交易行为。远期外汇交易,是外汇买卖成交的两个营业日后,按合同规定的汇率于未来特定日期进行交割的一种外汇交易。

4. 套利是在外汇市场中不同货币的即期汇率与远期汇率的差距小于当时两种货币的利率差,而两种货币的汇率在短期内波动不大时,套汇者进行的套汇活动。

5. 掉期外汇从广义上讲应属于套汇的一种,也叫时间套汇。它是同时买入或卖出同种货币、同等数额而期限不同的外汇,以避免汇率风险或套取汇率、利率差额的外汇交易。

6. 外汇期权是一种期汇交易权利的买卖,是指外汇期权合约购买者向出售者支付一定金额的期权费后,即可在有效期内或合约到期日享有按协定价格和金额履行或放弃买卖某种外币权利的交易行为。

7. 择期是远期外汇的购买者(或出售者)在合约有效期内的任何一天,有权要求银行交割的一种外汇业务,它给予了外汇交易远期业务在收付时间上一定的灵活性。

8. 外汇是一个国家重要的国际购买手段、支付手段、国际储备手段,对维持本国汇率的稳定有重要意义,作为国际财富的象征,可以转化为其他资产。外汇具备国际性、可自由兑换性和可偿性的特征。随着货币可自由兑换的发展,人民币的国际化进程逐渐加快。

9. 不同的国家和地区使用不同的货币,不同货币之间存在不同的交换价格,即汇率。汇率的表示有直接标价法、间接标价法以及美元标价法。根据不同的分类方法,汇率可以有不同角度的分类和实际业务中不同的称呼。

复习思考题

1. 假设即期美元/日元汇率为 153.30/40,银行报出 3 个月远期的升/贴水为 42/39。假设美元 3 个月定期同业拆息率为 8.312 5%,日元 3 个月定期同业拆息率为 7.25%,为计算方便,不考虑拆入价与拆出价的差别。请问:

(1)某外贸公司要购买 3 个月远期日元,汇率应该是多少?

(2)试以利息差的原理,计算以美元购入 3 个月远期日元的汇率。

2. 假设某日的外汇行情如下:GBP 1 = USD 1.5000/10,USD 1 =

DEM 1.720 0/10,GBP 1=DEM 2.520 0/10。假定你有100万美元,试问:

(1)是否存在套汇机会?

(2)若存在套汇机会,请计算套汇收益。

3. 我国某外贸公司3月1日预计3个月后用美元支付400万马克进口货款,预测马克汇价会有大幅度波动,以货币期权交易保值。已知,3月1日其汇价 USD 1=DEM 2.000,(IMM)协议价格 DEM l=USD 0.505 0,(IMM)期权费 DEM 1=USD 0.016 9。期权交易佣金占合同金额的0.5%,采用欧式期权。3个月后假设美元市场汇价分别为 USD 1=DEM 1.700 0 与 USD 1=DEM 2.300 0,问该公司需支付多少美元?

4. 我国某出口公司8月2日装船发货,收到9月1日到期的100万英镑远期汇票,8月2日现货市场上汇率为 GBP 1=USD 1.490 0,期货市场上汇率为 GBP 1=USD 1.484 0。该公司担心英镑到期时贬值,带来外汇风险,于是8月2日在外汇期货市场上进行了保值交易。假定9月1日现货市场上汇率为 GBP 1=USD 1.460 0,期货市场上汇率为 GBP 1=USD 1.454 0,请问如何操作?

5. 已知外汇市场行情为

    USD/DEM 1.4510/20

    USD/JPY 7.5060/00

    GBP/USD 1.4800/10

(1)计算出美元兑换德国马克汇率的美元买入价格。

(2)计算出美元兑换日元汇率的美元卖出价格。

(3)假设某客户要求将1 000万英镑兑换为美元,按即期汇率能够得到多少美元?

6. 如果你是银行的报价员,你向另一家银行报出美元兑加元的汇率为1.5025/35,客户想要从你这里买300万美元。请问:

(1)你应该给客户什么价格?

(2)你想对卖出去的300万美元进行平仓,先后询问了4家银行,他们的报价分别为 A 银行:1.5028/40,B 银行:1.5026/37,C 银行:1.5020/30,D 银行:1.5022/33,问:这4家银行的报价中哪一个对你最合适?具体的汇价是多少?

7. 已知美元/加元为1.2350/70,美元/挪威克朗为5.7635/55。某公司要以加元买进挪威克朗,汇率是多少?如果持有500万加元,可以兑换多少挪威克朗?如果持有1 000万挪威克朗,又可以兑换多少加元呢?

第五章 外汇风险管理

【学习目的】

通过本章的学习,学生应掌握外汇风险的概念与构成,全部防止外汇风险的措施与运用,以便在投资融资和进出口业务中有针对性地结合自身情况具体运用,减缓汇率波动损失,提高企业经济效益。

【重点难点】

外汇风险管理的一般方法和基本方法。

【重要概念】

外汇风险/BSI 法/LSI 法/组对法/平衡法/软硬货币/易货贸易/应收账款/应付账款

第一节 外汇风险的概念、种类和构成要素

一、外汇风险的概念和种类

1. 外汇风险的概念

一个组织、经济实体或个人的以外币计价的资产(债权、权益)与负债(债务、义务),因外汇汇率波动而引起其价值上涨或下降的可能,即外汇风险。

对具有外币资产与负债的关系人来讲,外汇风险可能有两个结果:获得利益或遭受损失。

2. 外汇风险的种类

在一个国际企业组织的全部活动中,即在它的经营活动过程、结果、预期经营收益中,都存在着外汇汇率变化而引起的外汇风险。在经营活动中的风险为

交易风险,在经营活动结果中的风险为会计风险,在预期经营收益中的风险为经济风险。

(1)交易风险。交易风险也叫结算风险或交易结算风险,是指一般企业以货币计价进行贸易及非贸易交易时因将来结算时所适用的外汇汇率没有确定而产生的外汇风险。

例如,出口企业在经营出口业务时,与外商签订合同以特定的人民币对外币的汇率为前提来估计销售成本,而在实际结算时,计价外币相对于人民币贬值,即外汇汇率下跌,则出口企业就不能达到预期的利润,甚至亏损。反之,在进口结算中,实际交割时的计价货币相对于人民币升值,外汇汇率上升,同样增加企业成本。因此,自国际贸易中的商品或劳务交易开始之时,外汇结算风险就已经存在,直至贸易结算最终完成为止。

(2)会计风险。会计风险是指企业在进行会计处理和进行外币债权、债务决算时,对于必须换算成本币的各种外币计价项目进行评估时所产生的风险。会计风险产生的原因是企业决算日的资产负债表和损益计算表因汇率的变动处于不稳定状态,而企业在编制资产负债时不能同时用几种货币编制,只能用本国货币计价,这样,企业会计报表就需要将不同科目的外币余额折算成以本国货币计价的余额,这样在计价时就要因特定的汇率变化使报表产生异常波动,进而导致计价过大或过小。

一般来讲,国内涉外公司、在国外注册的公司、跨国公司的海外子公司、其他涉外机构都会不同程度地面临会计风险。会计风险的受险部分为企业进行的外币计价交易所产生的外币债权债务中凡需转换成本币计价的项目。

例如:我国某公司年初在美国子公司有美元存款 100 万。当市场汇率为 1 美元＝8.266 4 元人民币时,折合成人民币 826.64 万元。假若年底合并财务报表时,1 美元＝8.256 4 元人民币,则该公司只能折 825.64 万元人民币,这样账面价值就少了 1 万元人民币。

(3)经济风险。经济风险也叫外汇预测风险,是指企业在预测外汇汇率过程中由于意料不到的汇率变动,外汇在未来一定时间内收益发生变化的潜在性风险。

预测外汇未来汇率变动的趋势,是每一个企业在从事外汇业务中必须认真对待而且要做好的一项工作。但是由于影响汇率变动的因素有很多,企业不可能全部都准确地对汇率变动做出正确判断,因此这种判断就有可能会与实际结果产生差异,而企业又只能根据有限的判断去做出决策,企业外汇预测风险的大小取决于企业预测未来汇率变化的能力,预测是否准确将直接影响企业生产、销售和融资等方面战略决策的制订。由此可见,对企业而言,经济风险比交易风险、会计风险更重要。

二、外汇风险的构成要素

一个国际企业在经营活动中所发生的借入或贷出等,必须与本币进行折算,以便结清债权债务并考核其经营活动成果。本币是衡量一个企业经济效果的共同指标,从交易达成后到应收账款的最后收进、应付账款的最后付出、借贷本息的最后偿付均有一个期限,这个期限就是时间。在确定的时间内,外币与本币的折合比率可能发生变化,从而产生外汇风险。可见,凡是外汇风险一般包括三个因素:本币、外币与时间。

假若一个国际企业有一笔未结算而敞着口的外汇收支,一定会同时呈现出本币、外币和时间三个要素。这三个要素关系复杂,构成不同的外汇风险形式,相应地要采取不同的消除外汇风险的方法。为便于分析各要素之间的相互关系,简化烦琐重复的文字解释,本章将借助符号与图示来说明外币资金的流出流入情况与消除外汇风险的方法。

1. 符号与图示举例

在图示中,方块表示公司,箭头表示货币流动,单线箭头表示外币流动,双线箭头表示本币流动,虚线箭头表示另外一种外币流动,箭头朝向方块表示货币流入,箭头从方块移开表示货币流出,箭头上的天数表示若干天后将有货币流动。

(1) 单线箭头指向方块,则外币流入。外币流入来自售货、股息、银行借款或其他。

□ ———→

(2) 单线箭头从方块移开,则外币流出。这是由于向供应商支付、偿还银行贷款以及向国外投资所引起的支付。

□ ←———

(3) 一种外币在1个月内流入,另一种外币在2个月内流出。

□ ←—1个月— ——2个月—→

2. 多头地位与空头地位

一个企业在一定时期以后将有一笔外汇资金流入,则该企业处于多头地位,如有一笔外汇流出则处于空头地位。企业根据地位的不同,采取不同的消除外汇风险的方法。多头地位要先借本币来消除风险,它是运用外汇风险管理技术的基础。

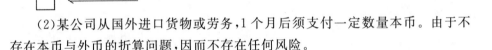

3. 以本币收付，无外汇风险

(1) 某公司向海外销售，买主以该公司所在国家的货币(本币)计价。这里没有外汇风险，因为本币与将流入的货币是相同的，不存在外币与本币的折算问题。

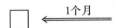

(2) 某公司从国外进口货物或劳务，1个月后须支付一定数量本币。由于不存在本币与外币的折算问题，因而不存在任何风险。

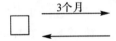

4. 流入的外币与流出的外币金额相同、时间相同，无外汇风险

5. 不同时间的相同外币、相同金额的流出流入，只有时间风险，既不处于多头，也不处于空头地位

6. 一种外币流出，另一种外币流入，具有双重风险

第二节　外汇风险管理的一般方法

一、外汇风险管理的策略和原则

(一) 外汇风险管理的策略

(1) 完全抵补策略。其指采取措施消除外汇敞口额，固定预期收益或固定成本，以达到避险的目的。也就是说，银行或企业将手中持有的外汇头寸进行抛补。这种策略主要适用于实力单薄、涉外经验不足、市场信息不灵敏、汇率波动幅度大等情况下的操作。

(2) 部分抵补策略。银行或企业采取措施消除部分敞口金额,但为了盈利,试图留下部分敞口金额以寻求赚钱的机会,同时也留下了赔钱的风险。

(3) 完全不抵补策略。将外汇敞口风险暴露在外汇风险之中,这种情况适合于汇率波幅不大、外汇业务量较小的情况。有时,当外汇汇率看涨时,银行和企业在选择应收账款时也可以使用这种策略。

(二) 外汇风险管理的原则

1. 分类防范原则

不同类型的风险要采取不同的防范措施。因此要正确识别企业或银行的外汇风险。一般来讲,识别的方法可以采用风险分析问询法、财务报表法、流程图分析法和外部环境法等。

(1) 风险分析问询法是采用问卷方式,直接获得职业专家的意见,借助于广泛的社会力量发现外汇风险。

(2) 财务报表分析法是企业或银行将其外汇风险的负面结果直接在当期财务报表上显示出来,通过其资产负债表、损益表、财务状况表将财务预测与预算等联系起来。

(3) 流程分析法是指建立一个流程图系列,以展示经济实体全部外汇经营内容,将整个经营中潜在的损失作动态分布,找出影响全局的"瓶颈",以识别外汇风险存在的可能。

(4) 外部环境分析法是通过分析外汇变化的客观原因,进而分析外汇汇率变化与本经济实体内部风险的联系程度及特点,以便分清主次,对企业可能拥有的风险及时处理。

以上各种方法,在运用时要根据实际情况灵活使用。

2. 风险最小化原则

在银行与企业经营中,没有风险几乎是不可能的。问题是应如何实现风险最小化,即将风险降到最低程度。因此,企业和银行尽可能采用远期汇率、期货期权、抵补套利等方式来规避风险,同时也应该尽可能减少外汇敞口风险的头寸。

二、企业经营中外汇风险管理的方法

(一)货币选择法

1. 尽量选择本币结算

选择本币的目的是为了避免货币兑换而出现的外汇风险。目前主要工业化国家的出口贸易大部分是以本币计价的,如美国、英国等。随着日本经济的不断发展,日本企业以日元进出口计价的结算与日俱增,但是并不是任何国家都可以用自己的本币来计价的。人民币的自由化将有助于推进以本币结算的进程。当然,使用本币结算实际上是将汇率风险由一方转给了另一方,所以对方如不愿意接受,则影响交易的达成。

2. 选择有利货币计价

企业在实际操作中,应准确预测汇率未来的变动趋势,这就需要设置专门的机构和人员负责搜集西方主要货币及人民币汇率变动的资料,了解有关各国的经济情况、外汇行情及外汇期货交易概况,然后在进出口结算中"收硬付软"。

所谓硬货币是指汇率相对稳定而且具有升值趋势的货币,出口企业应尽量争取硬货币结算。软货币是指汇率波动幅度大,且具有贬值趋势的货币。进口付汇及支付债务时,应尽量选择软货币。当然,软与硬是个相对概念。在某一"特定时期",某种货币表现为硬货币,在另一时期它又表现为软货币,二者的地位变化,关键要立足于准确的汇率预测和分析。软硬货币的选择还与贸易条件有关。当某一时期市场以买方为主时,进口商占据有利条件,可以选择有利货币;如果是卖方市场,则出口商有权选择有利货币。

我国进出口企业要特别注意研究的货币是美元与人民币之间汇率变动及欧元与人民币之间汇率变动的趋势。这是因为我国绝大部分进出口贸易和对外借贷都与美元计价相关,美元汇率稳定与否直接影响我国企业经营活动的利益。近年来,欧盟各国已成为我国贸易的重要合作伙伴,2002年欧元的全面用进一步影响到欧元汇率及欧元和人民币汇率,而我国在外汇管制上又有特殊的规定。因此,特别关注美元、欧元等汇率的走势,这直接关系到我国经济活动的利益。

3. 软硬货币搭配

外汇汇率上有些货币是此消彼长的关系,要选择一些货币和另一些货币搭配使用,尤其是在中长期的大型机械设备进出口上采用这种方法比较合适。

软硬货币的搭配一般要在合同中注明计价货币、计价时间、软硬货币的汇率等,到时候一旦某种货币贬值,则可以按调整后的汇率支付。

(二)价格调整法

价格调整法主要有加价保值法、压价保值法、提早收款法或推迟付款法。

1. 加价保值法

该法主要用在出口贸易上,是指出口企业接受以软币成交时,将汇价变动所造成的损失摊入出口商品的价格,从而转嫁汇率风险的方法。

根据国际惯例,国际贸易中即期加价和远期加价的公式如下:

(1)即期交易加价保值公式为

加价后的商品单价＝原单价×(1＋计价货币贬值率)

(2)远期交易加价保值公式为

加价后的商品单价＝原单价×(1＋计价货币贬值率＋利率×期数)

企业对货币报价的加价,是以企业熟悉各国经济情况和汇率为基础的,加价方法只是相对降低汇率风险,而不是彻底消灭风险的办法。

2. 压价保值法

压价保值法是在进出口贸易中,进口企业为避免接受的外汇波动而采取的一种防范方法,其计算方式为

压价后的商品单价＝原单价×(1－计价货币升值率)

远期压价的计算方式依此类推。

3. 提早收款法或推迟付款法

一笔应收或应付账款的时间结构对外汇风险的大小具有直接影响。时间越长,汇率波动可能性越大,外汇风险就越大,反之越小。在进出口贸易中预测货币贬值或下降时,则应采取下列措施:

(1)出口方企业应与外商及早签订合同,或把交货期提前,或提出收汇时间,以便早收货款。

如预测计价货币将贬值或下浮,则设法将原已承兑交单 D/A 或远期信用证的出口,经得进口商同意后以付款交单或即期信用证的方式办理,或将收款期缩短(例如原来是180天,现为120天、90天、60天、30天等),或要求进口商以票汇、信汇、电汇款付部分或全部汇款。这种做法外国企业未必同意,所以应在价格上进行让步,根据"两者相较取其轻"原则,如果仍然有利就应用此方法。

(2)进口方面,则可推迟向国外购货或要求延期付款,或允许外国出口商推迟交货日期,以达到迟付货款的目的。

要注意的是,这种推迟不要使企业手中原有进口许可证过了有效期,否则需要提出许可证延期等方面的申请。

与上述方法相反的是提前结汇或延迟收汇。由于我国是一个严格的外汇管制国家,企业提前付汇受外汇管理的制约,所以此方法用得甚少。

(三)平衡法

平衡法是通过计价货币选择,力求使货币收付数额达到或者接近平衡,以抵消或减轻汇率变动风险。即创造一个与存在风险相同的资金,金额相同、期限相同、方向相反的外汇流动,使外汇资金有进有出,避免外汇风险。例如某企业1月1日签订进口合同,7月1日须付款100万美元,而4月1日企业出口价值为100万美元商品,正好是7月1日收款,则与7月1日100万美元收付相抵。当然这种完全相吻合的外汇规避风险方法是不存在的。

(四)组对法

一种货币资金的流动,用另一种货币相同、金额相同、时间相反的资金流动来对冲,就叫作组对法。组对法与平衡法的区别是:平衡法是基于同一种货币对冲,而组对法则是基于两种不同货币的对冲。组对法要求选择固定汇率且汇率呈稳定的正相关关系的两种货币。

如某公司向比利时出口一批以比利时法郎计价的商品,为避免比利时法郎贬值,可同时安排一笔金额相同、支付时间相同的以荷兰盾计价的货物进口。当结算时,比利时法郎对人民币出现贬值时,荷兰盾会同比例贬值,使公司成本相应减少,以抵销公司收比利时法郎贬值的损失。

(五)其他方法

1. 借款法

借款法指有远期外汇收入的企业通过向银行借入一笔与其远期收入相同金额、期限、币种的贷款,以达到融资,防止外汇风险和时间风险的一种方法。在企业借入某种外汇后,随之应变换成本币,这样才能消除外币对本币价值变化的风险。如果只借款而不卖出换回本币,那么虽消除了时间风险,但仍未消除外币对本币兑换的风险。

2. 投资法

投资法指公司将一笔资金投放于某一市场,一定时期后连同利息一起收回。这样,该公司在现时是一笔资金的流出,在未来是一笔反方向资金带利息的流入。为了规避风险,一般主张企业的投资对象应选择按规定到期日的银行定期存单、大额存单、银行承兑汇票、国库券、商业票据等有固定收益的短期票据。

3. 利率互换业务

根据大卫·李嘉图的"两利相较取其重,两弊相较取其轻"原理,在金融领域创新中的利率互换能对两个债务人筹资时根据各自优势实现互补互利,利率能够互换的原因是每个企业在各自金融市场上的优势不同,筹资的利率优惠也就不同,但为了使自己的资产与负债币种结构对应,对不具备优势筹资的货币的需求,又无法避免。如果另一国家的企业同样有以上原因和不利因素存在,则互换就是可能的。互换的结果可以使双方实现互利。

4. 易货贸易

易货贸易是在换货的基础上,把同等价值的进口和出口直接联系起来,构成一笔商品互换的交易。狭义的易货贸易是指买卖双方各以一种等价的货物进行交换,同时成交,同时付货,不用支付货币。广义的易货贸易是指双方交换的货物都通过货款支付清算,双方都存在购买对方同值货物的义务。易货贸易计价货币和结算货币为同一种货币,因此可以避免外汇风险。

综上所述,外汇风险的防范有些是在风险已经发生后采取的,有些是风险发生前采取的。有些风险防范方法只能消除时间风险,有的只能消除货币风险,有些则二者均可消除。

第三节 三种基本防范外汇风险方法的具体应用

一、三种基本防范外汇风险的方法在应收外汇账款中的具体运用

1. 远期合同法

借助于远期合同,创造与外币流入相对应的外币流出就可消除外汇风险。

例如:德国 B 公司出口一批商品,3 个月后从美国某公司获得 50 000 美元的货款。为防止 3 个月后美元汇价的波动风险,B 公司可与该国外汇银行签订出卖 50 000 美元的 3 个月远期合同。假定签订远期合同时美元对马克的远期汇率为 USD 1.000 0=DEM 2.116 0~2.116 5。3 个月后,B 公司履行远期合同,与银行进行交割,将收进的 50 000 美元售给外汇银行,获得本币 105 800 马克。

此例用图形表示,如图 5.1 所示。

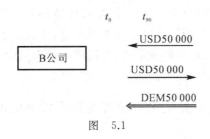

图 5.1

2. BSI 法

借款-即期合同-投资法,即 BSI 法,也可以完全消除外汇风险。在有应收外汇账款的情况下,为防止应收外币的汇价波动,首先借入与应收外汇相同数额的外币,将外汇风险的时间结构转变到现在办汇日。借款后时间风险消除,但货币风险仍然存在,此风险则可通过即期合同法予以消除。即将借入的外币,卖给银行换回本币,外币与本币价值波动风险不复存在。消除风险虽有一定费用支出,但可将借外币后通过即期合同法卖得的本币存入银行或进行投资,以其赚得的投资收入,抵冲一部分采取风险防范措施的费用支出。

例如:德国 B 公司在 90 天后有一笔 50 000 美元的应收账款。为防止美元对马克汇价波动的风险,B 公司可向美国银行或德国银行借入相同金额的美元(50 000 美元)(暂不考虑利息因素),借款期限也为 90 天,从而改变外汇风险的时间结构。B 公司借到这笔贷款后,立即与某一银行签订即期外汇合同,按汇率 USD 1.000 0 = DEM 2.114 0,将该 50 000 美元的贷款换成马克,共得 105 700 马克。随之 B 公司又将 105 700 马克投放于德国货币市场(也暂不考虑利息因素),投资期也为 90 天。90 天后,B 公司以 50 000 美元应收账款还给美国银行,便可消除这笔应收账款的外汇风险。

3. LSI 法

提早收付-即期合同-投资法,即 LSI 法,具有应收外汇账款的公司征得债务方的同意,请债务方提前支付货款,并给其一定折扣。应收外币账款收讫后,时间风险消除。以后再通过即期合同,换成本币从而消除货币风险。为取得一定的利益,将换回的本币再进行投资。LSI 法与 BSI 法的全过程基本相似,只不过将第一步从银行借款对其支付利息,改变为清债务方提前支付,给其一定折扣而已。

例如:德国的 B 公司在 90 天后从美国公司有一笔 50 000 美元的应收货款,为防止汇价波动,B 公司征得美国公司的同意,在给其一定折扣的情况下,要求其在 2 天内付清这笔货款(暂不考虑折扣具体数额)。B 公司取得这笔 50 000 美元的货款后,立即通过即期合同换成本币马克,并投资于德国货币市场。由于提前收款,消除时间风险,且换成本币,又消除了货币风险。

读者也可以尝试利用图形法来解释上述案例。

二、三种基本防范外汇风险的方法在应付外汇账款中的具体运用

1. 远期合同法

德国 B 公司从美国进口 100 000 美元的电机产品,支付条件为 90 天远期信用证。B 公司为防止 90 天后美元汇价上涨,遭受损失,它与德国某银行签订购买 90 天远期 100 000 美元的外汇合同,3 个月远期汇率为 USD/DEM = 2.115 5~2.120 5。当 3 个月美元远期合同到期交割时,B 公司付出 212 050 马克买进 100 000 美元,并向美国公司支付。

2. BSI 法

针对上例,BSI 法的程序如下:首先从德国的银行借入一笔本币(德国马克),借款期限为 90 天;然后与该行或其他德国银行签订即期外汇购买合同,以借入的本币购买 100 000 美元;接着再将刚买入的美元投放于欧洲货币市场或美国货币市场(或存款,或购买短期债券),投放的期限也为 90 天(暂不考虑利息因素)。90 天后,B 公司的应付美元账款到期时,恰好其美元的投资期限届满,以其收回的美元投资,偿付其对美国公司的债务 100 000 美元。由于通过 BSI 法实现了应付美元的反方向流动,所以消除了应付美元账款的风险。需要指出的是,如果德国 B 公司在办汇日借款时,外汇市场即期汇率牌价为 USD/DEM = 2.115 0~2.120 5,则 B 公司应贷进 212 050 马克以购进 100 000 美元。

读者也可以尝试利用图形法来解释上述案例。

3. LSI 法

仍针对上例,利用 LSI 法的程序如下:首先借进一笔金额为 212 050 马克的本币贷款;其次通过与德国银行签订即期合同,以借款 212 050 马克购买 100 000 美元;最后以买得的美元提前支付美国公司的货款(暂不考虑折扣的数额)。从本案例的程序看出,德国 B 公司消除外汇风险的步骤是先借款,再与银行签订即期合同,最后再提前支付,这就叫 LSI 法。

读者也可以尝试利用图形法来解释上述案例。

知识拓展

《国家外汇管理局关于完善银行间债券市场境外机构投资者外汇风险管理有关问题的通知》（以下简称《通知》）政策问答

1. 《通知》适用于银行间债券市场哪些投资模式的外汇风险管理？

答：《通知》适用于银行间债券市场直接投资模式的外汇风险管理，"债券通"、QFII/RQFII、境外央行类机构等债券投资的外汇风险管理不适用《通知》。对于QFII/RQFII项下通过非交易过户至银行间债券市场直接投资项下的债券投资外汇风险管理，适用《通知》。

2. 境外机构投资者是否可以变更外汇对冲渠道？

答：境外机构投资者可以根据自身业务需要选择《通知》第二条、第三条所列外汇对冲渠道，或变更已选择的外汇对冲渠道，但"进入银行间外汇市场交易"与"作为客户与境内金融机构直接交易"只能使用一种。

3. 境外机构投资者作为客户与境内金融机构直接交易，是否包括结算代理行？

答：境外机构投资者作为客户与境内金融机构直接交易，可以选择结算代理行，也可以选择结算代理行以外的其他境内金融机构，但总数不超过3家。

4. 对于境外机构投资者在境内开展外汇衍生品交易的操作主体有什么规定？

答：根据《中国人民银行公告〔2016〕第3号》，境外机构投资者既包括在境外依法注册成立的商业银行、保险公司、证券公司、基金管理公司以及其他资产管理机构等各类金融机构，也包括上述金融机构依法合规面向客户发行的投资产品，以及养老基金、慈善基金、捐赠基金等中国人民银行认可的其他中长期机构投资者。因此，境外机构投资者是以整体机构或具体产品的身份开展外汇衍生品交易，取决于其进入银行间债券市场的身份。

5. 《通知》所称的主经纪业务是指什么？

答：主经纪业务（Prime Brokerage）是指境外机构投资者（主经纪客户）借用境内金融机构（主经纪商）名义和授信，在银行间外汇市场与对手方达成交易的业务模式。主经纪业务的具体操作规则由中国外汇交易中心适时公布。

6. 境外机构投资者投资银行间债券市场产生的外汇风险敞口是指什么？

答：外汇风险敞口（也称汇率风险敞口）是指境外机构投资者以境外汇入资

金在银行间债券市场因投资人民币债券而承受人民币汇率波动风险的头寸,包括债券投资的本金、利息以及市值变化。外汇风险敞口是境外机构投资者在境内外汇市场建立外汇衍生品敞口的基础。

7. 境外机构投资者如果是以从境外汇入的人民币资金投资银行间债券市场,是否可以在境内市场管理外汇风险?

答:境外机构投资者无论是从境外汇入外汇或人民币资金投资银行间债券市场,债券投资项下产生的外汇风险敞口都可以在境内市场开展外汇衍生品交易管理外汇风险。

8. 境内金融机构在与境外机构投资者的外汇衍生品交易中是否需要实施实需审核?

答:根据《通知》规定,首次开展外汇衍生品交易前,境外机构投资者应向境内金融机构或中国外汇交易中心提交遵守套期保值原则的书面承诺,境内金融机构可以不实施具体的实需审核。

9.《通知》第五条规定,当债券投资发生变化而导致外汇风险敞口变化时,境外机构投资者应在五个工作日内或月后五个工作日内对相应持有的外汇衍生品敞口进行调整。五个工作日内如何计算?

答:五个工作日内是指自债券投资实际发生变化之日或每月最后一个工作日起(不含),至调整外汇衍生品敞口所涉外汇交易的成交日(Trade Date),总计不超过(含)五个工作日。

10. 境外机构投资者开展债券投资项下外汇衍生品交易时,对于交易模式以及币种、期限、价格等交易要素有什么具体规定?

答:境外机构投资者作为客户与境内金融机构直接交易的,可以使用境内外汇市场的远期、外汇掉期、货币掉期和期权及产品组合,外汇衍生品的币种、期限、价格等交易要素按照商业原则由交易双方协商确定。境外机构投资者直接或通过主经纪业务进入银行间外汇市场交易的,遵照银行间外汇市场规定执行。

11. 境外机构投资者可否在结算代理行以外的境内金融机构办理外汇掉期、货币掉期套保?

答:掉期交易的近端或远端操作是整体交易的一部分,不是一笔单独的即期或远期交易。境外机构投资者从境外汇入外汇资金后,根据自身债券投资和外汇对冲需求,可以按照《通知》规定的渠道(不限于结算代理行),开展近端实际换入人民币的外汇掉期或货币掉期交易。换入的人民币资金应用于银行间债券市场投资,且债券投资项下外汇风险敞口与掉期交易敞口基本匹配。

12. 境外机构投资者在外汇衍生品交易中产生的期权费以及损益如何处理?

答:境外机构投资者开展债券投资项下外汇衍生品交易时,可能涉及期权费,或因展期、反向平仓、差额结算等产生人民币或外币损益,相关资金收付纳入其人民币和外汇专用账户的收支范围,并可根据实际需要办理本外币兑换。

13. 境外机构投资者若选择《通知》第二条、第三条所列第一种渠道,且交易对手为非结算代理行,是否必须在相关金融机构开立外汇专用账户?

答:境外机构投资者可根据自身需要选择是否开立外汇专用账户。如需在结算代理行以外的其他境内金融机构开立专用外汇账户,可凭《国家外汇管理局关于境外机构投资者投资银行间债券市场有关外汇管理问题的通知》(汇发〔2016〕12号)规定的业务登记凭证办理。与投资债券相关的跨境资金收付,应通过结算代理行办理。

14. 境外机构投资者的交易对手若为非结算代理行且未在该机构开立账户,能否通过结算代理行账户实现"资金不落地划转"?

答:现行境外机构人民币及外币账户管理政策允许"资金不落地划转",境外机构投资者在非结算代理行开展的外汇衍生品交易,可以通过结算代理行的专用账户直接办理外汇衍生品交易项下的资金收付,具体操作方式由相关各方协商。

15. 境外机构投资者作为客户与境内金融机构直接交易,境内金融机构有哪些信息报送要求?

答:境内金融机构应按照中国外汇交易中心规定每日报送境外投资者外汇衍生品交易信息;同时,按照《银行结售汇统计制度》(汇发〔2019〕26号)等规定,向外汇局履行对客户外汇衍生品业务统计和报告义务。

16. 《通知》适用范围以外的外汇衍生品交易差额交割能否选择以外币结算损益?

答:《通知》规定以外的外汇衍生品差额交割仍遵照《国家外汇管理局关于完善远期结售汇业务有关外汇管理问题的通知》(汇发〔2018〕3号)规定,以人民币结算损益。

资料来源:根据国家外汇管理局发布文件整理,http://www.safe.gov.cn/safe/2020/0304/15611.html。

本章小结

1. 外汇风险是指一个经济实体或个人,因其在国际经济、贸易、金融等活动中,以外币计价的资产或负债因外汇汇率的变化而引起价值上升或下跌所造成的损益。对外汇持有者来说,外汇风险只能带来两个结果:或是得到利益,或是遭受损失。

2. 外汇风险一般分为会计风险、交易风险和经济风险。会计风险是指企业在进行会计处理和进行外币债权、债务决算时,对于必须换算成本币的各种外币计价项目进行评估时所产生的风险。交易风险一般是指企业以货币计价进行贸易及非贸易交易时因将来结算时所适用的外汇汇率没有确定而产生的外汇风险。经济风险也叫外汇预测风险,是指企业在预测外汇汇率过程中由于意料不到的汇率变动,外汇在未来一定时间内收益发生变化的潜在性风险。

3. 随着国际贸易与国际金融市场的发展,外汇交易发展迅速,目前外汇交易市场上主要的交易品种有即期外汇交易、远期外汇交易、外汇掉期交易、外汇择期交易、外汇保证金交易、套汇与套利交易、外汇期货交易、外汇期权交易以及货币互换交易。有一些市场上还存在具有上述几种交易工具特征的结构化金融工具。

4. 防止外汇风险的有些方法是在风险发生前采取的,如选好计价货币与支付货币、软硬货币组合法、价格调整保值法等。此外,防止外汇风险的有些方法只能消除时间风险,如提前收付和拖延收付法、借款法、投资法等,只有与即期合同法相结合才能消除全部外汇风险,而即期合同法、远期合同法、平衡法、外汇期权合同法、外汇期货合同法、掉期合同法等既可消除时间风险,也可消除货币风险。

5. BSI 法和 LSI 法是两种综合避险的方法。

复习思考题

1. 一国出口商在什么情况下采用提前收汇法？在什么情况下采用拖延收汇法？

2. 假设某日的市场行情如下:即期汇率为 GBP 1＝JPY 234.053 2,远期汇率为 GBP 1＝JPY 233.076 8。日本某公司让伦敦的分公司将 50 000 英镑转到日本总公司使用,3个月后还给分公司。为了避免风险损失,总公司将进入外汇期货市场进行套期保值。试问:应如何操作,并画图说明。假设9月15日的市场行情为:即期汇率GBP 1=JPY 236.228 3,远期汇率GBP 1=JPY 235.876 5。

3. 日本某公司60天后有一笔100万美元的应付账款,为了预防美元升值的外汇风险,可采用BSI法或LSI法。试分别描述运用两种方法的操作过程,并画图说明(假设签约时即期汇率为USD/JPY=100)。

4. 外汇风险管理的内部措施和外部措施有哪些?

5. 何谓BSI法?试分析BSI法,怎样消除应收账款和应付账款的外汇风险。

6. 何谓LSI法?试分析LSI法,怎样消除应收账款和应付账款的外汇风险。

7. 简述如何利用远期合同法进行外汇风险管理。

第六章 外汇管制与中国外汇市场

【学习目的】

通过本章的学习,学生应了解我国外汇体制改革的目标与采取的步骤,掌握我国和外国外汇管制的有关政策和规定,以便在具体业务中,采取相应措施与灵活做法,防止逃汇、套汇行为的发生。

【重点难点】

(1)外汇管制的含义、作用及主要方法和措施;
(2)我国人民币的自由兑换;
(3)我国人民币汇率制度的形成与发展。

【重要概念】

外汇管制/结汇/复汇率/逃汇/套汇/货币的自由兑换

各国的外汇管理都是为国家政治服务的,是国家政治、经济政策的体现。任何国家实施外汇管理,都有其内在的经济原因,要么是战争时期强化经济后援;要么是国家财经状况不断恶化,国际收支发生危机;要么是国家外汇储备大量流失,本国货币对外汇率波动过大。各国往往根据本国不同时期的政治经济情况,或实行全面管理,或实行部分外汇管理措施,或采取公开管理,或采用隐蔽管理形式,或严格外汇管理,或放松甚至取消外汇管理。总之,外汇管理的实质就是,循着特定的经济原因与背景,通过一定的经济与行政手段,最终达到符合本国利益、利于经济发展、改善国际收支、稳定对外汇率等经济目标。

第一节 外汇管制

一、外汇管制概述

1. 外汇管制的定义

所谓外汇管制，就是一国为了减缓国际收支危机，减少本国黄金外汇储备的流失，而对外汇买卖、外汇资金调拨与移动以及外汇和外汇有价物等进出口国境直接加以限制，以控制外汇的供给或需求，维持本国货币对外汇率的稳定所施行的政策措施。外汇管制是当今世界各国调节外汇和国际收支的一种常用的强制性手段，其目的就是为了谋求国际收支平衡，维持货币汇率稳定，保障本国经济正常发展，以加强本国在国际市场上的经济竞争力。

外汇管制主要包括外汇管制的目的、管制对象和管制方法三个方面。

国际货币基金组织对外汇管制的定义有狭义与广义之分。狭义的外汇管制指一国政府对居民从国外购买经常项目下的商品或劳务所需外汇的支付或拨付转移，利用各种手段加以限制、阻碍或推迟。广义的外汇管制指一国政府对居民和非居民的外汇获取、持有、使用和在国际支付或转移中使用本币或外币所采取的管理措施与政策规定。

2. 外汇管制的目的

各国的外汇管制都是为国家政治服务的，是国家政治、经济政策的体现。由于各国的社会制度和经济发展水平不同，外汇管制的目的与政策也不相同。发达国家实施外汇管制是为了维护本国货币汇率的稳定，减少国际收支逆差，加强出口商品在国际市场上的竞争力。而一些发展中国家实施外汇管制则是因为国内经济不发达，外汇资金短缺，通过外汇管制保证国家经济的独立发展，稳定本国货币，保持国际收支平衡，并防止资金外流，使有限的外汇资金用于本国经济建设。

3. 外汇管制的对象

外汇管制的主体是外汇管制的执行者，一般由政府授权中央银行或另设外汇管制专门机构作为外汇管制的执行机构。如英国由中央银行——英格兰银行负责外汇管制，法国在其国家银行下另设外汇管制局。

外汇管制的客体是外汇管制的对象，分为人、物和地区三个方面。

(1)对人。根据外汇管制的法令，将人划分为居民(Resident)和非居民

(Non-resident)。所谓居民,是指长期定居(一般在一年以上)在本国的任何自然人(包括本国人和外国侨民)和设立在本国境内的具有法人地位的本国和外国的机关、团体、企业的工作人员。外国派驻本国的外交、领事等机构的工作人员属于非居民。一般对居民和非居民在外汇管制政策上有所区别,大多数国家对居民的外汇管制较严,而对非居民的外汇管制较宽。

(2)对物。受到外汇管制的项目,它主要包括:外国纸币和铸币;用外币表示的有价证券,如政府公债、国库券、公司债券、股票、息票等;用外币表示的支付凭证,如汇票、本票、支票、银行存款凭证、邮递储蓄凭证等;贵金属,如黄金、白银等;携出、入境的本国货币。

(3)对地区。有些国家对本国的不同地区实行不同的外汇管制政策,例如对本国的出口加工区或自由港,实行较宽松的外汇管制。另外,还有些国家对不同的国家和地区实行不同的外汇管制政策。

4. 外汇管制的机构

在实行外汇管制的国家,一般都由政府授权中央银行作为执行外汇管制的机关,也有一些国家直接设置诸如外汇管理局的专门机构。外汇管理机构负责制定和监督执行外汇管理的政策、法令和规定条例,有权随时根据具体情况变化并根据政策的需要,采取各种措施,对外汇的收、支、存、兑进行控制。

1947年10月1日英国政府的外汇管制法令,指定财政部作为决定外汇政策的权力机关,而英格兰银行仅代表财政部执行外汇管制的行政工作,并指定其他商业银行按规定办理一般正常的外汇收付业务。在日本则由大藏省负责外汇管制工作。

5. 资本主义国家外汇管制的演变

国际金本位制瓦解后,外汇管制曾先后被世界上许多国家作为汇率制度的补充形式所广泛采用。早在第一次世界大战期间,当时国际货币制度陷入崩溃,许多国家(如英国、法国、德国、意大利等)为了防止资本外逃,动用外汇资金弥补国际收支逆差和进行战争,纷纷实行了外汇管制。此后,在1929—1933年的世界性经济危机和第二次世界大战期间,外汇管制也被许多国家所采用。

第一次世界大战爆发后,参战国发生巨额的国际收支逆差,本国货币对外汇价猛烈下跌,大量资金外流。为了集中外汇资金,减缓汇率的剧烈波动和防止资金的外流,所有参战国都取消了外汇的自由买卖,禁止黄金输出,外汇管制由此开始。

第一次世界大战结束后,国际经济关系逐步恢复正常,世界经济和政治处于相对稳定,无论是战胜国还是战败国,都致力于发展生产,扩大国际贸易,便利国际资金融通，有些国家还不断寻求重返金本位制的可能性。因此，这些国家原来所实行的外汇管制都先后被取消。1929—1933年，世界上发生了空前严重的经济危机，几乎所有西方国家都陷入国际收支危机的深渊，各国纷纷放弃了自由贸易政策，采取保护贸易措施，这更加剧了国际收支危机。不少国家发生金融恐慌，货币贬值，银行倒闭。为稳定汇率，维持国际收支平衡，抵御或削弱其他国家的经济危机对本国经济的影响，各国不得不重新实行外汇管制。一般而言，外汇资金较充裕、外汇市场较发达的国家多设立外汇平准基金，用以维持汇率稳定。例如，1932年4月，英国财政部正式设立的外汇平准账户（Exchange Equalization Account）。至于外汇基金不足、外汇市场未成熟的国家则多实施其他更严格的外汇管理办法。

在第二次世界大战期间，西方各国普遍加强了外汇管制，以适应战时的需要。战后，这些国家的经济被严重破坏，外汇储备濒临枯竭。为了恢复生产，发展经济，对付"美元荒"，它们不得不继续实行严格的外汇管制，限制外汇支出，鼓励资本流入等。自1958年起，英国、法国、意大利、荷兰、比利时等14个国家决定实行有限度的货币自由兑换，即允许非居民持有的外汇自由兑换成另一个国家的货币或直接汇出国外。进入20世纪60年代，资本主义国家掀起贸易、资本自由化浪潮，外汇管制进一步放松。1960年7月，日本宣布实行部分货币自由兑换，联邦德国实行完全货币自由兑换。1979年10月，英国决定撤销一切外汇管制。进入20世纪80年代以来，瑞士、意大利、日本、法国等一些国家继续放松外汇管制。1990年7月1日，欧共体决定成员国原则上完全取消外汇管制，但希腊、西班牙、爱尔兰、葡萄牙可以延期几年逐步取消外汇管制。

从上述可知，一个国家实行外汇管制与否，采取什么管制措施，与其当时所处的政治经济环境有关。不论是战争时期还是和平时期，也不论是经济危机时期还是经济状况较好时期，凡当一国利用一般经济手段不能使其国际收支与汇率维持在符合本国利益的水平上时，该国就动用外汇管制这种强制性手段，以达到平衡国际收支，从而更有效地使用外汇，稳定金融，以利于本国经济之发展。当然，在不同时期，外汇管制的侧重点会有所改变。比如第二次世界大战后初期，日本、西欧各国普遍发生"美元荒"，它们实行外汇管制主要是为了防止美元流出，减少国际收支逆差。20世纪70年代，在美元危机的一再袭击下，日本、西欧各国加强外汇管制的重点是制止美元的涌入，减少本国通货膨胀。到了20世纪80年代，西方国家走出"滞胀"阶段后，稳定汇率、平衡国际收支则成为外汇管制的重点。

目前，西方国家基本已经取消了"明"管制，"暗"管制也日趋放松并规范化，一些亚洲新兴工业国家如韩国、菲律宾等也相继放宽、放松了外汇管制。但大多数发展中国家仍在实行严格的或较严格的外汇管制。

二、外汇管制的类型

根据国际上对外汇管制的内容和程度的不同,外汇管制的国家可以划分为三种类型。

1. 实行严格的外汇管制的国家和地区

该种类型的国家对贸易收支、非贸易收支和资本项目的收支都进行较严格的管制。实行计划经济的国家、多数发展中国家均属于此类,如印度、赞比亚、秘鲁、巴西等均属这一类。这些国家和地区经济不发达,出口创汇能力有限,缺乏外汇资金,为了有计划地使用外汇资源,加速经济发展,不得不实行严格的外汇管制。

2. 实行部分的外汇管制的国家和地区

该种类型的国家对非居民办理经常项目(包括贸易和非贸易)的收付,原则上不加管制;对资本项目的收付则仍加管制。此类国家多为一些发达的工业国家,这类国家经济比较发达,市场机制在经济活动中起主导作用,并已承诺了《国际货币基金协定》的第八条,即不对经常项目的收支加以限制,不采取有歧视性的差别汇率或多重汇率。

3. 名义上取消了外汇管制的国家和地区

该种类型的国家虽然对非居民往来的经常项目和资本项目的收付原则上不进行直接管制,但事实上这些国家对非居民也还实行间接的或变相的限制措施(如瑞士对非居民存款采用倒收利息的办法)。对居民的非贸易收支也有限制,不过限制的程度比前述两种类型的国家大大减轻。有些国家对经常项目和资本项目的外汇交易不实行普遍的和经常性的限制,但不排除从政治和外交需要出发,对某些特定项目国家采取包括冻结外汇资产和限制外汇交易等制裁手段。这类国家经济发达,黄金和外汇储备充足,国际收支整体情况良好。这些国家的汇率一般为自由浮动制,其货币也实行自由兑换。这种类型的国家多属于工业很发达的国家和国际收支具有顺差的石油生产国。

总之,一个国家外汇管制范围的大小和程度的宽严,主要取决于该国的经济、贸易、金融和国际收支的状况。由于世界各国的经济处于不断发展变化之中,所以其外汇管制也是在不断发展和变化着的。其总趋势是:工业化国家和地区的外汇管制逐步放松,发展中国家和地区的外汇管制则有松有紧。

三、外汇管制的主要内容

实行外汇管制的国家和地区,一般对贸易外汇收支、非贸易外汇收支、资本输出与输入、汇率、黄金和现钞的输出与输入等采取一定的管制办法和措施。

1. 对贸易外汇的管制

贸易收支,通常在一国的国际收支中所占比重最大,所以,实行外汇管制的国家大多对贸易外汇实行严格管制,以增加出口外汇收入,限制进口外汇支出,减少贸易逆差,追求国际收支平衡。

(1)对出口收汇的管制。对出口实行外汇管制,一般都规定出口商须将其所得外汇及时调回国内,并结售给指定银行。也就是说,出口商必须向外汇管制机构申报出口商品价款、结算所使用的货币、支付方式和期限。在收到出口外汇后,又必须向外汇管制机构申报交验许可证,并按官方汇价将全部或部分外汇收入结售给指定银行。剩余部分既可用于自己进口,也可按自由市场的汇率转售他人。

许多国家在税收、信贷、汇率等方面采取措施,以促进本国商品出口,同时对国内供应短缺的某些商品则实行限量出口,也有些国家按其与有关国家达成的协议,对某些商品的出口实行数量限制。有些发达国家虽对出口收汇并无限制,但由于政治上的原因,对某些国家采取各种临时性的贸易制裁或禁止某些战略物资和尖端技术的出口。

(2)对进口付汇的管制。实行外汇管制的国家,除对进口外汇实行核批手续外,为了限制某些商品的进口,减少外汇支出,一般都采取下述措施:进口存款预交制(Advance Import Deposit),即进口商在进口某项商品时,应向指定银行预存一定数额的进口贷款,银行不付利息,数额根据进口商品的类别或所属的国别按一定的比例确定;购买进口商品所需外汇时,征收一定的外汇税;限制进口商对外支付使用的外币;进口商品一定要获得外国提供的一定数额的出口信贷,否则不准进口;提高或降低开出信用证的押金额;进口商在获得批准的进口用汇以前,必须完成向指定银行的交单工作,增加进口成本;根据情况,允许(或禁止)发行特定的债券,偿付进口货款,以调节资金需求,减少外汇支出,控制进口贸易。

2. 对非贸易外汇的管制

非贸易外汇收支的范围较广,贸易与资本输出入以外的外汇收支均属非贸易收支。其主要包括与贸易有关的运费、保险费、佣金;与资本输出输入有关的股息、利息、专利费、许可证费、特许权使用费、技术劳务费等;与文化交流有关的版权费、稿费、奖学金、留学生费用等;与外交有关的驻外机构经费;旅游费和赠家汇款。其中与贸易有关的从属费用,如运费、保险费和佣金等,基本按贸易外汇管制办法处理,一般无须再通过核准手续就可以由指定银行供汇或收汇。其他各类非贸易外汇收支,都要向指定银行报告或得到其核准。实行非贸易外汇管制的目的在于集中非贸易外汇收入,限制相应的外汇支出。各个国家根据其国际收支状况,往往不同时期实行宽严程度不同的非贸易外汇管制。

3. 对资本输出与输入的管制

资本的输出与输入直接影响一国的国际收支,因此,无论是发达国家还是发展中国家,都很重视对资本输出与输入的管制,只是根据不同的需要,管制的程度不一。

发展中国家由于外汇短缺,一般都限制外汇输出,同时对有利于发展本国民族经济的外国资金,则实行各种优惠措施,积极引进。例如,对外商投资企业给予减免税优惠,允许外商投资企业的利润用外汇汇出等。此外,有些发展中国家对资本输出与输入还采取如下措施:一是规定资本输出与输入的额度、期限与投资部门;二是从国外借款的一定比例要在一定期限内存放在管汇银行;三是银行从国外借款不能超过其资本与准备金的一定比例;四是规定接受外国投资的最低额度等。

相比较来说,发达国家较少采取措施限制资本输出与输入,即使采取一些措施,也是为了缓和汇价和储备所受的压力。例如,20世纪70年代,日本、瑞士、德国等发达国家由于国际收支顺差,它们的货币经常遇到升值的压力,成为国际游资的主要冲击对象,并且这些国家国际储备的增长,又会加剧本国的通货膨胀,因此,就采取了一些限制资本输入的措施,以避免本国货币的汇率过分上浮。这些措施包括:规定银行吸收非居民存款要缴纳较高的存款准备金,规定银行对非居民存款不付利息或倒收利息,限制非居民购买本国有价证券,等等。与此同时,这些国家还采取了鼓励资本输出的措施,例如,日本从1972年起对于居民购买外国有价证券和投资于外国的不动产基本不加限制。

4. 对汇率水平的管制

汇率水平的管制是指政府为了调节国际收支、稳定本币价值而对所采用的汇率制度、汇率种类和汇率水平的管理。

(1)直接管制汇率。一国政府指定某一部门制定、调整和公布汇率。各项外汇收支都必须以此汇率为基础兑换本国货币,但这种汇率形成的人为因素成分较大,很难反映真实水平,极易造成价格信号的扭曲。此外,采取这种形式的汇率管制,通常都伴之以对其他项目较严格的外汇管制。

(2)间接调节市场汇率。由市场供求决定汇率水平的国家,其政府对汇率不进行直接的管制,而是通过中央银行进入市场吸购或抛售外汇,以达到调节外汇供求、稳定汇率的效果。为进行这一操作,许多国家都建立了外汇平准基金,运用基金在市场上进行干预;有的则是直接动用外汇储备进行干预。除通过中央银行在外汇市场上直接买卖外汇以外,中央银行还通过货币政策的运用,主要是利率杠杆来影响汇率。利率水平的提高和信贷的紧缩,可以减少市场对外汇的需求,同时抑制通货膨胀,吸引国外资金流入,阻止汇率贬值;反之,则可减轻汇率上升。

(3)实行复汇率制度。复汇率(Multiple Rate)是指一国货币对另一国货币的汇价因用途和交易种类的不同而规定有两种或两种以上的汇率。国际货币基金组织把一国政府或其财政部门所采取的、导致该国货币对其他国家的即期外汇的买卖差价和各种汇率之间的买入与卖出汇率之间的差价超过2%的任何措施均视为复汇率。

一般来说,经济高度发达的市场经济国家,其汇率一般为自由浮动,国家不对汇率进行直接管制,而是运用经济手段间接调控引导汇率;而那些经济欠发达、市场机制发育不健全、缺乏有效的经济调控机制和手段的国家,则采取直接的行政性的方式来管理汇率,以保证汇率为本国经济政策服务。

5. 对黄金和现钞输出与输入的管制

实行外汇管制的国家对黄金交易也进行管制,一般不准私自输出或输入黄金,而由中央银行独家办理。对现钞的管理,习惯的做法是对携带本国货币出入境规定限额和用途,有时甚至禁止携带本国货币出境,以防止本国货币输出用于商品进口和资本外逃以及冲击本国汇率。

四、外汇管制的作用

1. 在国际收支方面

控制资本的国际移动,以维持国际收支平衡,并保证本国经济的稳定发展。经济实力较强的国家实施外汇管制的主要目的是防止闲置资本过剩。一般来说,生产增长较快、经济实力较强国家的国际收支长期持有顺差,货币坚挺,必然导致大量外国资本流入,其结果会造成本国通货膨胀。大量的资本输入,有可能使本国的经济实力掌握在外来资本持有者的手中。短期资本的流入,不但会引起难以遏制的通货膨胀,而且还会扰乱金融市场的稳定,影响本国经济的发展。同时,大量资本的流入会造成资本项目的顺差,货币进一步坚挺,这就有可能导致出口减少和贸易收支的逆差,从而影响该国的经济生活与就业。因此,经济实力雄厚的国家不得不对资本流入采取某些限制性措施。经济实力弱、资金紧缺的国家实施外汇管制的目的在于防止资本外逃,一方面可以积累外汇资金,维持本国货币币值的稳定,谋求国际收支平衡;同时也在一定程度上保证国内投资资金的需求。

(2)加强黄金外汇储备。实行外汇管制,可以及时动员黄金外汇,以应对国家急需。

(3)增强币信。实行外汇管制,可集中外汇资金,节约外汇支出,在一定程度上可以提高货币的对外价值,增强本国货币的币信,加强一国的国际经济地位。

2. 在汇率及对外贸易方面

(1)防止资本外逃。国内资金外逃是国际收支不均衡的一种表现。在自由外汇市场下,当资金大量外移时,由于无法阻止或调整,势必造成国家外汇储备锐减,引起汇率剧烈波动。因此,为制止一国资金外逃,避免发生国际收支危机,有必要采取外汇管制,直接控制外汇的供求。

(2)维持汇率稳定,便于对外贸易的成本核算与发展。实行外汇管制,对汇率进行严格管制,在官方汇率确定后,一定时期内保持不变,这有利于对外贸易的成本核算与发展。汇率的大起大落,会影响国内经济和对外经济的正常进行,所以通过外汇管制,控制外汇供求,稳定汇率水平,使之不发生经常性的大幅度波动。

(3)实行差别汇率,扩大出口市场。实行外汇管制,在确定官方汇率的同时,可以规定不同类别的"奖出限入"的汇率,以促进某些商品的出口,抑制某些商品的进口。一国实行外汇管制,对外而言,有利于实现其对各国贸易的差别待遇或作为国际政府谈判的手段,还可通过签订清算协定,发展双边贸易以克服外汇短缺的困难;对国内而言,通过实行差别汇率或贴补政策,有利于鼓励出口,限制进口,增加外汇收入,减少外汇支出。

3. 在国内经济方面

(1)保护本国某些工业部门的发展。通过保护关税政策与进口外汇的核批,限制某些商品的进口,鼓励与促进某些必需的原料和设备进口,以促进新兴工业部门的发展。

(2)稳定物价。当主要消费物资和生活必需品价格上涨过剧时,通过外汇管制,对其进口所需外汇给予充分供应,或按优惠汇率结售,则可增加货源,促进物价回跌,抑制物价水平上涨,保持物价稳定。

(3)维护本币在国内的统一市场,使之不易受投机因素的影响。实行外汇管制,可以分离本币与外币流通的直接联系,维持本币在国内流通领域的唯一地位,增强国内居民对本币的信心,抵御外部风潮对本币的冲击。

(4)增加财政收入。外汇自由买卖,国家不进行干预和控制,买卖外汇利润归私人。实行外汇管制,国家垄断了外汇业务的买卖,经营外汇的利润归国家所有。在外汇管制下,外汇税的课征、许可证的批准、预交存款制的规定等常使国家有一定额外的财政收入,对缓解财政紧张状况有益。

(5)保护民族工业。发展中国家工业基础薄弱,一般工艺技术有待发展与完善,如果不实行外汇管制及其他保护贸易政策,货币完全自由兑换,则发达国家的廉价商品就会大量涌入,从而使其民族工业遭到破坏与扼杀。实行外汇管制,一方面可管制和禁止那些可能摧残本国新兴工业产品的外国商品的输入,另一方面可鼓励进口必需的外国先进的技术设备和原材料,对发展民族经济具有积极的意义。

此外,外汇管制也可作为外交政策,当其他国家实施外汇管制而对本国经济和政治产生不利影响时,该国即可启用外汇管制作为一种对付手段。这样,外汇管制便成为一种政策工具。

4. 外汇管制的副作用

实行外汇管制能达到一定的经济目的,但从另一个角度看,外汇管制对国际贸易和一国经济也会产生一定的副作用,主要表现在以下几方面:

(1)不利于平衡外汇收支和稳定汇率。法定汇率的确定,虽可使汇率在一定时期和一定范围内保持稳定,但是影响汇率稳定的因素很多,单纯依靠外汇管制措施以求汇率稳定是不可能的。比如,一个国家财经状况不断恶化,财政赤字不断增加,势必增加货币发行,引起纸币对内贬值。通过外汇管制,人为高估本国货币的法定汇率,必然削弱本国商品的对外竞争力,从而影响外币收入,最后本国货币仍不得不对外公开贬值。若财政状况仍没有根本好转,新的法定汇率就不易维持,外汇收支也难以平衡。

(2)阻碍国际贸易的均衡发展。采取外汇管制措施,虽有利于双边贸易的发展,但由于实施严格的管制后,多数国家的货币无法与其他国家的货币自由兑换,必然限制多边贸易的发展。另外,官方对汇率进行干预和控制,汇率不能充分反映供求的真实状况,常出现高估或低估的现象。而高估汇率,对出口不利;低估汇率,又不利于进口,汇率水平不合理会影响进出口贸易的均衡发展。

(3)限制资本的流入。在一定情况下,实行外汇管制不利于本国经济的发展与国际收支的改善。比如,外商在外汇管制国家投资,其投资的还本付息、红利收益等往往难以自由汇兑回国,势必影响其投资积极性,进而影响本国经济发展。

(4)价格机制失调,资源难以合理配置。外汇管制会造成国内商品市场和资本市场与国际分离,国内价格体系与国际脱节,使一国不能充分参加国际分工和利用国际贸易的比较利益原则来发展本国经济,资源不能有效地分配和利用。资金有盈余的国家,不能将其顺利调出;而急需资金的国家又不能得到它,资金不能在国际上有效流动。

五、外汇管制的方法

1. 直接外汇管制

直接外汇管制是对外汇买卖和汇率实行直接的干预和控制。按照实行的方式可分为数量管理、价格管理和行政管理。

外汇的数量管理是政府对外汇买卖和进出国境的数量实行的调节和控制,如规定一定数量的外汇交易,对超过该限额的交易予以控制和限制。外汇数量管理一般与外贸管制配套进行,其主要方法有:对贸易外汇实行外汇配额制、外汇分成制,对非贸易外汇实行限额制。外汇配额制是对进口所需外汇实行现额分配,主要根据进口商品种类实施不同的配额制。外汇分成制是对出口所收入的外汇按规定比例分成,一部分卖给外汇指定银行,一部分由出口商自行支配。在发展中国家,非贸易外汇的使用额度由国家统一规定,数量管理较严。

外汇的价格管理,也称成本管理,它通过调整汇率的方法影响外汇的供求关系。这种管理主要有以下几种方法:

(1)法定的差别汇率。这是外汇管制机构根据外汇交易的不同形式和内容,用法令规定两种或两种以上的不同的汇率,或者说规定一些较高的外汇汇率和较低的外汇汇率。常见的有贸易汇率或商业汇率与金融汇率。

(2)变相的差别汇率。主要有外汇转移证制度。外汇转移证是指出口商向指定银行结汇时,除银行按官价付给本国货币外,还由外汇管理部门发给一种"外汇转移证",此证可在外汇市场上转让给需要外汇的客户,使出口商在转移该证时从汇率中多出一部分补贴。得到该证的客户便可持证到外汇指定银行申请购买外汇。这种做法实际上是鼓励出口商的一种优惠政策。

(3)混合复汇率制。这是在官方汇率存在的基础上,默许自由市场汇率的存在。一般是根据官方规定,除出口商的部分外汇收入按官方汇率结汇外,余下部分可在市场上按较高的自由汇率出售,使其得到较高的利润。申请不到外汇的进口商,则可在外汇市场以高价购买外汇,但由于成本高,外汇的需求量受到抑制,从而限制了这些商品的进口。实质上这也是一种复汇率制。

2. 间接外汇管制

间接外汇管制是指通过对进出口贸易和非贸易以及资本输出与输入的管

理,间接控制外汇收支,稳定汇率。贸易收支是一国国际收支平衡的关键,对进出口贸易的外汇管制就成为各国外汇管制的重点。进口管制一般仅对少数商品如军火、烟酒等实行。大多数国家对出口基本上采取鼓励措施,如优惠利率贷款、财政补贴等。对非贸易外汇收支的管制涉及面较广,由于各国货币的自由兑换程度不同,所以外汇管制的宽严程度也就不同。一般而言,在货币自由兑换的国家,外汇管制较松;相反,则外汇管制较严。对非贸易管制主要有外汇收支的管理和出入境的管理。对资本输出与输入的限制除通过银行直接限制资本的输出与输入外,还可以通过居民向国外投资或非居民向国外投资进行管制的方法,限制资本酌情输出或输入,其中也包括了对外币现钞和黄金的输出与输入的管制。

第二节 货币的自由兑换与人民币的自由兑换

货币的自由兑换,一般是指一个国家或某一货币区的居民,不受官方限制地将其所持有的本国货币兑换成其他国家或地区的货币,用于国际支付或作为资产持有。货币可否自由兑换及可自由兑换的程度与外汇管制的松严有密切的联系。在外汇管制条件下,外汇是一种稀缺资源。社会公众和厂商不能够把持有的本国货币自由地兑换成外汇或外国货币,本币的流通被界定在本国范围内。根据目前各国的通常做法,凡通过出口和其他渠道获得的外汇必须按金融管理当局人为指定的外汇牌价全部结售给政府指定的外汇银行;所有外汇资源的分配亦集权于计划部门或金融管理当局,凡是由于进口商品和其他方面的外汇需求,都必须首先向当局申请外汇,在得到批准后,才有权用本国货币按当局指定的外汇牌价购买外汇。

一、货币的自由兑换

1. 货币自由兑换的含义

所谓货币的自由兑换,是指任何人都可以自由地按固定或浮动汇率把本币兑换成主要国际货币。货币自由兑换权利属于任何持有本币的人,而义务则由该货币发行国的货币金融管理机构所承担,货币的兑换价格是由市场供求关系决定的汇率,货币兑换的准备货币是美元、马克、英镑、日元、瑞士法郎等,货币金融管理机构并不承担本币兑换成所有可兑换货币的义务。国际货币基金组织每年出版的 *Exchange Arrangement and Exchange Restriction* 一书,都列出实行自由兑换的成员国。目前,国际货币基金组织已有60多个成员国实行货币的自由兑换。

货币自由兑换往往要经历一个由较低层次到较高层次的渐进过程。一般可分为4种类型：

(1)非居民可以自由兑换，即境外居民可以享有自由兑换货币的权利。

(2)区域性自由兑换，即在某一地理区域内的货币可以自由兑换，而在此区域外的货币则不能自由兑换。

(3)国际收支经常项目可自由兑换，以实施贸易和非贸易的自由兑换；而资本项目则受到限制，即有限制性的自由兑换。

(4)国际收支经常项目和资本项目都能自由兑换，以实现资本的国内外自由转移，即完全的自由兑换。

2. 货币自由兑换的类型

(1)按可兑换的程度，货币可分为完全可兑换和部分可兑换。完全可兑换是指一国或某一货币区的居民，可以自由地将其所持有的本国货币兑换成其他国家或地区的货币，用于经常项目和资本项目的国际支付和资金转移。

部分可兑换是指一国或某一货币区的居民，可以在国际支付的部分项目下，自由地将其所持有的本国货币兑换成其他国货币，用于国际支付和资金转移。例如：在经常项目下自由兑换，用于国际商品和劳务交易的支付，但此时并不一定必须对资本项目实行自由兑换。

实行自由兑换还是实行部分自由兑换，在一定程度上取决于一个国家对资本管制的宽严程度，以及一国货币政策和财政政策的运筹能力。

(2)按可兑换的范围，货币可分为国内可兑换和国际性可兑换。国内可兑换是指一国或某一货币区的居民能够自由地、不受限制地将本币兑换为外币，但这种货币并不是国际化的货币，在国际支付中接受这种货币的持有者，可以将所持有的此种货币用于向发行国支付，也可以向发行国兑换为其他国货币。目前，一些国家尽管实行了货币自由兑换，却未使本币国际化。

国际性可兑换是指一国或某一货币区的货币不仅能够在国内自由兑换成为其他国货币，而且在国际市场上也能自由地兑换为其他国货币，也就是货币国际化。

3. 货币自由兑换的条件

从表面上看，自由兑换是一国货币能不能自由地与其他国家货币兑换的问题，但其实质则是一国的商品和劳务能不能与其他国家自由交换。能否自由兑换和自由兑换的程度，是与一国经济在国际上的地位密切相关的，是受一国商品、劳务在国际国内市场上的竞争能力、资本余缺状况等许多因素制约的。因

此,一国货币能否自由兑换,取决于以下几个条件是否得到满足:

(1)有充分的国际清算支付能力。在不受限制的情况下,国际收支平衡体现了一国的外汇收入满足了国民对外汇的需求,这样才能保持国家外汇储备的稳定和增加,为本币自由兑换提供基础。如果国际收支长期逆差,国家的外汇储备会很快减少甚至枯竭,货币也就失去自由兑换的基础。保持国际收支大体平衡和外汇储备的稳定及增长,要求该国有较强的交换性和替代性。

(2)具有合理的汇率水平和开放的外汇市场。货币自由兑换要求取消外汇管制,任何企业和个人都可以在外汇市场上买入和卖出外汇。同时还要求汇率能够客观地反映外汇的供求,从而正确地引导外汇资源的合理配制。

(3)具有完善有效的宏观调控系统。在财政方面,收支平衡没有过大的财政赤字而导致国际收支逆差;在金融方面,中央银行有较强的实施货币政策的能力,具有较强的外汇市场干预政策和操作能力,包括外汇风险管理与控制,储备资产投资战略以及与这些业务有关的会计和监督能力。同时,还应具备良好的宏观经济政策环境。

(4)树立国民对本币的信心。要使本币成为自由兑换货币,首先必须抑制通货膨胀,维持物价基本稳定,建立货币政策的可信性,增强国民对本币的信心。随着上述过程的深入和国民对本币的信心的树立,对经常项目交易以及对所有外汇交易的限制即可取消,逐步实现本币的自由兑换。

(5)具有宽松的外汇管制政策或取消外汇管制。一国货币能否自由兑换,与一国的外汇管制程度密切相关。可以说,一国实现货币自由兑换的过程,就是一国逐渐取消外汇管制的过程。一国如果适度放宽外汇管制,如放宽经常项目管制,就可以说该国实现了货币在经常项目下可自由兑换;如果一国大幅度放宽或取消外汇管制,也就意味着该国货币基本实现了自由兑换或实现了完全可自由兑换。当然,一国要放松或取消外汇管制,应具备一定的条件,必须依据一国的整体经济发展状况、金融市场的成熟程度以及相应的管理水平来进行。

二、经常项目下可兑换的标准和内容

国际货币基金组织规定,如果一国解除了经常项目下支付转移的限制,承担了《国际货币基金协定》第八条所规定的义务,满足了该协定的第八条的要求,则该国货币即可视为自由兑换货币。

1. 对经常项目下支付转移不加限制

一国对居民从国外购买经常项目下商品或劳务所需外汇要进行提供,允许其拨付转移,不以各种形式和手段加以限制、阻碍或推迟。其内容包括(但不限于)以下各项:所有有关对外贸易、其他经常性业务(包括劳务在内)以及正常短期银行信贷业务的支付;贷款利息及其他投资净收入的支付;数额不大的偿还贷款本金或摊提直接投资折旧的支付;数额不大的赠家汇款。

2. 不采取差别性的复汇率措施

国际货币基金组织认为,导致多种汇率做法的汇兑措施主要有:针对不同的交易制定不同的汇率,且不同汇率之间的汇差超过2%;双重或多重外汇市场,留成额度以及汇兑课税、汇兑担保等。歧视性的货币措施主要是指双边支付安排,它有可能导致对非居民转移的限制以及多重汇率的做法。

3. 兑换其他成员国积累的本币

任何一个成员国均有义务购回其他成员国所持有的本国货币结存,但要求兑换的国家应说明此项货币结存是最近在经常性往来中所获得的,或此项兑换为支付经常性往来所必需。比如:成员国不可限制非居民将经常性国际往来的收入进行兑换或转移,因此,不应对外商投资企业的外方和非居民个人将投资所获得的利润、红利及利息换成外汇或转移进行限制。到1996年12月,在国际货币基金组织的181个成员国中,已有136个成员国接受《国际货币基金协定》第八条,实现了经常项目可兑换。

三、人民币的自由兑换问题

人民币自由兑换是我国外汇管理体制的最终目标之一,随着我国的经济发展和经济体制改革的深入,人民币在边境贸易中以及在部分周边国家内通用性增强,人民币自由兑换的呼声也日益高涨。一国货币的自由兑换能促进国内外价格体制的接轨,并以此促进国内外市场的接轨,从而有利于资源的合理配置,增强企业的竞争能力,改善产业结构,提高劳动生产率等。但是,货币兑换并非没有前提条件,在条件尚不成熟的情况下强行推广一国货币自由兑换,将会导致灾难性后果的发生。

1. 人民币自由兑换的含义

人民币自由兑换的含义有几个方面:①在经常项目交易中实现人民币自由兑换;②在资本项目交易中实现人民币自由兑换;③对国内公民个人实现人民币自由兑换。根据国际货币基金组织关于货币自由兑换的定义,如果经常项目交易中实现了货币的自由兑换,则该货币就是可兑换货币。

2. 人民币成为可兑换货币的条件

(1)宏观金融的稳定。货币稳定是金融稳定的一个重要方面,外汇市场是金融市场的一个重要组成部分,如果没有宏观金融的稳定,汇率的稳定及外汇市场的稳定就无从谈起。若要使一国宏观金融稳定,最重要的是使其货币供给增长和物价都保持稳定。这种稳定,不是指实现货币自由兑换前一瞬间的稳定,而是指实现货币自由兑换前相当长的一段时期内的稳定,货币供给中心超经济发行及通货膨胀的潜在压力,基本上已经被消除,金融领域中的乱集资、随意突破存款准备金比例和信贷规模等混乱现象不仅要得到控制,还要从制度上建立起防止这些现象再现的制约机制。我国在这方面存在的差距特别大。以物价为例,1984—1994年,经历了三次相当大幅度的波动,其中1988年和1994年的消费物价增长率都在20％以上。这不仅反映了宏观金融的不稳定,也反映了金融制度建设的滞后,而克服这些差距需要相当长的时间。

改革开放初期,我国就存在"一放就乱"的现象,而经过10多年改革之后,这种现象仍然存在,而且在金融领域更加严重。政府号召抓住机遇发展经济,各地就一哄而上,而与此同时又没有相应的风险约束。于是,便导致货币超额发行及各种金融混乱。如1992年下半年和1993年上半年,人民币对美元的调剂价一度从1992年9月下旬的6.9元一路直升,急攀至1993年6月下旬约10.9元。可见,如果在金融混乱局面未得到彻底扭转之前使人民币实现自由兑换,那么外汇市场是不可能稳定的。

实现宏观金融稳定的一个前提条件是利率。我国在利率政策的运用上仍存在欠缺,主要表现在:①实际利率经常为负,于是助长了滥用资金和乱集资,这不利于提高劳动生产率和发展正常储蓄及资本积累。②利率的运用,特别是短期利率的运用不够灵活。一般认为,中长期利率对投资和经济发展的影响较大,而短期利率则对货币市场和金融业的影响较大。灵活运用短期利率是实现金融宏观调控的重要手段。短期利率应经常变动,可以低于也可以高于中长期利率。我国的短期利率始终是低于中长期利率的,不仅存款如此,贷款也是如此。短期利率运用不够灵活与贯彻短期利率的金融工具品种稀缺有关。在金融比较稳定和发达的国家,中央政府经常利用短期国库券来实现其货币调控。由于短期国库券期限短,可以不断地收回,不断地发行,因而为灵活运用短期利率创造了物质基础。

实现宏观金融稳定的另一个前提条件是进行银行制度改革。它应从两方面着手:一是专业银行商业化;二是增强人民银行的独立性,使其不再依附于各级财政。增强人民银行的独立性有两种做法:一种是使其独立于政府之外,直接隶属人大常委会,这种做法可能性不大;另一种是使其独立于政府之内,独立于政府之内必须要有相应的保障措施,否则便是一句空话。

(2)金融市场一定程度的发育和完善。金融市场范围很广,既包括外汇市场,又包括短期货币市场等。在外汇市场方面,我国的银行间外汇市场已于1994年4月1日正式运作,外汇指定银行作为交易主体进入市场,改变了由企业直接交易的方式。银行间外汇市场取代了处于隔离状态的各地外汇调剂中心,有利于中央宏观调控的实施。但为了使人民币自由兑换后的外汇市场趋于活跃,外汇供求相对平衡,还必须要增加外汇市场交易工具的品种,并允许外汇投机。外汇投机能对市场起到平衡作用,使各个时点上的外汇供求趋于均衡,使汇率趋于一致。外汇投机存在的必要前提是短期货币市场,包括资金拆借市场和短期国库券市场。当外汇供过于求时,投机者从短期货币市场上获取人民币资金,购入外汇;当外汇供不应求时,投机者抛出外汇,并用所得人民币再投回短期货币市场。政府则可通过在短期货币市场上买卖短期国库券和调整短期汇率来影响汇率和货币流通量。当人民币汇率下浮和通货膨胀压力较大时,在短期货币市场上出售高利率的短期国库券,把资金从外汇市场吸引到短期货币市场上来,把居民个人、企业、集团手中的资金回笼,由此达到稳定货币汇率和货币供给量的目的。当人民币汇率上浮和银根紧缩时,则操作方向相反。根据日本、泰国的经验,短期货币市场是成功维持货币自由兑换的重要条件。

(3)经济实力(或规模)。货币自由兑换必须有强大的经济实力予以支持。经济实力弱小的国家通过货币自由兑换把国内市场与国际相联结,要承担较大风险。经济实力越强大,经济结构和产品结构越多样,抵御货币兑换所带来的风险的能力就越大,货币兑换可能带来的负面影响就越小。衡量一国经济实力(或规模)可以用国民生产总值总额或人均额;测算一国国民生产总值可以用汇率,也可以用货币的实际购买力。经过40多年的改革开放,我国的综合国力明显增强,经济持续、稳定、快速增长。2019年我国人均国民生产总值约为8 254美元。人民币在国际经济中的地位越来越重要,为实现人民币自由兑换奠定良好的基础。

(4)充足的国际储备。一个国家必须有充足的国际储备,才能保证本国货币的自由兑换性。我国属于发展中国家,发展中国家的出口好坏常常取决于发达国家的经济周期波动以及国内的需求,因而汇源不稳定,需要留足一部分作预防性储备。同时,发展中国家干预本币汇率又需要干预储备,只有在这个基础上,外汇才可作为自由兑换的准备金。例如,港币可自由兑换,主要得益于香港有充足的外汇储备。港币的发行几乎有100%的美元作为保证,因而保证了港币可自由兑换成美元,即保证了港币的自由兑换性。实现人民币自由兑换,为应付随时可能发生的兑换要求,维持外汇市场和汇率的相对稳定,政府要有充足的国际储备,特别是外汇储备。那么,应保有多少外汇储备才算充分?根据对已实行货币自由兑换的若干国家(如日本、韩国、新加坡等)的研究和通行的国际储备需求理论,充足的外汇储备是指外汇储备额占年进口额的比重最少不得低于20%,一般应维持在30%左右。而目前,我国中央政府外汇储备占年进口额的百分比不算太高,还不能达到自由兑换所要求的程度。

(5)适当的人民币汇率水平。汇率水平适当不仅是人民币自由兑换的前提,也是人民币自由兑换后保持外汇市场稳定的重要条件。汇率合理化,要求实现单一汇率制和适当的汇率水平,消除人民币高估的情况。根据《国际货币基金协定》第八条规定,成员国要实现经常项目收支自由兑换,必须实行单一汇率制度,承担兑回别国持有的本国货币的义务。人民币汇率高估的情况应该消除,否则实行自由兑换以后,由于汇率偏离均衡水平而产生的国际收支失衡将加剧汇率的波动。汇率波动又会在两方面影响外汇储备:一是汇率波动(尤其是汇率高估)使出口不如内销,兑换风险使国内企业不愿出口,直接减少外汇收入;二是汇率波动又需要较多的干预储备,如果该国使用固定汇率时更是如此。人民币汇率下浮虽然有利于出口以及暂时性地抑制外汇市场上的过度需求和资金外逃,但不利于稳定国内物价和提高劳动生产率,并且还会构成对社会总需求的额外负担。人民币汇率水平直接影响着宏观经济和微观经济稳定的条件。在人民币自由兑换后的一段时间内,管理浮动汇率制度是比较理想的汇率制度,为此需要寻求一个指导汇率,政府应适时采取干预措施,防止实际汇率过分偏离指导汇率。

(6)国际收支略有顺差或保持平衡。如果一个国家连年发生国际收支逆差,即使该国的国际储备比较充足,也会很快流失,该国货币的自由兑换性仍然得不到保证。但是,一个国家如果国际收支略有顺差或保持平衡,即使该国的国际储备原来不十分充足,但该国的国际储备仍然可以增加或保持稳定,从而使该国货币的自由兑换性仍然可以得到保证。保持良好的国际收支状况是实现货币自由兑换的核心条件。要保持良好的国际收支状况,必须具有较强的国际竞争力、合适的汇率政策和宏观经济政策。较强的国际竞争力有利于保持贸易收支的平衡。合适的汇率政策和宏观经济政策有助于调节国际收支失衡。

(7)微观经济方面。货币的自由兑换将使国内价格体系与国外价格体系联系更紧密,世界市场价格的波动将反映得更直接、频繁,国内外价格体系的差异对国内经济的影响将更巨大。为了减少价格体系差异和价格波动的冲击,一方面,要继续理顺价格体系,保持稳定的物价水平,有助于汇率的相对稳定,使国内价格体系更接近国际市场的比价体系。如果一个国家连年发生通货膨胀,该国货币不但会因购买力下降而发生绝对币值的下降,而且还会因国际收支逆差而发生相对币值下降。这样,其他国家将不愿持有这种货币,该国货币的自由兑换性将会受到损害。另一方面,实现企业经营机制的转换,形成完善的市场机制。

企业经营机制的转换就是使我国企业对外汇等资源具有自我约束机制。企业自我约束机制是使外币供需对称的前提。要加大企业经营机制转变的力度,使企业对价格的反应更灵敏,加快企业特别是亏损的大中型企业的技术改造,促进产品的升级换代,从而增强它们抗衡价格波动的能力和市场竞争能力。

货币的自由兑换实质上是价值规律由国内市场扩展到国际市场。货币自由兑换以后,国内相对价格差异使国内相对资源优势显示出来,价格能够决定生产者的资源配置决策和消费者的消费行为,而且资源(要素)流动和商品流通要不受限制。这就要求建立以市场汇率为基础的人民币汇率机制。

3. 人民币自由兑换的必要性

(1)有利于我国发展社会主义市场经济,培育和完善各种市场,其中包括外汇市场,让外汇价格自由波动、人民币自由兑换,使资源得以合理配置。

(2)有利于中央银行的宏观调控。人民币自由兑换的过程,也是外汇体制从相对僵硬的管理体制向市场化过渡的过程。中央银行通过外汇市场把汇率政策纳入宏观经济政策,有利于加强中央银行宏观调控的效果。

(3)有利于促进我国进出口贸易。人民币实行自由兑换需要汇率的合理化,汇率合理化有利于促进我国商品的出口。

(4)有利于我国加强与世界贸易组织以及国际货币基金组织等国际金融机构的合作。

第三节 人民币汇率制度的形成与发展

一、人民币汇率制度的形成

1. 新中国成立初期的人民币汇率

1949年,天津、北京、上海、广州等大城市相继解放,为了适应对外经济贸易往来的需要,中国人民银行先后在华北、华中、华南等大行政区制定并公布了人民币对外国货币的汇率。当时因各地物价水平不一致,在中央统一政策管理下,各地区以天津口岸的汇率为标准,根据各自的具体情况公布外汇牌价,各地区的汇率有一定的差距。随着全国经济秩序的恢复和财经的统一,各地区的物价趋于一致,1950年7月8日全国实行统一的外汇牌价,由中国人民银行总行公布。当时我国的对外贸易仍由私营进出口商经营,贸易对象主要是美国,人民币汇率以美元表示,并以美元为基础套算人民币对其他外币的汇率。

新中国成立初期,根据"发展生产、繁荣经济、城乡互助、内外交流、劳资两利"的经济政策,在"统制对外贸易"的原则下,为了积累外汇资金,进口主要物资,确定人民币汇率的方针是"奖出限入,照顾侨汇"。奖励出口,是保证占75%~80%的大宗出口物资能够出口,并使出口商可以获得5%~15%的利润;限制进口,是限制消费品进口;照顾侨汇,是保证华侨汇款的实际购买力高于在国外能购得的商品和支付劳务费用的5%。这一时期汇率调整的方法采取机动地向下调整,人民币对美元的汇率共调整过52次。1949年1月19日天津开始挂牌,1美元合600元旧人民币,1950年3月13日调为1美元合42 000元旧人民币。英镑汇率是通过美元套算的,1949年4月6日,1英镑合1 800元旧人民币,1950年3月13日调为98 708元旧人民币。当时人民币汇率不分买卖价格,只有一个汇率,买卖外汇时银行向客户各收取0.5%的费用。

2. 国民经济恢复时期的人民币汇率

1950年3月,全国经济步入正轨后,国内物价和金融虽日趋稳定,但国外物价由于美国侵朝战争不断上涨,加上帝国主义封锁、禁运使我国进口遭遇一定困难。为了保障外汇资金的安全和加速进口,我国对资本主义国家的贸易政策由鼓励大宗出口商品改为"进出口兼顾";汇率政策也由"奖出限入"改为"鼓励出口、兼顾进口、照顾侨汇"。人民币逐步升值。从1950年3月至1951年5月,人民币对美元汇率共调整15次,由1950年3月13日的1美元合42 000元旧人民币调至1951年5月23日的22 380元旧人民币。人民币对英镑汇率也由98 708元旧人民币调至62 660元旧人民币。由于美国冻结我国资金,我国对外贸易不使用美元,1952年起停挂人民币对美元汇率。为了解决出口亏损,1952年12月16日人民币对英镑的汇率由1英镑合62 660元旧人民币贬为68 930元旧人民币。人民币汇率从1950年9月28日起改为买卖双档汇率。

二、人民币汇率制度的发展演变

1. 固定汇率制下的人民币汇率

从1953年开始,我国进入有计划的社会主义建设时期,国民经济逐步走上全面的计划化,国内金融物价保持基本稳定。这一时期以美元为中心的国际货币体系基本上能发挥作用,维持着纸币流通下的固定汇率制度。当时,西方国家货币的购买力有两种不同的趋势:一种是由于各国竞相对外倾销,出口削价,从1952年至1962年国际市场主要商品价格下跌,路透社公布的国际商品价格指数由97(1970年为100,下同)降至74,我国出口商品价格随之下跌,出口商品换汇成本由1美元合3.08元人民币上升至1964年的6.65元人民币。另一种是西方国家国内商品价格上涨,由于通货膨胀,货币购买力下降,自1952年至1962

年,日本消费物价指数由 47 升至 64,英国由 54 升至 73,美国由 68 升至 78。根据我国和外国的消费物价对比计算,1 美元约等于 1.43~1.92 元人民币。当时人民币对美元的汇率是 1 美元合 2.461 8 元人民币。如果依据国际商品价格,人民币对美元应贬值。但如果依据国内消费物价,人民币应升值。鉴于我国对私人资本主义进出口业的社会主义改造已经完成,对外贸易由外贸部所属的各外贸专业公司按照国家指令性计划统一经营,外贸系统采取"以进贴出,统筹盈亏"的办法。人民币汇率从此不再起调节进出口的作用,只是编制进出口计划和内部统一经济核算的折算比率。对外贸易使用内部结算价格,而人民币汇率则主要用于非贸易外汇的兑换。就对外贸易来说,1964 年起还采取了对一部分进口商品加成的办法,即外贸为用汇部门的进口商品作价,按进口成本加价 103%,以进口盈利弥补出口亏损;不再需要用汇率来调节进出口贸易。就非贸易外汇兑换的结算来看,按国内外消费物价对比,汇率已适当照顾了侨汇和其他非贸易外汇收入,也无调整的必要。为了维护人民币的稳定,有利于内部核算和编制计划,人民币汇率坚持了稳定的方针,在原定的汇率基础上,对照各国政府公布的汇率制定,汇率逐渐同物价脱节。从 1953 年至 1971 年,近 20 年内由于西方国家货币实行固定汇率,人民币汇率也保持稳定,美元汇率合人民币 2.46 元一直未变。1971 年 12 月 18 日美元贬值 7.89%,人民币对美元的汇率上调为 1 美元合 2.267 3 元人民币。

2. 浮动汇率制下的人民币汇率

1973—1980 年,从国内看,仍然实行计划经济,物价基本稳定。但在国际上,自 1973 年起国际石油价格猛涨,西方国家通货膨胀加剧,世界物价水平上涨,以美元为中心的固定汇率制已彻底崩溃,西方国家普遍实行浮动汇率,各国货币汇率随着市场供求关系自由涨落,变动频繁。在国际金融动荡中,人民币汇率要想稳定也是不可能的了。人民币汇率要保持相对合理就不能再按各国政府公布的汇率来制定人民币汇率,必须根据国际市场汇率的波动,相应地上调或下调。当时人民币汇率调整的原则是:第一,坚持人民币汇率水平稳定的方针,既不随上升的货币上浮,也不随下跌的货币下浮;第二,促进对外经济往来的发展,既不偏高多收外汇,也不偏低少收外汇;第三,参照国际货币市场的行市及时调整人民币汇率。

根据上述要求,人民币原则上改为参照国际货币市场浮动汇率的变化而调整,具体方针是采取"一篮子货币"的计价方法,也就是选用一篮子货币加权平均的方法,经常调整汇价,选择我国对外经济贸易往来中经常使用的若干种外币,按照其重要程度及政策需要,确定各种外币在"篮子"中的权重,根据这些货币在国际市场上的变动情况,加权计算出它们在市场上上升或下降的平均幅度,并以此作为调整人民币汇率的参考。从1971年12月至1980年7月,人民币对美元的汇率由1美元合2.461 8元人民币调至1.448元人民币。

3. 人民币双重汇率

从1979年开始,我国为扩大出口收汇,把发展对外经济贸易提高到战略地位,对外贸易体制进行了改革,外贸公司实行自负盈亏。与此同时,为了解决国内建设资金不足和技术落后的问题,我国也积极利用外资,引进先进技术,鼓励外商来华投资。但当时人民币汇率不适应进出口贸易发展的要求,特别是对扩大出口和引进外资不利。如1979年,我国出口1美元的商品,全国平均换汇成本为2.65元人民币,出口收汇按照官方汇率卖给银行只能得到1.5元人民币。这样,每出口1美元的商品,出口单位和外资企业要赔1.15元人民币。因此造成出口越多,亏损越大,而经营进口反而赚钱的不合理现象。为了改变这种状况,人民币汇率需要进行改革。

为了奖出限入,促进外贸经济核算并适应外贸体制改革和引进外资的需要,从1981年起实行两种汇率:一是"贸易外汇内部结算价",主要适用于进出口贸易外汇的结算,1美元合2.8元人民币(按1978年全国出口平均换汇成本1美元合2.53元人民币再加10%的利润计算),从1981年至1984年,这个汇率没有变动;二是官方公布的人民币汇率,主要适用于非贸易外汇的兑换和结算,仍是沿用原来的"一篮子货币"加权平均的计算方法,经常调整。实行人民币双重汇率的目的是为了既鼓励出口和外资流入,同时又避免非贸易外汇收入由于人民币贬值而遭受损失。实行贸易外汇内部结算价使汇率同进出口贸易的实际相适应而趋向合理。然而,由于外贸体制改革缓慢,绝大部分进口商品仍按调拨价在国内销售,价格没有放开,由外贸部承担亏损,外贸吃大锅饭的问题未能解决。因此,汇率只对出口换汇成本低于1美元合2.8元人民币的出口商品和实行自负盈亏的地方或部门的外贸公司起作用。在进口方面,由于我国的进口商品是国内生产需要和人民生活必需品,按照国家确定的指令性计划进口,因而汇率对调节进口的作用未能完全发挥。同时,实行两种汇率,由于难于严格划分贸易外汇和非贸易外汇范围而出现混乱,管理上增加了不少困难;在对外关系上,国际货币基金组织认为双重汇率不符合国际货币基金协定,建议取消。还有些国家认为双重汇率是政府对出口的补贴,将对从我国进口的商品征收反补贴税。为了解决双重汇率问题,我们在国际市场上美元汇率上浮的情况下,逐步调低对外公布的人民币汇率,使之同贸易外汇内部结算价相接近。1984年底,人民币汇率已调至1美元合2.796 3元人民币,与贸易外汇内部结算价相同。从1985年1

月1日起,取消贸易外汇内部结算价,恢复单一的汇率制度,都按1美元合2.8元人民币结算。

1985年以后,我国外汇调剂业务发展很快,继而形成了外汇调剂市场及相应的外汇调剂价格,因此又出现了官方汇率和外汇调剂价并存的新的双重汇率制。

就官方汇率而言,1985年以后,汇率继续向下调整。其间,有几次较大幅度的贬值:第一次是在1985年1~9月,进行了经常性的小步下调,从1美元合2.8元人民币调低到3.2元人民币,贬值幅度为12.5%;第二次是在1986年7月5日,人民币汇率贬值13.6%,由1美元合3.2元人民币调低到3.7036元人民币;第三次是在1989年12月16日,人民币汇率贬值21.2%,由1美元合3.7221元人民币调低到1美元合4.7221元人民币;第四次是在1990年11月17日,由1美元合4.7221元人民币调低到1美元合5.2221元人民币。随后几年,官方汇率逐步向下进行小幅度调整,到1993年12月31日,1美元约合5.8元人民币。

就外汇调剂价而言,人民币汇率随着外贸外汇管理体制的改革、外汇调剂市场运作机制的变更、国内通货膨胀和外贸收支状况的变化而相应调整。1979—1993年,我国实行外汇留成制度。由于经济现实中存在官方渠道之外这部分外汇的调剂转让的客观要求,我国从1980年开始办理外汇调剂业务。1980—1984年,由于对调剂价格实行限制,规定以内部结算价加10%(即3.08元)为最高限价,调剂外汇供不应求,致使外汇调剂基本上处于有行无市的状态。1985年,内部结算价格取消,外汇调剂价改定为比官方汇率高1元,加上外汇留成比例的提高和先后在全国设立外汇调剂中心,外汇调剂量迅猛增长。然而,到了1990年,随着进出口业务的增长,并且以外汇调剂价的放开为标志,一个初具规模的外汇积聚和使用的平行市场——外汇调剂市场才真正形成,外汇调剂价成为与官方汇率并列的重要的人民币汇率,对我国的对外经济交易发挥积极的推动作用。放开后,外汇调剂价在人民币总的贬值趋势中时高时低,最低时为5.5元,最高时突破10元。到1993年2月,外汇调剂价为1美元兑8.7元人民币。

三、现行的人民币汇率制度

从1994年1月1日起,我国实施人民币汇率并轨,实行以市场供求为基础的、单一的、有管理的浮动汇率制度。由中国人民银行根据前一日银行间外汇交易市场形成的价格,每日公布人民币对美元交易的中间价,并参照国际外汇市场变化,同时公布人民币对其他主要货币的汇率。各外汇指定银行以此为依据,在中国人民银行规定的浮动幅度范围内自行挂牌,对客户买卖外汇。在稳定境内通货的前提下,通过银行间外汇买卖和中国人民银行向外汇交易市场吞吐外汇,保持各银行挂牌汇率的基本一致和相对稳定。

现行人民币对外币汇率共有 22 种,主要有对美元、英镑、加拿大元、德国马克、荷兰盾、瑞士法郎、挪威克朗、丹麦克朗、奥地利先令、日元、新加坡元、澳大利亚元、港币、澳门元、芬兰马克、欧元等。

人民币汇率采用直接标价法,即以 100、1 万或 10 万外币单位为标准折算为相应数额的人民币。外币单位是固定的,人民币数额经常调整,人民币数额增加表示人民币贬值,减少表示人民币升值,人民币汇率采用买卖价。买入汇率是银行向客户买入外汇的汇率,卖出汇率是银行卖给客户外汇的汇率。其间的汇率差价大约为 5%,是银行从买卖外汇中所得的收益。中央银行同经营外汇业务的银行之间买卖外汇原则上用中间价。

人民币汇率有汇价和钞价两种。电汇、信汇、票汇都使用外汇牌价,银行买入外币汇票、旅行支票另收 0.05% 贴息。买外币现钞使用外币兑换牌价,买入价是按照国际市场买入现钞价套算的,扣除运输现钞所需的运费、保险费和银行垫付的人民币资金利息,所以买入现钞价比外汇牌价低。卖出外汇现钞价与卖出外汇牌价相同。

从 1968 年开始,我国对外经济贸易往来曾推行人民币计价结算。为了便利外国商人接受我国人民币报价和结算,从 1971 年开始,中国银行办理人民币对外币的远期买卖,允许外国商人和外国银行同奥地利先令、比利时法郎、加拿大元、丹麦克朗、德国马克、法国法郎、意大利里拉、日元、荷兰盾、挪威克朗、瑞典克朗、瑞士法郎、英镑、美元等 15 种货币买卖远期人民币。我国没有规定远期汇率,人民币的远期买卖,采取即期汇率加收远期费的办法,远期费根据国际货币行市变化趋势和我国对外经济贸易往来情况进行制定和调整。目前,进口方面我国基本上已不使用人民币计价结算,出口方面则采取以国际上通用的货币报价为主,人民币计价结算的比例已很小,因此买卖远期人民币的业务很少。

四、人民币汇率制定的依据和方法

人民币从来没有规定含金量,因此它的对外汇率不能按两国货币的黄金平价来确定,而采用"物价对比法"来计算,即人民汇率制定的依据是物价。当时比率的具体计算方法是:天津、上海、青岛、广州四大口岸定期计算出进出口商品理论比价。同时福建、广东定期计算出侨汇购买力平价,参照这些数据决定人民币汇率。

(1)出口理论比价。它是选择我国大宗出口商品(占全部出口总金额的 75% 以上),每项商品对外成交的离岸价格(FOB)与国内出口商品的成本相除,

并以这一时期该项商品占出口总金额的比例为权重,求出人民币以外币的出口理论比价。其计算公式为

$$出口理论比价 = \frac{\sum \dfrac{每项出口商品国内总成本}{每项出口商品离岸价(FOB)} \times 商品的权重}{各项出口商品总计占出口总额的比重}$$

式中,每项出口商品国内总成本=出口商品收购价+商品流转费用+出口关税。

(2)进口理论比价。其计算公式为

$$进口理论比价 = \frac{\sum \dfrac{每项进口商品成本}{每项进口商品到岸价(CIF)} \times 商品的权重}{各项进口商品总计占进口总额的比重}$$

式中,每项进口商品到岸成本 = 每项进口商品总成本－国内商品流转费用－进口关税。

以上两个公式计算的结果都是1单位外汇折合人民币的数字。

(3)侨汇购买力比价。以五口之家中等生活水平计算。首先算出这样一个家庭每月所必需的生活日用品项目和数量,然后再以这些项目的计算期价格与基期价格进行比较,算出国内、国外侨眷生活费指数,其公式为

$$国内侨眷生活费指数 = \frac{\sum 国内每项生活品计算期价格 \times 消费量}{\sum 国内每项生活品基期价格 \times 消费量}$$

$$国外侨眷生活费指数 = \frac{\sum 国外每项生活品计算期价格 \times 消费量}{\sum 国外每项生活品基期价格 \times 消费量}$$

侨眷生活物价指数按香港和广州两地零售物价分别编制。由于这两种指数中所采用的生活日用品项目规格大致相同,消费量是一样的,我们就国内、国外侨眷生活费指数对比来观察货币购买力。

第四节 中国外汇市场的建立、发展与运行

一、中国外汇市场的建立与发展

与国际外汇市场相比,中国的外汇市场是在近30年内才逐步发展起来的,经历了从无到有、从小到大、从有形到无形、简单到复杂的过程。总的来看,中国外汇市场的发展经历了以下几个阶段。

(一)中国外汇市场萌芽阶段(1979—1993年)

1979年以前,我国对外汇收支实行高度集中的指令性计划管理,没有外汇

市场的概念。为调动出口企业创汇的积极性和配合外贸体制改革,1979年,我国开始改革外汇分配制度,实行外汇留成管理,区别不同情况,适当留给企业一定比例的外汇额度,以解决发展生产、扩大业务所需要的物资进口。

实行外汇留成管理后,有些企业有外汇额度而暂时闲置但可能需要人民币资金,而有些企业急需外汇资金但又无外汇额度,客观上产生了调剂外汇额度余缺的需要。为此,1980年10月起,中国银行在北京、上海等地开办外汇调剂业务,允许持有留成外汇的企业将多余的外汇额度转让给缺汇的企业。此后,调剂外汇的对象和范围逐步扩大。1985年末,深圳首先设立了外汇交易所,1988年3月,国家在北京了设立全国外汇调剂中心,各地也纷纷设立了地方外汇调剂中心。同年,在上海创办了全国首家外汇调剂公开市场,把原来外汇调剂中心的柜台交易改为竞价交易,允许价格浮动,体现了公开化、市场化的原则,提高了透明度。类似的市场在全国陆续建立了18家。至1993年底,全国共建立了108家外汇调剂中心,形成了外汇调剂市场体系,促进了外汇调剂业务的发展。

这一时期,人民币实行官方汇率与外汇调剂市场汇率并存的双重汇率制度,外汇调剂市场的产生和发展,促进了反映市场供求状况、具有市场化特征的调剂汇率的形成,为后续的汇率并轨以及市场逐步发挥外汇资源配置的基础性作用奠定了基础。

(二)中国外汇市场初步发展阶段(1994—2004年)

1993年11月,党的十四届三中全会《关于建立社会主义市场经济体制若干问题的决定》提出,要"改革外汇管理体制,建立以市场供求为基础的、有管理的浮动汇率制度和统一规范的外汇市场,逐步使人民币成为可兑换货币"。从1994年1月1日起,我国开始实行银行结售汇制度,取消了外汇上缴和留成政策,也一并取消了用汇的指令性计划和审批。境内机构经常项目下的外汇收支可按照市场汇率在外汇指定银行办理兑换,形成了银行与客户之间的零售外汇市场。

为解决外汇指定银行对客户办理结售汇业务后相互平补结售汇头寸和中央银行汇率调控的需要,1994年4月,全国统一的银行间外汇市场——中国外汇交易中心在上海成立运行。中心采用会员制,交易双方通过外汇交易系统自主匿名报价,交易系统按照"价格优先、时间优先"的原则撮合成交和集中清算。

以中国外汇交易中心为平台的银行间外汇市场,不同于以往的外汇调剂中心和外汇调剂市场,它通过计算机系统实现全国联网、统一交易,打破了地区分割;它也不同于传统上的国际外汇市场,融合了有形市场(固定交易场所)与无形市场(计算机网络)的特点。2004年,我国外汇市场交易量9 583亿美元,其中银行零售外汇市场和银行间外汇市场分别为 7 493 亿美元和 2 090 亿美元。

1994 年,外汇市场的初步建立和平稳运行,保障了人民币汇率并轨的顺利实施,为实行以市场供求为基础的、单一的、有管理的浮动汇率制度提供了市场基础。

(三)中国外汇市场快速发展阶段(2005 年至今)

2005 年 7 月完善人民币汇率形成机制改革以来,围绕丰富交易品种、扩大市场主体、健全基础设施几个方面,我国外汇市场进入了新的更高发展阶段。2013 年,我国外汇市场交易量为 11.2 万亿美元,较 2004 年增长 10.7 倍,与国内生产总值(GDP)之比由 2004 年的 49.6% 上升至 122.5%。其中,银行柜台市场和银行间市场分别成交 3.72 万亿美元和 7.53 万亿美元,较 2004 年分别增长 4 倍和 35 倍;衍生产品交易量占比由 2004 年的 1.8% 增长至 2013 年的 37%。

深化外汇市场发展为完善人民币汇率形成机制改革创造了有利条件。2005 年 7 月 21 日,人民币开始实行以市场供求为基础、参考一篮子货币进行调节、有管理的浮动汇率制度,此后又分别于 2007 年 5 月 21 日、2012 年 4 月 16 日,2014 年 3 月 17 日先后 3 次将银行间外汇市场人民币兑美元汇率浮动幅度扩大到 0.5%、1%、2%。人民币汇率弹性逐步增强,汇率对促进国际收支基本平衡的调节作用日益明显。

二、中国外汇市场的运行机制

中国外汇市场的核心是中国外汇交易中心,中国外汇交易中心暨全国银行间同业拆借中心合署办公,统称交易中心,其主要职能是:为银行间同业拆借市场、债券市场、外汇市场等提供交易、信息、基准、培训等服务;承担市场交易的日常监测工作;为中央银行货币政策操作和传导提供服务;根据中国人民银行的授权,发布人民币汇率中间价、货币市场基准利率(Benchmark Interest Rate)等;提供业务相关的信息、查询、咨询、培训服务;经中国人民银行批准的其他业务。

交易中心总部设在上海张江,在上海外滩和北京建有数据备份中心和异地灾备中心。上海内设部门包括综合部(党委办公室)、市场一部、市场二部、清算部、工程运行部、技术开发部、研究部、信息统计部、国际部、风险管理部、人事部(党委组织宣传部、纪检监察办公室)、财务部、行政保卫部以及北京综合部、北京市场部、北京工程部 16 个部门。目前在成都、重庆、大连、福州、广州、海口、济南、南京、宁波、青岛、汕头、沈阳、深圳、天津、武汉、厦门、西安、珠海 18 个省会城市及经济区域中心城市设有由人民银行当地分支行管理、由交易中心业务指导的分中心。

银行间外汇市场是进行人民币和外汇之间交易的市场,是机构之间进行外汇交易的市场,实行会员管理和做市商制度,参与者包括银行、非银行金融机构和非金融企业等。

交易中心为银行间外汇市场提供统一、高效的电子交易系统,该系统提供集中竞价与双边询价两种交易模式,并提供单银行平台、交易分析、做市接口和即时通信工具等系统服务。

交易系统支持人民币对13种外币[美元、欧元、日元、港币、英镑、澳大利亚元、新西兰元、新加坡元、加拿大元、林吉特、俄罗斯卢布、泰铢(区域交易)和坚戈(区域交易)]的即期交易,人民币对11种外币(美元、欧元、日元、港币、英镑、澳大利亚元、新西兰元、新加坡元、加拿大元、林吉特和俄罗斯卢布)的远期、掉期交易,人民币对5种外币(美元、欧元、日元、港币、英镑)的掉期和期权交易,9组外币对(欧元/美元、澳元/美元、英镑/美元、美元/日元、美元/加拿大元、美元/瑞士法郎、美元/港币、欧元/日元、美元/新加坡元)的即期、远期和掉期交易,以及与上海黄金交易所合作的银行间黄金询价即期、远期和掉期交易。

中国外汇交易中心实行会员制,符合条件的银行、非银行金融机构及非金融企业均可申请成为交易中心会员,参与外汇交易。

例如,经中国银监会批准设立,具有外汇业务经营权的银行及其分支机构,可向中国外汇交易中心申请人民币外汇即期会员资格,进入银行间即期外汇市场交易。非银行金融机构申请人民币外汇即期会员资格应具有主管部门批准的外汇业务经营资格;具有经国家外汇管理局批准的结售汇业务经营资格;保险公司注册资本金不低于10亿元人民币或等值外汇,证券公司、信托公司、财务公司等注册资本金不低于5亿元人民币或等值外汇,基金管理公司注册资本金不低于1.5亿元人民币或等值外汇;具有2名以上从事外汇交易的专业人员;具备与银行间外汇市场联网的电子交易系统;自申请日起前两年内没有重大违反外汇管理法规行为等。非金融企业除应具备非银行金融机构一些必备条件外,其上年度经常项目跨境外汇收支还应达到25亿美元或者货物贸易进出口总额达到20亿美元以上。

> 知识拓展1

中国的外汇管理沿革

在我国,称外汇管制为外汇管理。我国外汇管理的基本任务是:建立独立自主的外汇管理体制,正确制定国家的外汇法规和政策,保持国际收支的基本平衡和汇率的基本稳定,有效地促进国民经济的持续稳定发展。

一、我国外汇管理的发展

中国是实行较严格外汇管理的国家。中国的外汇管理经历了一个由不完善到完善的逐步发展过程。从发展过程看,新中国成立以来,中国的外汇管理经历了5个发展阶段。

(一)第一阶段(1949—1956年),我国外汇管理的形成阶段

该阶段的主要特点是外汇管理处于分散状态,管理方法是行政手段与经济手段并举,以行政手段为主。这一阶段,我国外汇管理的主要任务是:取缔帝国主义在中国的经济、金融特权;禁止外币在市场上流通;稳定国内金融物价;利用、限制、改造私营进出口商和私营金融业;建立独立自主的外汇管理制度和汇价制度;扶植出口;鼓励侨汇;建立供汇与结汇制度;集中外汇收入和合理使用外汇,促进国民经济的恢复和发展。

这一阶段的外汇管理工作内容主要表现在:①建立独立自主的外汇管理制度。1949年9月,中国人民政治协商会议通过的《共同纲领》第39条明确规定:"禁止外币在国内流通,外汇、外币和金银买卖应由国家银行经营。"1950年4月,国务院颁布了《外汇使用暂行办法》;1951年3月,颁布了《中华人民共和国禁止国家货币出入国境办法》。1952年10月,中国人民银行颁布了《中华人民共和国禁止国家货币、票据及证券出入国境暂行办法》。②实行供汇与结汇制度。凡出口收取的外汇及其他非贸易收入,必须卖给或缴存国家银行。全国各地的外汇收入均由中央财经委员会统一掌管,分配使用。③实行进出口许可证制度。进出口商品须经外贸主管机关批发进出口许可证,出口收汇须卖给国家银行。④加强非贸易外汇的管理。这项工作由财政部主管。⑤统一汇率管理。⑥实行指定银行经营外汇业务的管理制度等。

(二)第二阶段(1957—1979年3月),中国外汇管理的过渡时期

该阶段的外汇管理由分散向集中过渡,其特点是没有建立起较完善的外汇管理制度。在对私营工商业的社会主义改造完成以后,对外贸易由国家统一经营,人民银行先后制定了中国统一的外汇管理办法和规定。但外汇管理的办法与规定零散而不系统,且大多只是作为单位内部掌握的依据。这一阶段,由于整个国民经济都处于徘徊、停滞不前和过渡的时期,外汇管理也只是曲折地向前发展。由于照搬苏联模式,外汇管理的措施主要是计划经济的、行政式的。从实际运行来看,这时期的外汇管理与集中的经济体制和垄断的外贸体制是相一致的。

(三)第三阶段(1979—1987年),中国外汇管理逐步走向完善的阶段

1979年3月,经国务院批准,成立了国家外汇管理总局,1982年改为国家外汇管理局。1988年6月,国务院决定国家外汇管理局成为中国人民银行代管的

国家局。1989年12月,国家外汇管理局升为副部级,仍由中国人民银行归口管理。国家外汇管理局于1980年制定了《中华人民共和国外汇管理暂行条例》,经国务院批准,于同年12月公布实施。1985年4月,国家外汇管理局公布了《违反外汇管理处罚施行细则》;此后,又公布了一系列外汇管理的实施细则,内部还颁发了9个规定办法。从此,外汇管理走上了法制管理与行政管理相结合的轨道。这时期,外汇管理的方针是"集中管理,统一经营"。

(四)第四阶段(1988—1994年),我国外汇管理进入改革阶段

以1991年为界,大致分为两段。

(1)1988—1990年。这一时期外汇管理改革的主要内容有两个方面:①全面推行对外贸易经营承包制。主要由各省(市)、自治区、计划单列市人民政府向国家承包出口收汇基数、上缴中央外汇额度基数、人民币补亏基数、外汇额度挂账数额,超过出口收汇基数的外汇收入实行分成、自负盈亏。出口产品全面退税,并予以出口补贴。各地方及其他承包单位的出口收汇基数、上缴中央外汇额度基数和出口补贴基数从1988年起实行3年不变的政策。②改革外汇留成办法。改革后的办法是:对出口收汇基数内的记账贸易留成部分,实行现汇留成占40%、记账外汇留成占60%的方式。超过出口收汇基数增收的外汇,按中央20%、地方及其他承包单位80%的比例分成。机电产品全额留成,盈亏由各地方及其他承包单位自负。出口经营企业的出口收汇必须在中国银行或其他批准的银行结汇。各级外汇管理局要把上缴中央的外汇按月等比例上缴国家外汇管理局,收入中央外汇账户。从1988年起,在国家外汇管理局的统一领导和管理下,各省、自治区、直辖市逐渐设置外汇调剂中心,办理本地区外汇调剂业务;在北京设立全国外汇调剂中心,办理中央各部门之间和各省(市)之间的外汇调剂业务。外汇调剂价格根据外汇的供求状况进行浮动,必要时,国家外汇管理局可规定最高限价;进入调剂市场的单位,必须经过国家外汇管理局及其分局进行资格审查,防止外汇投机活动;严禁在外汇调剂中心以外私自进行非法交易。

(2)1991—1994年。1990年12月9日,国务院颁布了《关于进一步改革和完善对外贸易体制若干问题的规定》,在进一步肯定3年外贸承包制成绩的基础上,总结和完善对外贸易体制,以提高商品出口质量和经济效益为中心,努力扩大出口,调整进口结构,为适应外贸事业的发展需要,外汇管理也相应地进行了进一步的改革,其主要内容是:①建立外贸自负盈亏机制,统一全国外贸政策。国务院规定,从1991年1月1日起,取消外贸的财政补贴,推行代理制,实现平等竞争、自主经营、自负盈亏。②进一步改革外汇留成办法,加强出口收汇的管理。各类外贸企业出口商品收汇,实行全额分成,外汇额度的分成比例因产品类

别的不同而异。同时规定,政府间记账协定贸易的出口不再实行外汇留成制度。为了加强出口收汇管理,实行按出口核销单、报关单进行核销的出口收汇制度,跟踪结汇;对严重违反结汇规定的外贸企业,可由经贸部取消其进出口经营权。③逐步制定和调整了调剂外汇用汇投向指导序列。中央要求,对完成上缴中央外汇计划任务进度的,允许留成外汇进入调剂市场,并可跨省调剂。各地方、各部门不得以行政手段干预外汇资金的横向流通。允许从调剂市场购买调剂外汇对外还债,做好还债的计划管理工作,保证如期偿还外债。

(五)第五阶段,1994年以来的外汇管理制度改革

1993年12月30日,中国人民银行总行公布了我国外汇管理体制的新方案。1994年我国对外汇管理体制进行了重大改革,与过去的改革相比,这一次的改革明确提出:外汇管理体制改革的长远目标是实现人民币的自由兑换。这就意味着对经常项目和资本项目的外汇管制将逐步取消,对国际正常的汇兑活动和资金流动将不进行限制。这一改革目标的提出基于我国改革开放的前景,并参照了国外的经验。1994年以来是我国外汇管理改革进入建立一个高效、透明、易于操作的外汇管理体制的时期。具体来说,有以下主要内容。

1. 建立单一的、以市场供求为基础的有管理的浮动汇率制

(1)汇率并轨,实行单一的汇率。自1994年1月1日起,实行人民币汇率并轨,即把调剂外汇市场价与官方牌价合二为一,只保留一个汇价。1993年12月底官方汇率约为1美元=5.800 0元人民币,1994年1月1日并轨后的牌价定为1美元=8.700 0元人民币。

(2)实行以市场供求为基础的、有管理的浮动汇率制度。人民币由中国人民银行根据前一日银行间外汇交易市场形成的价格,每日公布人民币对美元交易的中间价,并参照国际外汇市场变化,同时公布人民币对其他主要货币的汇率。各外汇指定银行以此为依据,在中国人民银行规定的浮动幅度范围内自行挂牌,对客户买卖外汇。

2. 实行外汇收入结汇制,取消外汇留成

境内所有企事业单位、机关和社会团体的各类外汇收入必须及时调回境内。凡属下列范围内的外汇收入(外商投资企业除外)均须按银行挂牌汇率,全部结售给外汇指定银行:出口或转口货物及其他交易行为取得的外汇;交通运输、邮电、旅游、保险业等提供服务和政府机构往来取得的外汇;银行经营外汇业务应上缴的外汇净收入;境外劳务承包和境外投资应调回境内的外汇利润;外汇管理部门规定的其他应结售的外汇。

下列范围内的外汇收入,允许在外汇指定银行开立现汇账户:境外法人或自

然人作为投资人的外汇;境外借款和发行债券、股票取得的外汇;劳务承包公司境外工程合同期内调入境内的工程往来款项;经批准具有特定用途的捐赠外汇;外国驻华使领馆、国际组织及其他境外法人驻华机构的外汇;个人所有的外汇。取消原来实行的各类外汇留成、上缴和额度管理制度。

3. 实行银行售汇制,允许人民币在经常项目下有条件可兑换

关于人民币成为可自由兑换的货币,我国要分三步走:第一步,实现人民币在经常项目下有条件可兑换,这在1994年已实现;第二步,实现在人民币在经常项目下可兑换,这在1996年12月已经实现;第三步,开放资本市场,在资本项目下人民币可兑换,这样就达到了人民币的完全自由兑换。

1994年实行售汇制后,取消了经常项目正常对外支付用汇的计划审批。境内企事业单位、机关和社会团体在经常项目下的对外支付用汇,持如下有效凭证,用人民币到外汇指定银行办理兑付:实行配额或进口控制的货物进口,持有关部门颁发的配额、许可证或进口证明以及相应的进口合同;除上述两项以外,其他符合国家进口管理规定的货物进口,持支付协议或合同和境外金融、非金融机构的支付通知书;非贸易项下的经营性支付,持支付协议或合同和境外金融、非金融机构的支付通知书。

非经营性支付购汇或购提现钞,按财务和外汇管理有关规定办理,对向境外投资、贷款、捐款的汇出,继续实行审批制。

4. 建立银行间外汇市场,改进汇率形成机制,保持合理及相对稳定的人民币汇率

实行银行结汇、售汇制后,建立全国统一的银行间外汇交易市场。外汇指定银行是外汇交易的主体。银行间外汇交易市场的主要职能是为各外汇指定银行相互调剂余缺和清算服务,全国统一的外汇交易市场于1994年4月1日开始正式运行,由中国人民银行通过国家外汇管理局监督管理。

在稳定境内通货的前提下,通过银行间买卖和中国人民银行向外汇交易市场吞吐外汇,保持各银行挂牌汇率的基本一致和相对稳定。

5. 强化外汇指定银行的依法经营和服务职能

外汇指定银行办理结汇所需人民币资金原则上应由各银行自有资金解决。国家对外汇指定银行的结算周转外汇实行比例管理。各银行持有超过其高限比例的结算周转外汇,必须出售给其他外汇指定银行或中国人民银行;持有结算周转外汇降到低限比例以下时,应及时从其他外汇指定银行或中国人民银行购入补足。

为使有远期支付合同或偿债协议的用汇单位避免汇率风险,外汇指定银行可依据有效凭证办理人民币与外币的保值业务。

6. 对资本项目的外汇收支仍继续实行计划管理和审批制度

我国对资本项目进行管理,主要是对外债进行管理,其基本原则是:总量控制,注重效益、保证偿还。管理的主要内容如下:对境外资金的借用和偿还,国家继续实行计划管理、逐笔审批和外债登记制度,为确保国家的对外信誉,继续加强外债管理,实行"谁借谁还"的原则;境外外汇担保履约用汇,持担保合同、外汇局核发的核准证到外汇指定银行购汇,发行人须持相应的批准文件向外汇局申请,持外汇局核发的《开户通知书》到开户银行办理开户手续;对资本输出实行计划管理和审批制度。

7. 对外商投资企业外汇收支的管理

对外商投资企业外汇收支的管理基本上维持原来的办法,准许保留外汇账户,外汇收支自行平衡。为了解决外商投资企业外汇不平衡问题,继续保留各地外汇调剂中心,调剂外商投资企业之间的外汇余缺。外商投资企业存在以下情况的,一般不予批准进入调剂市场购汇:投资的资本金不到位;未按合同规定完成返销比例者;元器件国产化未达到合同规定的。但是,为了进一步贯彻国民待遇原则,从1996年4月1日起外商投资企业也实行了结售汇制。

8. 停止发行外汇兑换券,取消境内外币计价结算,禁止外币在境内流通

自1994年1月1日起,取消任何形式的境内外币计价结算;境内禁止外币流通和指定金融机构以外的外汇买卖;停止发行外汇券,已发行流通的外汇券,在限期内逐步兑回。

上述各方面的改革,使我国的外汇管理体制进入了一个全新的阶段,其主要特征是汇率统一,以结汇制取代留成制,以全国联网的统一的银行间外汇市场取代以前的官价市场和分散割离的调剂市场,以管理浮动汇率制取代以前的官价固定调剂价浮动的双重汇率制,以单一货币流通(人民币)取代以前的多种货币流通和计价。这些重大改革,首先在外汇领域初步形成国家宏观调控下的市场机制。建立了以市场供求为基础的人民币汇率制度,在外汇分配领域取消了审批制度,充分发挥市场作用,为实现人民币可兑换打下了基础。其次,加速了我国经济与国际接轨,有利于进一步扩大对外开放。最后,有利于深化金融体制改革的同时加强与其他领域改革的互动性。无疑将使我国外汇管理体系进入一个更加透明、更加市场化、更加统一和高效的新时期。

二、我国现行外汇管理的主要内容及措施

1. 对出口收汇的管理

为了防止外汇流失,堵塞漏洞,针对我国外汇流失情况比较严重,特别是通过进出口渠道逃避外汇管理,把外汇存放境外的情况时有发生,1991年实行了

出口收汇跟踪结汇制,要求出口单位在货物出口后,须在规定的期限内将货款调回,向外汇管理部门核销这笔外汇,其具体规定如下:

(1)出口单位到当地外汇管理局领取盖有外汇局章的出口收汇核销单。

(2)在货物出口报关时,向海关交验核销单,在核销单上写明出口单位的名称、出口货物数量、出口货物总额、收汇方式、预计收款日期、出口单位所在地以及报关日期等,海关审核后在核销单和报关单上加盖"放行"章后,将核销单和报关单退出口单位。

(3)货物出口后,出口单位将有关单据和核销单交银行收汇,同时将核销单存根、发票、报关单和有关汇票副本在规定的期限内,送原签发核销单的外汇局。

(4)银行收妥货款后,在核销单上填写有关项目并盖章,将结汇水单或收账通知副联和核销单一并退出口单位。

(5)出口单位将银行确认货款已收回的核销单送当地外汇局,由其核对报关单和海关、银行签章的核销单后,核销该笔收汇。出口单位必须在最迟收款日后30个工作日内向外汇局办理核销手续。

(6)出口单位的一切出口货款,必须在下列最迟收款日期内结汇或收账:即期信用证和即期托收项下的货款,必须从寄单之日起20~30天内;远期信用证或远期托收下的货款,必须从汇票规定的付款之日起30~40天内;寄售项下的贷款,不得超过自报关之日起360天,其他自寄单据项下的出口贷款,必须在自报关之日起50个工作日之内。

2.对进口用汇的管理

根据1994年我国外汇管理体制改革的规定,凡有进出口权的企业其进口所需外汇,不超过设备价款15%的预付款所需外汇,凭有效的政府文件和商业文件,均可向外汇指定银行购买。如果预付款超过设备价款金额的15%,对外支付佣金超过国际惯例和国家规定的比例,以及转口贸易先支后收的外汇需要,须获得外汇管理局批准后,才可到外汇指定银行购买外汇。进口业务中发生的索赔、保险或运输、赔款、减退货款及佣金、回扣等外汇收入应及时调回,结售给外汇指定银行。

为了防止外汇流失,制止逃套汇行为,自1994年8月1日起我国开始实行进口付汇核销制度,即进口单位在货款支付后,在合同期限内将货物运抵境内,向外汇指定银行核销这笔进口用汇。其一般程序如下:

(1)进口单位到当地外汇指定银行领取进口付汇核销单。

(2)预付货款项下的进口,外汇指定银行在付汇时,核对进口付汇核销单上所填项目,在核销单上加盖银行戳记后退回进口单位。

(3) 进口单位在合同规定期限内,把货物运抵境内,向海关报关后持进口付汇核销单等,到外汇指定银行办理核销手续。

(4) 进口单位信用证、托收项下的进口付汇,由外汇指定银行办理付汇时同步核销。

3. 对金融机构开办外汇业务的管理

目前,在我国经营外汇业务的金融机构有国家专业银行、外资银行和中外合资银行、非银行金融机构三类。外汇管理局对其进行管理的基本原则如下:

(1) 银行和金融机构经营外汇业务须向外汇管理局申请,批准以后由外汇管理局发给"经营外汇业务许可证"。批准的大致条件是:对我国经济发展有利,具有经营外汇业务的能力,有一定数量和相当素质的外汇业务人员,有固定经营场所,有一定数额的外汇资本金和营运资金(如全国性银行总行须有不少于 2 000 万美元的资本金)。

(2) 在经营外汇业务的范围上各类金融机构是有区别的。国家银行和综合性银行可以申请经营外汇银行的各种外汇业务;外资银行和中外合资银行可以申请经营一般商业银行的外汇业务,但只能办理外商投资企业、外国人、华侨、港澳同胞的外汇存款、汇出汇款和进口贸易的结算和押汇,不允许经营人民币业务;非银行金融机构的业务限制在信托、投资、租赁、担保、证券交易等业务上,并对吸收存款的期限和数额给予一定限制。

(3) 对经营外汇业务的具体做法也有明确的规定:如规定检查和稽核制度,规定资本与债务比率,规定对一个企业的外汇放款加外汇担保总额不能超过其实收外汇资金加储备金的 30% 等。金融机构终止经营外汇业务,应当向外汇管理机关提出申请。金融机构经批准终止经营外汇业务的,应当依法进行外汇债权、债务的清算,并缴销经营外汇业务许可证。

4. 对境内非居民的外汇管理

非居民包括各国驻华外交机构、国际机构、民间机构、外交人员,短期在中国的外国人、留学生及旅游人员等,对他们入境携带的外汇,允许自由保留和运用,自由存入银行和提取,或卖给外汇指定银行,也可以持有效凭证汇出或者携带出境,但不能私自买卖。他们的合法人民币收入,需要汇出境外的,可以持有关证明材料和凭证到外汇指定银行兑付。

5. 对境内居民的外汇管理

境内居民包括居住在中国境内的中国人和外国侨民(居住 1 年以上者),凡居民个人存放在国内或国外的外汇,准许持有、存入或卖给银行,但不准私自买卖。个人移居境外后,其境内资产产生的收益,可以持规定的证明材料和有效凭证,向外汇指定银行汇出或者携带出境。个人因私用汇,在规定限额以内购汇,超过规定限额的个人因私用汇,应向外汇管理机构提出申请,外汇管理机构认为其申请属实的,可以购汇。个人携带外汇进境,应当向海关办理申报手续;携带外汇出境,超过规定限额的,还应当向海关出具有效凭证。居住在境内的中国公民持有的外币支付凭证、外币有价证券形式的外汇资产,未经外汇管理机构批准,不得携带或者邮寄出境。

6. 防止逃汇的管理

所谓逃汇是指违反国家外汇管理规定,将应售予国家的外汇私自留用、转让、买卖、存放国外,或将外汇私自携带、托带、邮寄出境的行为。逃汇不仅为法律所不容,而且,在国际金融市场风云突变时,留存境外的外汇资财极易遭受损失,因此,要加强对逃汇的管理。

有逃汇行为的,由外汇管理机构责令限期调回,强制收兑,并处逃汇金额30%以上、5倍以下的罚款;构成犯罪的,依法追究刑事责任。

外贸企业的具体业务环节多且外汇收支频繁、金额大,进行逃汇或类似逃汇的行为易于发生,因此,加强管理十分必要。一般应从以下几个方面防范逃汇行为:

(1)在进出口业务中,不允许少报收入,多报支出,将多余的外汇私自留用或存放境外。

(2)在"三来一补"贸易中,应按有关部门的合同严格执行,如实申报,不得以不正当的手段攫取国家外汇,套取进口物资。

(3)外贸企业及其在港澳地区的分支机构,未经批准不应私自经营"境外买单、国内提货"业务。

(4)外贸企业的一切外汇收入应结售给外汇指定银行。未经批准,不应截留,不准私设小金库或存放境外,或抵付支出,或与外商在境外设立合资企业,或为其他单位或个人支付外汇。

(5)外贸企业的驻外机构及设在境外的合营企业,从事经营所得的利润应按规定调回,未经批准不应私自存放境外或私自留用,但工程承包公司经核定可以保留一定金额的外汇周转金在国外使用。

(6)外贸企业临时出国代表团或人员返回后,必须将剩余经费或所得外汇带回境内,办理核销手续。

(7)外贸部门经营的边境小额贸易,必须严格按照国家规定的范围进行,不得将不属于边境小额贸易的国家物资,或禁止出口的货物装运出境,或换取进口物资后又转运国内贩卖。

(8)禁止外贸企业或工作人员将外汇、贵金属及其制品或与处理外汇资产有关的证件非法携带或邮寄出境。

7. 防止套汇的管理

套汇是指违反国家外汇管理的规定,采取各种方式,通过第二者或第三者,用人民币或物资非法套取外汇或外汇权益,攫取国家应收外汇的行为。根据规定,属于套汇者.由国家外汇管理机关给予警告,强制收兑,并处非法套汇金额30%以上、3倍以下的罚款,构成犯罪的,依法追究刑事责任。逃汇和套汇密切相关,很难分割。

外贸企业在经营业务的环节中,无论是组织或个人均应按规定将属于国家的外汇结售给外汇指定银行,不应以不正当手段,从事下述套汇或近似套汇的活动:

(1)未经批准,以出口物资换购进口物资或故意压低货价让对方赠送商品或自行经营易货贸易。

(2)未经批准,以人民币或其他方式偿付应以外汇支付的进口货款及其他应付境外的款项。

(3)在与境外机构的业务交往中,以人民币代境外机构或短期入境的外商支付其国内费用,而收受外汇私自留用或由对方在境外付给外汇或以物资抵偿。

(4)在境外收揽外汇,或购买物资,然后以"捐赠"的名义进口,或委托支付外汇费用,在国内以人民币或其他形式给予对方抵偿。

(5)将一般的劳务收入列入承包工程的劳务收入,计入现汇账户。

(6)临时出国代表团或人员返回后不将所余外汇办理退汇,而以人民币抵付。

(7)以人民币或其他补偿手段向外国驻华机构、外国企业单位及外国来华人员等索换外汇。

三、我国外汇管理的机构及职责

目前,行使国家外汇管理职能的机构是国家外汇管理局及其分支局。

为适应外汇管理体制改革的需要,新时期外汇管理部门的职能要从以直接管理为主向以间接管理为主转变,管理的重点是制定有关外汇管理政策、法规和加强监督检查,减少原有对企业外汇收支活动的直接控制和具体审批等工作,加强对外汇指定银行、外汇市场、收付汇核销、外汇投资、外债和外汇储备等方面的监督管理,充分发挥汇率等经济手段对外汇收支活动的调节作用,强化统计、分析、预测、调研等宏观管理职能,具体来讲,国家外汇管理局及其分支局的主要职责有以下几个方面:

(1)会同有关部门拟定国家外汇管理的方针、政策、法规和相应的实施细则并组织实施,研究提出我国外汇管理体制改革的方案,检查处理违反国家外汇管理法规的案件。

(2)参与编制国家外汇收支计划,利用外资计划,编制地方非贸易外汇收支计划并监督执行,统计全国外汇收支,拟定国际收支统计申报制度并组织实施,负责编制国际收支平衡表。

(3)拟定国家外汇储备政策和经营原则,集中管理国家外汇储备和抵押外汇。

(4)拟定人民币汇率政策,公布、调整人民币的汇率,拟定各种货币对美元的统一折算率,监管汇率和外汇同业拆借利率。

(5)按国务院有关分工的规定会同有关部门拟定贸易、非贸易外汇管理办法并监督执行,对收汇、结汇、付汇、台账、外币兑换进行监督、检查、统计,制定境内机构现汇账户管理办法并审批现汇账户。

(6)拟定全国对外负债的登记、统计、监测管理办法并组织实施,对外债的使用进行监督检查,根据国家计划监督审查在境内外发行外币有价证券和借用国际商业贷款的金融条件及外汇担保,管理短期外债。

(7)从外汇平衡角度参与有关部门审批外商投资项目的工作,负责对外商投资企业和人员、外国驻华机构和人员的外汇管理,也叫境外投资的外汇管理。

(8)负责金融机构经营外汇业务的审批,对其经营活动进行监督检查。

(9)拟定外汇市场的管理政策和办法并监督执行;按照国家宏观调控目标,调节供求,平抑汇价。

(10)参与有关国际金融事务,承办国务院和中国人民银行交办的其他事项。

四、我国外汇管理方面的有关术语

(1)外汇指定银行,是指经批准经营外汇业务的银行,包括在中国境内的中资银行、外资银行和中外合资银行。

(2)结汇,指境内所有企事业单位、机关和社会团体(外商投资企业除外)必须将其贸易和非贸易项下以及规定范围内的其他外汇收入及时调回境内,按照银行挂牌汇率,全部卖给外汇指定银行。

(3)售汇,境内机构及个人需要对外支付外汇,可按规定持有效凭证,用人民币到外汇指定银行购汇。

(4)人民币的有条件兑换,指境内企事业单位、机关和社会团体的贸易和非贸易项下的正常对外支付用汇,除规定需有配额、许可证、登记证的商品外,一般对外支付用汇,无须经审批,可持进口合同、境外金融机构的支付通知书及其他必要的有效凭证,直接到外汇指定银行,按照银行挂牌汇率,用人民币兑换外汇。取消经常项目对外支付用汇的计划审批,实行人民币有条件可兑换,将促使人民币逐步走向自由兑换。

(5)可兑换货币,指这种货币可以在国际市场上流通转让,自由买卖,可以兑换成其他国家货币;作为国际支付手段,用于对任何国家的结算,如美元、马克、日元和瑞士法郎等均是可兑换货币。

(6)汇率并轨。1994年以前,我国人民币汇率实行双轨制,官方牌价与调剂价格并存,从1994年1月1日起,取消双轨制,实行单一汇率制,每日有中国人民银行根据上一日银行间外汇交易市场形成的价格,公布人民币对美元的汇率,同时参照国际外汇市场变化,公布人民币对其他主要货币的汇率。

(7)银行间外汇交易市场,指外汇指定银行之间买卖外汇的交易系统,其主要职能是为各指定银行相互调剂外汇余缺和清算服务。外汇交易市场以外汇指定银行为交易主体,是全国统一的外汇交易市场,由中国人民银行通过国家外汇管理局监督管理。运用计算机联网沟通各银行间外汇交易,办理交易和清算,并通过立法将市场规范化、法制化。

(8)有管理的浮动汇率,这种汇率是以外汇市场供求为基础的,是浮动的,不是固定的,但受国家宏观调控的管理。国家根据银行间外汇市场形成的价格,公布汇率,允许在规定的浮动幅度内上下浮动。在稳定通货的前提下,中央银行可进入市场买卖外汇,维持汇率的合理和相对稳定。

(9)外债偿债基金,指为确保国家的对外信誉,保证外债的清偿,国家鼓励和支持各地区、有关部门和外债较多的企业按其外债余额的一定比例建立偿债准备金,在外汇指定银行开立现汇账户存储。国家批准的专项还贷出口收汇,可直接进入该账户。专户资金只能用于对外还本付息,不得挪作他用。

(10)现汇账户,指在外汇指定银行开立的可兑换货币的外汇账户。外商投资企业、境内个人、驻华机构和来华人员以及按有关规定可保留外汇的企事业单位等都可以开立这种账户,但须经外汇管理部门批准。

(11)外商投资企业,指在我国境内依照中华人民共和国法律、法规设立的中外合资经营企业、合作经营企业和外资企业。

(12)国际收支,是一种一定时期的统计报告,它反映了一国在一定时期内对外经济往来的全部变化,或者说反映了居民与非居民之间的全部交易,一个国家(或地区)对其他国家和地区的一切经济往来,不管是货币形态还是实物形态,不论有偿还是无偿,均应列入国际收支。

(13)国际收支统计申报制度,是指我国居民与非居民间发生国际收支行为,都须如实而及时地向外汇管理部门进行申报，国际收支宏观调控体系的重要组成部分。

（14）外汇兑换券，是以人民币为票面额表示的可按国家原官方牌价在一定条件下随时兑换成外汇的凭证，又称外汇人民币，中国银行于1980年4月1日发行，发放对象主要是外国旅客、华侨、港澳同胞、驻华外交机构工作人员、民间机构及其常驻人员等。自1994年1月1日起，停止发行外汇兑换券。

（15）境内外币计价结算，指在中国境内企事业单位、机关、社会团体和外商投资企业的商品，以外币计价结算，或以人民币加收外汇额度计价结算的做法。自1994年1月1日起，取消任何形式的境内外币计价结算，禁止外币在境内流通使用。

知识拓展2

中国外汇市场发展面临的挑战

一、交易机制方面

一是实需交易抑制市场供求多样化。国内外汇市场具有的实需交易特征，表明现阶段外汇交易主要定位于汇率的计价和媒介职能，未确立汇率的资产属性。而国际外汇市场供求类型更加多元化，且有相当比例的投资或投机性交易。二是银行柜台外汇衍生产品市场缺失必要的交易机制。从1997年试点远期结售汇业务至今，实需交易原则始终贯穿于银行柜台外汇衍生产品市场发展，除了将衍生产品与即期结售汇等同管理外，主要表现为限制反向平仓和差额交割，出发点是控制衍生产品脱离实需背景而变异为投机交易，但同时也对正常合理的套期保值需求及衍生产品创新造成了一定制约。

二、市场主体类型

从1994年至今，我国外汇市场基本延续企业和个人在银行办理结售汇业务、银行之间的平盘结售汇头寸并开展自营交易的格局。2013年，非银行金融机构的市场份额仅为1.4%，银行间外汇市场也仅有财务公司一类非银行金融机构参与。非银行金融机构以境内人民币业务为主，除少量的外汇IPO结汇外，资本项目管理政策可以容纳的外汇交易需求较少。

三、对外开放程度

跨境人民币业务发展以来，境外金融机构可以有限度地直接参与境内外汇市场，而境内金融机构基本不能直接参与境外人民币市场。这种境内外市场的分割状态存在以下弊端：一是不利于促进人民币汇率的价格发现。境内外汇市场半封闭性与人民币持续"走出去"之间的反差，制约了境内市场供求的全面性、充分性和多样性,影响了人民币汇率形成。二是不利于促进形成全球人民币市场。境内银行间外汇市场每日交易时段为 9:30 — 16:30,因此无法满足在非交易时段参与境外人民币市场的需求。

上述问题对于外汇市场的影响直接表现为市场深度不足。以交易量衡量,国际清算银行(BIS)调查显示,目前全球外汇市场人民币日均交易量 1 200 亿美元,境外市场是境内市场的 1.9 倍,境内外市场的衍生产品交易的活跃度存在较大差距。

资料来源:卢之旺.外汇市场蓬勃发展[J].中国外汇,2014(23).

本 章 小 结

1. 外汇管制是当今世界各国调节外汇和国际收支的一种常用的强制性手段,其目的就是为了谋求国际收支平衡,维持货币汇率稳定,保障本国经济正常发展,以加强本国在国际市场上的经济竞争力。外汇管制主要包括外汇管制的目的、管制对象和管制方法三个方面。

2. 根据国际上对外汇管制的内容和程度的不同,外汇管制的国家可分为三种类型:实行严格的外汇管制的国家和地区、实行部分外汇管制的国家和地区、名义上取消了外汇管制的国家和地区。由于世界各国的经济处于不断发展变化之中,所以其外汇管制也是在不断发展和变化着的。其总趋势是:工业化国家和地区的外汇管制逐步放松,发展中国家和地区的外汇管制则有松有紧。

3. 一个国家外汇管制范围的大小和程度的宽严,主要取决于该国的经济、贸易、金融和国际收支的状况。实行外汇管制的国家和地区,一般对贸易外汇收支、非贸易外汇收支、资本输出与输入、汇率、黄金和现钞的输出与输入等采取一定的管制办法和措施。

4. 我国外汇管理的基本任务是:建立独立自主的外汇管理体制,正确制定国家的外汇法规和政策,保持国际收支的基本平衡和汇率的基本稳定,有效地促进国民经济的持续稳定发展。

5. 中国的外汇管理经历了一个由不完善到完善的逐步发展过程。从发展过程看,新中国成立以来,中国的外汇管理经历了 5 个发展阶段。

6. 人民币自由兑换的含义有三个方面:一是指在经常项目交易中实现人民币自由兑换,二是指在资本项目交易中实现人民币自由兑换,三是指对国内公民个人实现人民币自由兑换。

7. 人民币成为可兑换货币的条件主要包括:宏观金融的稳定,金融市场一定程度的发育和完善,经济实力(或规模),充足的国际储备,适当的人民币汇率水平,国际收支略有顺差或保持平衡和微观经济方面。

复习思考题

1. 简述外汇管制的含义、目的及对象。
2. 外汇管制有哪些作用?在何种条件下使用?
3. 简述我国外汇体制改革的主要内容。
4. 我国对出口收汇和进口付汇管理主要有哪些规定?试述逃汇与套汇的实质。
5. 简述外汇管理的意义。
6. 经常项目下货币可兑换的标准和内容各是什么?
7. 说明人民币自由兑换的含义,并分析人民币可兑换的条件。
8. 假设日本市场年利率为3%,美国市场年利率为6%,美元/日元的即期年利率为109.50/00。为谋取利差收益,一日本投资者欲将1.1亿元日元转到美国投资一年,如果一年后美元/日元的市场汇率为105.00/50,请比较该投资者进行套利和不套利的收益情况。
9. 某日外汇市场行情为英镑/美元的即期汇率为GBP/USD 1.5520/30,90天远期汇率为20/30,美国出口商向英国出口价值200万英镑的货物,预计3个月后才收汇,假如3个月后英镑兑美元的汇率下跌为GBP/USD 1.5115/45,若美国出口商不进行保值,3个月后英镑贬值损失多少。若美国出口商采取套期保值措施,如何做远期外汇交易。

第七章 国际金融市场及其运作

【学习目的】

通过本章的学习,掌握欧洲货币市场以及一般金融市场商业银行贷款的做法及贷款协议的主要内容,以便在我们利用外国商业银行贷款时,知道哪些条款可以接受,哪些条款不可以接受,争取对我们最有利的贷款条件。

【重点难点】

(1)国际金融市场的概念;
(2)欧洲货币市场的概念和形成的原因;
(3)世界黄金市场。

【重要概念】

国际金融市场/欧洲货币市场/离岸金融市场/世界黄金市场

第一节 国际金融市场

一、国际金融市场的概念和类型

1. 国际金融市场的概念

国际金融市场有广义和狭义之分。

(1)广义的国际金融市场,是指进行各种国际金融业务活动的场所。这些业务活动包括长、短期资金的借贷,外汇与黄金的买卖。这些业务活动分别形成了货币市场、外汇市场和黄金市场。这几类国际金融市场不是截然分离,而是互相联系着的。

(2)狭义的国际金融市场,是指在国际经营借贷资本,即进行国际借贷活动的市场,因而亦称为国际资本市场。

本章是从狭义的概念出发来研究国际金融市场的。

2. 国际金融市场的类型

(1) 传统的国际金融市场。传统的国际金融市场是从事市场所在国货币的国际借贷,并受市场所在国政府政策与法令管辖的金融市场。这种类型的国际金融市场,经历了由地方性金融市场,到全国性金融市场,最后发展为世界性金融市场的历史发展过程。

(2) 新型的国际金融市场。所谓新型的国际金融市场,是指第二次世界大战后形成的欧洲货币市场。

3. 国际金融市场形成的条件

国际金融市场的形成,必须具备以下主要条件:

(1) 政局比较稳定。一国只有政局稳定,资本才有安全感,国际资本才会流向那里,才能积聚向外国提供贷款所需的资金,因而才会形成国际金融市场。相反,一国政局动荡不定,国际资本就不会流向那里,也就不会形成国际金融市场。

(2) 完整的市场结构。这是指既有完备的金融机构网络,又有发达的国内金融市场,还有能从事国际金融活动的专门人才。

(3) 良好的国际通信设施。国际金融市场的业务活动一般都由各种银行与金融机构的柜台业务来进行,交易的双方主要通过电话、电报、电传、传真机和电脑等电信设备和邮政设施相互联系,进行货币买卖、融资、票据及有价证券的发行、承购、转让等业务活动。

(4) 宽松的金融政策与优惠措施。只有宽松的金融政策和措施,才能容许和保障金融资本的自由流动,才会形成既有借又有贷的金融市场。

只要一国具备以上条件,即使本身没有巨额资金的积累,也能形成国际金融市场。

二、国际金融市场的构成

国际金融市场分为国际货币市场和国际资本市场。

1. 国际货币市场

国际货币市场是经营期限在一年以内的借贷资本市场。按照借贷方式的不同,国际资本市场又可分为以下几种:

(1) 银行短期信贷市场。银行短期信贷市场主要包括银行对外国企业的信贷和银行同业拆放市场。前者主要解决流动资金的需要,后者主要平衡银行在一定时期内的资金余缺。银行同业拆放市场在货币市场中占有主要地位。

(2)贴现市场。贴现市场是经营贴现业务的短期资金市场。贴现是当银行购买未到期票据业务时,根据票面金额并扣除自贴现日至票据到期日间的利息,从而给予票据持有者的一种资金融通业务。

(3)短期票据市场。短期票据市场是进行短期信用票据交易的市场。在这个市场进行交易的短期信用票据有国库券、商业票据、银行承兑汇票和定期存款单。

2. 国际资本市场

国际资本市场是经营期限在一年以上的借贷资本市场。按照借贷方式的不同,国际资本市场又可分为以下几种:

(1)银行中长期借贷市场。银行中长期贷款主要用于外国企业固定资本投资的资金需要。贷款期限一般在一年以上。

(2)证券市场。证券市场是以有价证券为经营、交易对象的市场。它通过证券的发行与交易来实现国际资本的借贷或投资。证券市场分为发行市场和交易市场。

证券发行市场是新证券发行市场,也称初级市场或一级市场。它的作用在于:工商企业、银行、金融机构或政府通过发行市场,将证券销售给投资者,以达到筹集资金的目的。

证券交易市场是已发行证券的流通市场,包括证券交易所和场外交易市场。交易所内买卖的证券是上市证券。场外交易市场买卖的多为不上市的证券,由证券商在其营业所自营或代客买卖。

三、国际金融市场的作用

国际金融市场是世界经济的重要组成部分。它对世界经济的发展,既有积极作用的一面,也有消极作用的一面。

国际金融市场对世界经济的积极作用主要表现在以下几个方面。

1. 调节国际收支

有国际收支顺差的国家,将其外汇资金盈余投放于国际金融市场,形成资本流出,从而平衡国际收支。那些有国际收支逆差的国家,则越来越依赖国际金融市场的贷款,形成资本流入来弥补国际收支逆差。国际金融市场在缓解各国国际收支严重失衡问题上起着重要的作用。

2. 促进世界经济发展

国际金融市场促进世界经济发展的作用主要表现如下:

(1)为对外贸易融通资金。第二次世界大战后,世界贸易年平均增长率高于世界国民生产总值年平均增长率。国际贸易的迅速增长在促进世界经济增长中起到了重要作用。各国经常利用国际金融市场为其外贸进行资金融通,这是促进第二次世界大战后国际贸易迅速增长的一个重要原因。

(2)为资本短缺国家利用外资扩大生产规模提供了便利。国际金融市场通过汇集资金、提供贷款和证券交易,把大量闲置的货币资本转化为现实的职能资本,并把非资本转化为资本。各国利用国际金融市场筹集资金,扩大了本国的社会资本总额,从而可以增加投资和扩大生产规模。

3. 促进了资本主义经济国际化的发展

第二次世界大战后,资本主义经济进一步国际化,其重要表现之一是跨国垄断组织(其主要形式是跨国公司与跨国银行)的出现与发展。国际金融市场促进了跨国垄断组织的发展,跨国垄断组织的发展又推动了国际金融市场的发展。它们之间的这种关系表现为:

(1)国际金融市场是跨国公司获取外部资金的最重要来源。

(2)国际金融市场为跨国垄断组织进行资金调拨提供了便利条件。

(3)国际金融市场是跨国公司存放暂时闲置资金的有利可图的场所,也为跨国银行进行贷放款活动和获取丰厚利润提供了条件。

第二节 欧洲货币市场

一、欧洲货币市场的概念、成因及特点

1. 欧洲货币市场的概念

什么是欧洲货币市场呢?广义欧洲货币市场是指集中于伦敦与其他金融中心的境外美元与境外其他欧洲货币的国际借贷市场。欧洲货币市场上的借贷货币主要是美元。这种本来流通于美国纽约市场的美元因为某种原因流到英国的伦敦或其他金融中心,在伦敦或其他金融中心作为美国国境以外的美元而被贷放,这种境外美元在境外的借贷融通,就构成了欧洲美元市场业务。其他一些欧洲货币如德国马克,本来可在法兰克福市场借贷融通,但有一部分德国马克流到了伦敦、卢森堡或者其他境外金融中心,在伦敦、卢森堡或其他境外金融中心的德国马克,就成为德国国境以外的马克而被贷放融通,这就构成欧洲马克市场的业务。如果一个国际借款人,在纽约市场借美元,这是纽约美元市场业务;如果他在伦敦或卢森堡市场上向有关银行借美元(这就是境外美元),这就构成了欧

洲美元市场业务。情况相同,如果一个国际借款人,在法兰克福市场借马克,这是法兰克福市场的马克业务,如果他在伦敦或卢森堡或其他境外金融中心借马克,这就构成了欧洲货币市场的欧洲马克业务。

根据以上的分析,也可以把欧洲货币市场定义为"所谓欧洲货币市场是指在一国境外进行该国货币借贷的国际市场"。

2. 欧洲货币市场形成的原因

欧洲货币市场形成的主要原因有以下几点:

(1)逃避本国金融政策法令的管制。美国联邦银行颁布的《Q条例》规定美国商业银行的存款利息不得超过6厘,导致美国国内利率较国外低,而西欧国家自1958年起,放松外汇管制,货币实行自由兑换,境外存款人用美元开户不仅不受限制,还没有最高存款利率的规定。因此,企业、银行、金融机构或个人持有的美元就转移到欧洲各国银行存储,以追求较高的利息收入。同时,美国大量持续的海外军事支出和资本输出,更使大量美元流入外国工商企业、商业银行和中央银行手中,他们转存于银行账户之上,获得较高利息收入,从而使"境外美元"也即欧洲美元的数量迅速增长。此外,吸收"欧洲美元"存款的欧洲货币市场的银行可以不用缴纳法定存款准备金;经营"欧洲美元"业务的非美国银行可以不缴纳美国的利息平衡税,降低了银行的经营成本,由此促使欧洲美元业务急剧发展。1968年,美国曾限制对外直接投资,一些跨国公司为逃避美国的管制,将美元资金调至境外,再从事对外直接投资,这也是当时境外美元业务发展的一个诱因。

(2)为减缓本国通货膨胀,对非居民的本币存款采取倒收利息政策的结果。1958年后,德国马克、瑞士法郎持续坚挺。当时还是实行固定汇率制度时期,一些外国人纷纷将本币换成德国马克或瑞士法郎存于德国或瑞士,以套取德国马克或瑞士法郎增值的利益,但是,在德国或瑞士,如果外国人的马克、瑞士法郎存款增多,无异于加剧本国的通货膨胀。为此,德国、瑞士货币当局对非居民的本币存款,采取倒收利息政策,以限制非居民的本币存款,减缓本国通货膨胀的压力。西欧一些国家实行的这种政策使非居民将所持马克或瑞士法郎从德国或瑞士抽走,转存于伦敦或卢森堡,这不仅可逃避因德国、瑞士货币当局倒收利息而受到损失,也一样可以获得该货币增值的利益。大量德国马克、瑞士法郎存于该国国境以外,是欧洲货币市场集结大量欧洲货币的一个重要原因。

(3)美国对境外美元的存在采取放纵的态度。境外美元的出现,是逃避美国金融政策法令的一个结果,但美国当局对此又采取了一种纵容的态度。第二次世界大战后一直到1971年8月15日以前,美国对外国政府或中央银行承担美元纸币兑换

成黄金的义务。大量美元在境外辗转借贷存储,无须换成外币,这就减少了流入外国中央银行或政府的可能性,从而减轻了美国政府兑换黄金的压力,对美国减少黄金储备有缓冲作用,并为美国转嫁其通货膨胀开辟了新途径。

3. 欧洲货币市场的特点

欧洲货币市场集结了大量境外美元与境外欧洲货币。大的跨国公司、企业从这个市场借取其所需要的资金,外国的中央银行与政府机构也从这个市场进行资金融通,以调节本国金融市场。欧洲货币市场业务量之大,信贷金额增长速度之快,均超越了传统的各大国际金融市场。这个市场的发展速度与信贷规模如此之大,是与它本身具有的特点分不开的,这些特点表现如下:

(1)管制较松。欧洲货币市场的货币当局,对银行及金融机构从事境外货币的吸存贷放,一般管制都很松。例如,一国政府机构或企业筹集资金,在美国纽约市场发行美元债券或借款,美国有关当局对此审查相当严厉,一般中小型国家或企业,很难获准;而它们在欧洲货币市场发行美元债券或借款,审查的手续则较简单,比较容易获得批准。因此,一些发展中国家政府或企业常常在此借取资金,苏联、东欧国家也在此借取资金,以应其经济发展的需要。

(2)调拨方便。欧洲货币市场,特别是以英国伦敦为中心的境外货币市场,银行机构林立,业务经验丰富,融资类型多样,电信联系发达,银行网遍布世界各地,资金调拨非常方便。在欧洲货币市场取得资金融通后,极容易调成各种所需货币,可以在最短的时间内将资金调拨世界各地。

(3)税费负担小。欧洲货币市场税赋较轻,银行机构的各种服务费平均较低,从而降低了融资者的成本负担。

(4)可选货币多样。欧洲货币市场所提供的资金不局限于市场所在国货币,而几乎包括所有主要西方国家的货币,从而为借款人选择借取的货币提供了方便条件。

(5)资金来源广泛。欧洲货币市场打破了资金供应者仅限于市场所在国的传统界限,从而使非市场所在国的资金拥有者也能在该市场上进行资金贷放。与此同时,借款人也不受国籍限制。

欧洲货币市场的形成不以所在国强大的经济实力和巨额的资金积累为基础,只要市场所在国家或地区政治稳定、地理交通方便、通信发达、服务周到,并实行较为突出的优惠政策,就有可能发展为新型的国际金融市场。

二、欧洲货币市场与离岸金融中心

欧洲货币市场形成后的范围不断扩大,它的分布地区已不限于欧洲,很快扩展到亚洲、北美洲和拉丁美洲。欧洲货币市场最大的中心是伦敦,加勒比海地区的巴哈马、欧洲地区卢森堡的业务量略逊于伦敦,其他各大金融中心也分散地经营其境外货币的业务。

欧洲货币市场与离岸金融中心同为经营境外货币的市场,前者是境外货币市场的总称或概括,后者则是具体经营境外货币业务的一定地理区域,吸收并接受境外货币的储存,然后再向需求者贷放。根据业务对象、营运特点、境外货币的来源和贷放重点的不同,离岸金融中心分为以下四种类型。

1. 功能中心

功能中心主要指集中诸多外资银行和金融机构,从事具体存储、贷放、投资和融资业务的区域或城市,其中又分两种:

(1)集中性中心,是内外融资业务混在一起的一种形式,金融市场对居民和非居民开放,伦敦和香港金融中心属于此类。

(2)分离性中心,是限制外资银行和金融机构与居民往来的一种内外分离的形式,即只准非居民参与离岸金融业务,其典型代表是新加坡和纽约的"国际银行设施"。

2. 名义中心

这种离岸金融中心多集中在中美洲各地,如开曼群岛、巴哈马拿骚和百慕大等,成为国际银行和金融机构理想的逃税乐土。这些中心不经营具体融资业务,只从事借贷投资等业务的转账或注册等事务手续,所以国际上也把这种中心称为簿记中心。

3. 基金中心

基金中心主要吸收国际游资,然后贷放给本地区的资金需求者,以新加坡为中心的亚洲美元市场则属此种中心。它的资金来自世界各地,而贷放对象主要是东盟成员或邻近的亚太地区国家。

4. 收放中心

与基金中心的功能相反,收放中心主要筹集本地区多余的境外货币,然后贷放给世界各地的资金需求者。

亚洲新兴的离岸金融中心巴林,主要吸收中东石油出口国的巨额石油美元,然后贷放给世界各地的资金需求者,同时它也通过设立在当地的外资银行与金融机构积极参与国际市场的各项金融业务。

三、欧洲货币市场的构成

欧洲货币市场主要由短期资金借贷市场、中长期资金借贷市场和欧洲债券市场组成,此处只着重介绍欧洲债券市场。

1. 欧洲债券与欧洲债券市场

一些资本主义国家的大工商企业、地方政府、团体以及一些国际组织,为了筹措中长期资金,在欧洲货币市场上发行的以市场所在国家以外的货币所标示的债券称为欧洲债券,该市场即欧洲债券市场。

2. 欧洲债券的发行与特点

与其他国际金融市场债券发行的做法一样,一般债券发行的单位先与欧洲债券市场的银行集团进行联系,洽商条件,达成协议,以一家或数家银行为首,十几家或数十家银行出面代为发行。债券上市后,这些银行首先购进大部分,然后再转至二级市场或调到其国内市场出售。一些银行、企业、保险公司、福利基金组织及团体或个人等,为了投资牟利或周转保值,成为欧洲债券的主要购买者。

欧洲债券市场的主要特点是管制较松,审查不严,发行债券无须官方批准,债券不记名。此外,欧洲债券市场发行费用低,债券发行不缴注册费,债券持有人不缴利息税等,从而促进了欧洲债券市场的飞速发展。

欧洲债券的利率高于银行存款的利率,一般为固定利率,但在欧洲债券市场上,浮动利率债券也不断增加。债券的利率水平视不同时期、不同货币单位、不同发行单位而有所差异。

3. 欧洲债券市场与中长期资金借贷市场

欧洲债券与中长期资金借贷虽然都是利用欧洲货币市场资金,但各有特点,主要表现如下:

(1)债权人不同。债券发行后,通过发行银行集团的认购转卖,金融组织、保险公司和私人成为债券持有人,即债权人,而中长期贷款的债权人则为贷款银行。

(2)债券有行市,持有人可随时转让,腾出占压的资金,流动性强;中长期贷款,一般不能转让。

(3)债券发行单位如因故延期还款,在债券未到期前可再发行一种更换续债的债券,如持有人愿更换时,给予一定优惠,如不换也可。这比中长期贷款到期后重新延期的条件更有利。

（4）通过债券发行筹集到的资金，其使用方向一般不会受到干涉与限制；而利用中长期贷款筹集到的资金，由于贷款银行比较集中，对借款人资金的使用方向比较关注，资金使用要符合原定的方向。

第三节 国际资本市场

一、国际资本市场的概念

国际资本市场是指国际资金借贷或融通期限在一年以上的市场。该市场上的资金需求者是各国政府、工商企业和国际或区域性金融机构，资金供应者是各类金融机构。

根据不同的交易对象，可以把国际资本市场划分为国际信贷市场和国际证券市场。其中，国际证券市场又可分为国际债券市场和国际股票市场。

二、国际信贷市场

国际信贷是指各国政府、国际金融机构和跨国银行在国际金融市场上为客户提供的期限在一年以上的贷款。由政府贷款、国际金融机构贷款和国际商业银行贷款组成。

1. 政府贷款

政府贷款一般是以各国政府的名义进行的。期限较长，最长可以达到30年，而且还可以适当延长还款期限。另外，贷款的利率很低，有的贷款甚至是免息的。资金提供国在向资金受让国提供贷款时往往会附带一定的政治或经济条件，具有明显的政治外交内涵。

2. 国际金融机构贷款

国际金融机构贷款主要有世界银行贷款和国际货币基金组织贷款。其中世界银行贷款接受国主要是经济相对落后的国家。世界银行在向这些国家提供贷款的同时，还针对相关的项目提供相应的技术咨询，具有明显的扶贫开发目的。而国际货币基金组织主要是针对陷入金融危机的国家提供紧急援助，在提供资金支持的同时，一般都会附加一些限制性条款，比如要求资金受让国家实施严苛的财政紧缩计划，以尽快缓解本国的金融危机。

3. 国际商业银行贷款

国际商业银行贷款一般是针对大型项目提供的信贷。一般该贷款具有市场化程度高、贷款利率多为浮动利率等特点。由于贷款金额巨大,期限较长,为了分散风险,贷款方式往往是几个国家的商业银行组成的银团联合贷款。

三、国际债券市场

国际债券市场是一国政府或居民在国际金融市场上以外币面值发行的债券。从事国际债券发行与交易的场所称为国际债券市场。

早期资本主义企业为了兴建铁路,开发资源,建设工程项目,在国际债券市场上发行债券来筹措资金。20世纪90年代,随着资产证券化规模不断扩大,国际债券市场已经成为国际金融市场的重要组成部分。

国际债券市场的发行人在进入市场时必须由国际性的信用评级机构对其资信状况进行信用级别评定。世界著名的三大评级机构为标准普尔公司、穆迪投资者服务公司和惠誉国际信用评级公司,因此以美国为代表的发达国家成为国际债券市场的主要借款国。

四、国际股票市场

国际股票市场是指外国企业在本国发行的,以本币或外币为面值,由本国投资者持有的股权凭证。国际股票的本质特征是融资过程的跨国性。

随着国际产业分工、全球经济一体化的发展,跨国银行已经不能满足跨国公司在全球融资的多样化需求,国际股票市场应运而生。

资料链接

"阿里巴巴们"赴美上市将为美经济复苏注入"强心针"

新华网北京9月10日电,中国电商巨头阿里巴巴集团为期10天左右的全球路演,日前在纽约拉开帷幕。路演后,公司将在纽约证券交易所上市,外界预计其首次公开募股(IPO)融资额将在200亿美元以上,或创下美国IPO融资额之最。

随着美国乃至全球经济复苏加速,美股市场"中国概念股"热潮再起。新浪微博、聚美优品、京东……今年以来,已有10余家中国企业赴美上市,预计年内在美上市的中国企业将达30家,创近3年来新高。

分析人士表示,以阿里巴巴为代表的中国互联网企业集体赴美上市,让普通美国民众能够分享中国经济成长机遇,将进一步提振美国资本市场,并为美国经济复苏和持续发展"添砖加瓦"。"阿里巴巴正给美国资本市场带来一股新力量。"清华大学中国与世界经济研究中心研究员袁钢明说,阿里巴巴背后是一个广阔的新兴市场和庞大的用户群体,作为一个极具成长性的企业,其发展潜力对于美国经济来说是强大推动力。

1999年,马云等人在杭州创立了阿里巴巴。过去15年间,阿里巴巴在中国创建了一套网购和支付的信用体系,引领了中国电子商务行业快速发展。招股书公布的数据显示,阿里巴巴旗下平台目前有2.31亿活跃买家和800万活跃卖家。阿里巴巴旗下淘宝、天猫、聚划算三个平台在2013年的商品交易总额为2 480亿美元。阿里巴巴在招股书中称,以这个数据来看,阿里巴巴是世界最大的在线和移动电商公司。

中国现代国际关系研究院世界经济研究所所长陈凤英认为,阿里巴巴赴美上市乃双赢之举。对阿里巴巴来说,在美上市,融资同时不忘营销,是其国际化战略重要一环;对美国来说,成长性高的优质企业来美上市,将为经济复苏增添更多积极因素。"美国经济总体在走向稳步复苏,新兴产业和资本市场也正由逆势而上变为顺势而上。"袁钢明指出,阿里巴巴纽约上市将为美国经济复苏再注入一剂"强心针",主要原因是中国内需市场仍在扩张,普通美国民众得以通过投资股市分享中国经济成长的"红利"。

2013年,中国电子商务整体市场规模突破10万亿元,其中网络零售约占全年社会消费品零售总额的8%。作为中国最大、最成功的在线和移动电商公司之一,阿里巴巴无疑将在中国内需飞速发展的过程中获得更多成长动力。陈凤英认为,"阿里巴巴们"赴美上市、中国富商热衷投资美国股市房市等现象表明,中美之间的经济合作正从过去以"商品贸易"为主,升级到"资本流动"的新阶段。在这一阶段,双方合作的溢出效应会更大,对经济的提振作用也更为明显。

资料来源:刘欢,朱青,张遥."阿里巴巴们"赴美上市为美经济复苏注入"强心针"[EB/OL].[2014-9-10].http://news.xinhuanet.com/fortune/2014-09/10/c-1112426217.htm.

第四节 世界黄金市场

一、世界黄金市场概述

1. 黄金市场的概念

在金本位制度下,黄金作为国际通用货币,可以在世界各国自由输出输入。到了20世纪70年代,随着布雷顿森林体系的崩溃,黄金逐渐走向非货币化,但是由于自身独有的特性,黄金仍然是西方发达国家国际储备的重要组成部分。

正如著名经济学家凯恩斯所言:"作为最后的卫兵和紧急需要时的储备金,还没有任何其他的东西可以取代它。"

2. 世界黄金市场的主要参与者

(1)国际黄金做市商。最典型的就是伦敦黄金市场上的五大黄金交易做市商,由于他们与世界上黄金生产商和需求商有广泛的联系,而且其下属的各个公司又与许多零售商联系,因此,五大黄金做市商会根据自身掌握的情况及时报出黄金的买入价和卖出价。

(2)商业银行。商业银行在国际黄金市场上的作用有两种:①黄金交易中介,以苏黎世的三大银行为代表,仅仅为客户代理买卖和结算,自身并不参加黄金买卖,他们充当生产者和投资者之间的经纪人,在市场上起到中介作用。②投资者,比如在新加坡黄金交易所里,就有多家自营商会员利用自己的资金不断买入或卖出各类黄金产品。

(3)国际对冲基金。国际对冲基金是国际黄金市场的重要参与者。一些规模庞大的对冲基金充分利用与各国政治、金融的紧密联系往往较先捕捉到经济基本面的变化,利用管理的巨额资金进行对冲交易,从而在黄金价格加速变化的过程中获利。

(4)各国中央银行和国际货币基金组织。几乎每一个国家的中央银行都把黄金作为其国际储备的重要组成部分,根据国内经济发展和国际经济形势,通过市场交易增持或减持黄金储备。国际货币基金组织也会根据世界经济走势和自身的需要,在国际黄金市场上买入或卖出黄金。

(5)各种法人机构和私人投资者。这里既包括专门出售黄金的公司,如各大金矿和黄金生产商、专门购买黄金消费的(如各种工业企业)黄金制品商、首饰行以及私人购金收藏者等,也包括专门从事黄金买卖业务的投资公司、个人投资者等,种类多样,数量众多。

3. 当代世界黄金市场的特征

(1)实物黄金基本上从官方机构流向私人持有者。1966—2007年,世界黄金存量从7.6万吨增加到15.7万吨,各国央行和国际货币基金组织持有的黄金存量却从38 257吨下降至28 583吨,私人持有的黄金量从37 743吨上升至128 417吨,私人持有的黄金占世界黄金存量的百分比从49.66%升至81.8%。而各国中央银行和国际货币基金组织在41年的时间里净抛售了9 674吨黄金,其持有的黄金占世界存量的百分比从50.34%降至18.2%。

(2)世界主要黄金市场各有分工又相互衔接。纽约黄金市场期货交易所提供的黄金期货、期权交易,提高了整个世界黄金市场的流动性。伦敦黄金市场为黄金场外衍生交易提供融资安排,以及协助各国中央银行的黄金操作。苏黎世黄金总库负责保存多国官方黄金储备和私人藏金。东京的黄金市场主要为日本的工业和首饰用金服务,中国香港的黄金市场则主要针对中国大陆、台湾地区的黄金转运和东南亚首饰业的需要。

(3)金融性黄金交易占主导地位。随着现代通信技术在黄金交易中的应用,金融性黄金交易工具不断创新,黄金交易越来越呈现无纸化,商品性黄金交易比重越来越小。现在的商品实物黄金交易额不足总交易额的3%,90%以上的市场份额是黄金金融衍生物。

二、黄金市场的交易方式

黄金市场的交易方式主要有现货交易和期货交易两种方式。

1. 黄金现货交易及其特点

黄金市场上黄金现货交易的价格较为特殊,在伦敦黄金市场上的黄金现货交易价格,又分为定价交易和报价交易两种。

(1)定价交易的特点是提供客户单一交易价,即无买卖差价,按所提供的单一价格,客户均可自由买卖,金商只收取少量的佣金。定价交易只在规定的时间里有效。短则一分钟,长则一个多小时,具体时间视供求情况而定。

(2)报价交易的特点就是有买价、卖价之分。一般是在定价交易以外的时间进行报价交易。如伦敦黄金市场,每日进行两次定价交易,第一次为上午10时30分,第二次为下午3时。定价交易是世界黄金行市的"晴雨表",世界各黄金市场均以此调整各自的金价。定价交易结束后,即恢复正常的黄金买卖报价活动。

2. 黄金期货交易及其特点

在黄金市场上进行的期货交易,又分保值交易和投机交易两种。

(1)保值交易是指人们为了避免通货膨胀或政治动乱,出于寻求资产价值"庇护所"的目的,而购买黄金的活动。当然,也有的是以避免由于金价变动而遭受损失为目的而进行黄金买卖的。一般来说,套期交易是保值的理想办法。

(2)投机交易则是利用市场金价波动,通过预测金价在未来时期的涨跌趋势,买空或卖空,从中牟取投机利润。例如,当投机者预计1个月后金价会上升,但到3个月后金价又会下降,那么,他可以一面做购进1个月的远期黄金合约,另一面出售3个月的远期黄金合约。在黄金市场上,那些实力雄厚的银行和垄断企业,往往在一定程度上主宰市场的投机活动,制造市场金价的大起大落,而它们在价格之前,购之于先或抛之于先,从中牟取暴利。

三、影响黄金价格变动的因素

(一)世界黄金供求数量的变化

1. 世界黄金的供应情况

(1)世界黄金的产量分布。根据美国内政部地质调查局编写的 *Mineral Commodity Summaries* 2014,2013 年全世界黄金总产量约 2 770 吨,其中黄金产量过百吨的国家有 8 个,分别为中国、澳大利亚、美国、俄罗斯、秘鲁、南非、加拿大和墨西哥,上述国家黄金产量合计约 1 640 吨,约占 2013 年全球黄金总产量的 60%,2012 年、2013 年全球前 10 名主要产金国生产情况如图 7.1 所示。

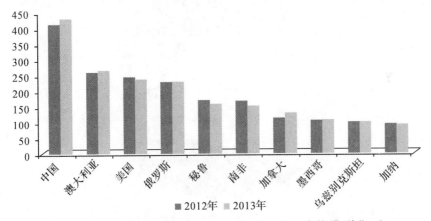

图 7.1　2012 年、2013 年全球前 10 名主要产金国生产情况(单位:吨)

2019 年,中国的黄金产量为 420 吨,澳大利亚的黄金产量为 330 吨,俄罗斯的黄金产量为 310 吨,美国的黄金产量为 200 吨,加拿大的黄金产量为 180 吨,全球黄金产量前五位国家的累计黄金产量占全球黄金总产量的 45%。

(2)世界黄金供应结构。黄金的供应主要由矿产金、各国央行抛售的黄金储备以及再生金构成。2010—2012 年世界黄金的供应情况见表 7.1。

表 7.1　2010—2012 年世界黄金的供应情况　　单位:吨

项　目	2010 年	2011 年	2012 年
矿产金	2 600	2 822	2 828
再生金	1 641	1 612	1 626
各国央行抛售黄金储备	−77	−440	−535
合　计	4 164	3 994	3 919

矿产金及再生金是每年黄金供应的主要来源,各国央行抛售的黄金储备属于已产黄金,矿产金及再生金共同构成了每年世界黄金存量增量。各国央行抛售黄金储备量受各国储备政策所左右,随着政治经济环境不确定性的增加,保持有一定量黄金储备已逐渐成为各国金融体系稳定的因素之一。目前,各国央行抛售的黄金储备占整体黄金供应比例较小。

2. 世界黄金的需求情况

由于黄金兼具商品与金融工具的双重特点,其需求可分为黄金饰品、工业用金、黄金投资品和各国中央银行黄金储备四大类(见图7.2)。

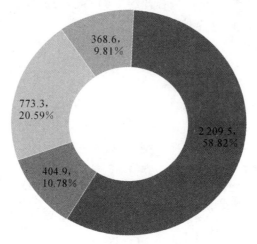

图7.2 2013年世界黄金需求量(单位:吨)及各自占比
资料来源:世界黄金协会(World Gold Council)

上述需求情况说明,对黄金饰品及黄金投资品的需求所占的比重最大,2013年全世界黄金饰品和黄金投资品的需求分别占黄金总需求的58.82%和20.59%。

(1)黄金饰品。经济的持续增长,民众收入水平持续提高,生活质量不断改善,将加大黄金饰品的消费。印度和中国仍然是全球最大的两个黄金消费市场,这两大市场在2013年占全球金属需求的60%。

(2)黄金投资品。黄金具有储备和保值资产的特性,可以作为投资品赚取金价波动的差价。投资者对黄金投资品的需求除了与整个宏观经济相关之外,还受到资本市场、外汇市场等其他替代市场变化的影响。黄金投资成为黄金需求的主要方向,黄金投资需求从2013年的856.4吨,上升至2019年的1 271.1吨,增长率为48.49%。

(3)工业用金。黄金在工业领域的应用越来越广泛。例如,在微电子领域,越来越多地采用黄金作为保护层;牙科诊疗中,越来越多地使用黄金修复牙体缺损、缺失或用于牙齿矫正。尽管黄金价格高昂,但随着经济的发展,黄金以其特殊的金属性质使其需求量仍然保持较高的水平。

(4)各国中央银行黄金储备。从各国央行官方储备来看,美国依然是持有黄金储备最多的国家,且在其总储备中占比最大,我国的黄金储备在世界排名第六,但由于我国外汇储备额较高,因此黄金储备占总储备的比重偏低。截至2013年12月,世界黄金储备前10名国家及组织黄金储备及占总储备的比重如图7.3所示。

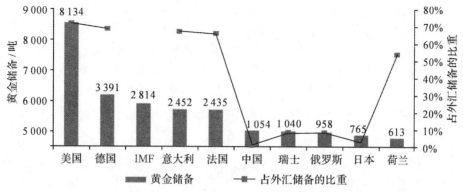

图7.3 世界黄金储备前10名国家及组织黄金储备及占总储备的比重

(二)经济因素

1. 美元汇率是影响国际金价波动的重要因素

目前,美元是各国的主要储备货币、国际贸易的结算货币,同时也是世界黄金市场的标价货币。美元指数是综合反映美元在国际外汇市场的汇率情况的指标,用来衡量美元对一揽子货币的汇率变化程度。因此,美元指数与黄金价格长期保持着负相关的关系,即美元指数上涨意味着黄金价格将会下跌,反之,美元指数下跌的时候黄金通常在上涨。回顾历史,美元对其他西方货币坚挺,则世界市场上金价下跌,如果美元小幅贬值,则金价就会逐渐回升。2000—2014年金价与美元走势存在80%的逆相关性(见图7.4)。

2. 国际石油价格走势间接影响国际金价

在国际金融市场上,原油和黄金期货价格都是用美元计价,二者的价格在彼此的波动中隐藏着相对的稳定。一般情况下,国际油价上涨,金价也往往跟着上涨,然而国际油价下跌,金价也受累下行。从中长期来看,尽管油价与金价各自的涨跌幅度不同,但是二者在价格波动趋势上基本保持一致。

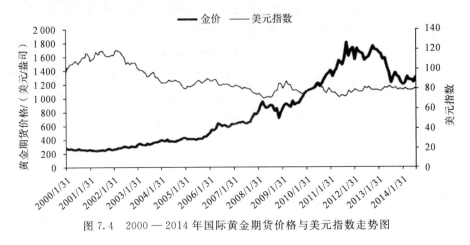

图 7.4　2000—2014 年国际黄金期货价格与美元指数走势图

3. 投资者对全球通货膨胀预期影响国际金价走势

当一个国家的投资者对世界整体通货膨胀率预期走高,就会引起人们的恐慌,手中的货币购买力下降,人们就会购买各类黄金投资工具,以求资产保值,最后推动黄金价格不断攀升。

(三)世界政治局势与突发性重大事件

黄金自古就是避险的最佳手段,所谓"大炮一响,黄金万两",这是对黄金避险价值的完美诠释。任何一次战争或政治局势的动荡往往都会促涨金价、银价,而突发性的事件往往会让金价、银价短期内大幅飙升。例如,2014 年初,俄罗斯和乌克兰之间围绕克里米亚地区控制权的争议不断升级,美国等西方国家介入,并对俄罗斯进行经济制裁。2014 年 2 月国际金价上涨 6.6%,这样一来,2014 年前两个月的国际金价已经累计上涨了 14%,"一鼓作气"冲上 1 360 美元/盎司。2020 年受新冠疫情影响,黄金价格上涨到 1 910 美元/盎司。

四、世界主要黄金市场及其运作

世界黄金市场主要分布在欧洲、亚洲、北美洲 3 个区域。欧洲以伦敦、苏黎世黄金市场为代表;亚洲主要以东京和香港为代表;北美洲主要以纽约、芝加哥为代表。世界各大黄金市场的交易时间,以伦敦时间为准,形成伦敦、纽约(芝加哥)、香港连续不断地黄金交易。

1. 伦敦黄金市场

伦敦是世界上最大的黄金交易市场,其发展历史可追溯到300多年前。1804年,伦敦取代阿姆斯特丹成为世界黄金交易的中心。1919年伦敦黄金市场正式成立,每天进行上午和下午两次黄金定价。由五大金行定出当日的黄金市场价格,该价格一直影响纽约和香港的交易。伦敦黄金市场特点——不是以交易所形式存在,而是场外交易市场(Over-the-Counter,OTC),以英格兰中央银行为储备机构的市场交易机制管理体系。伦敦黄金市场主要指伦敦金银市场协会(London Bullion Market Association,LBMA),其主要职责是作为与规则制定者之间的桥梁,通过其职员及委员会的工作,确保伦敦始终能够满足世界金银市场革新的需求。其运作方式是通过无形方式—员的业务网络来完成。LBMA的会员主要有两类:作市商和普通会员。作市商目前有9家,均为知名投行,如巴克莱银行、德意志银行、汇丰银行、高盛世界、JP摩根等。LBMA黄金的最小交易量为1 000金衡制盎司,标准金成色为99.5%。

2. 美国黄金市场

美国黄金市场由纽约商品交易所(New York Mercantile Exchange,NYMEX)、芝加哥商品交易所(Chicago Mercantile Exchange,CME)、底特律交易所、旧金山交易所和布法罗交易所共5家交易所构成。

美国黄金市场以做黄金期货交易为主,目前纽约黄金市场已成为世界上交易量最大和最活跃的期金市场。根据纽约商品交易所的界定,它的期货交易分为NYMEX及COMEX两大分部。

COMEX目前交易的品种有黄金期货、迷你期货、期权和基金。COMEX黄金期货每宗交易量为100盎司,交易标的为99.5%的成色金。迷你黄金期货,每宗交易量为50盎司,最小波动价格为0.25美元/盎司。COMEX的黄金交易往往可以主导世界金价的走向,实际黄金实物的交收占很少的比例。参与COMEX黄金买卖以大型的对冲基金及机构投资者为主,他们的买卖对金市产生极大的交易动力;庞大的交易量吸引了众多投机者加入,整个黄金期货交易市场有很高的市场流动性。

3. 苏黎世黄金市场

苏黎世黄金市场在世界黄金市场上的地位仅次于伦敦。瑞士特殊的银行体系和辅助性的黄金交易服务体系为黄金买卖者提供了一个既自由又保密的环境。瑞士与南非也有优惠协议,获得了80%的南非黄金,苏联的黄金也聚集于此,使得瑞士不仅是世界上新增黄金的最大中转站,也是世界上最大的私人黄金存储与借贷中心。

苏黎世黄金市场没有正式组织结构，由瑞士三大银行，即瑞士银行、瑞士信贷银行和瑞士联合银行负责清算。三大银行不仅可代客户交易，而且黄金交易也是这三家银行本身的主要业务。苏黎世黄金市场无金价定盘制度，在每个交易日特定时间，根据供需状况议定当日交易金价，这一价格为苏黎世黄金官价。全日金价在此基础上的波动无涨停板限制。苏黎世金市的金条规格与伦敦金市相同，可方便参与者同时利用伦敦市场，增加流通性。其交易标的为99.5%的成色金，交割地点为苏黎世的黄金库或其他指定保管库。

4. 东京黄金市场

日本黄金交易所成立于1981年4月，是日本政府正式批准的唯一黄金期货市场，为日本的黄金业者提供了一个具有透明度和有效率的交易平台。1991年4月，东京工业品交易所将黄金市场原有的日本传统的定盘交易方式改为与世界主要市场一样的动盘交易，同时引进电子屏幕交易系统，该系统完全实现了电子操作、远程控制。交易所又在配备全新系统的基础上，采用全电子化连续交易技术。2004年，黄金期权获准上市，日本的黄金期货市场更加活跃。

据统计，2004年国外投资者在东京工业品交易所所占份额为12.50%，在黄金这个品种上国外投资者所占比重为13.67%。在24小时的黄金交易市场中，东京市场成为伦敦、纽约交易时间外的亚洲时段的重要交易市场。日本市场与欧美市场的不同之处在于，欧美的黄金市场以盎司/美元计而日本市场以克/日元计，每宗交易合约为1 000克，交收纯度为99.99%的金锭，并在指定的交割地点交割。

5. 香港黄金市场

香港黄金市场已有90多年的历史，其形成是以香港金银贸易市场的成立为标志。1974年，当时的港英政府撤销了对黄金进出口的管制，从而推动了香港黄金市场的快速发展。由于香港黄金市场在时差上刚好填补了纽约、芝加哥市场收市和伦敦开市前的空当，可以连贯亚、欧、美，形成完整的世界黄金市场。其优越的地理条件引起了欧洲金商的注意，伦敦五大金商、瑞士三大银行等纷纷来香港设立分公司。他们将在伦敦交收的黄金买卖活动带到香港，逐渐形成了一个无形的当地"伦敦金市场"，促使香港成为世界主要的黄金市场之一。

目前，香港黄金市场由三个市场组成：

(1)香港金银贸易市场，以华人金商为主，有固定买卖场所。主要交易的黄金规格为5个司马两一条的99标准金条，交易方式是公开喊价，现货交易。

(2)香港伦敦金市场，以外资金商为主体，没有固定交易场所。

(3)香港黄金期货市场,是一个正规的市场,其性质与美国纽约和芝加哥的黄金期货一样。交投方式正规,制度也比较健全,可弥补金银贸易场的不足。

知识拓展

2014年中国黄金需求下降的四大原因

2015年上半年,世界黄金协会公布了一份统计数据,称2014年中国的金饰需求同比下降33%,黄金需求同比下降24.68%,中国大妈们的购金热情似乎不再。嘉丰瑞德理财师回顾了一段几年来的黄金交易史,金灿灿的国际黄金,其价格在经历了十年的牛市之后,2013年开始大跌,2014年渐渐企稳。从2013年第二季度开始,国际金价处在1 400美元/盎司时,中国大妈开始疯狂抢购黄金,并频频"亮相"于华尔街的媒体报道中。不过此后金价却"意外"走跌,令中国购金大妈们颇为沮丧。市场就是如此,随后金价更是跌破了1 200美元/盎司大关,并在2014年11月,创下了阶段性的低点1 130美元/盎司(目前的金价在1 220美元/盎司附近),让盲目乐观的投资者都感受到了丝丝凉意。

据世界黄金协会的统计,2014年中国的金饰需求降至886.09吨的水平。不过,对于投资者来说,现今的"低价"黄金是否仍继续值得购买和"低吸"呢?嘉丰瑞德理财师认为,未来黄金可能将受以下4个方面的因素制约,故投资者在配置黄金资产前需谨慎考虑。

1. 新时代人们黄金消费观的转变

首先,黄金过去被人们视为一种财富的象征,而如今的年轻一代,却很少认同使用黄金来表现财富,嘉丰瑞德理财师也观察到,几乎没有年轻人脖子上再戴有黄金项链,而首饰也不再以黄金为主,他们是宁可戴塑料的"智能手环"也不再戴黄金。因此未来黄金的潜在需求似乎并不乐观。

2. 美元走强

随着美联储结束了量化宽松政策,美元大体回归升值通道。市场还预计今后美联储仍有进一步加息的动作,因此加息后美元的上扬必将持续。这对于以美元计价的黄金来说,金价走强恐怕会比较难。

3. 作为一种投资,面临众多竞争者

黄金若是作为一种投资的话,目前也面临众多的竞争者。比如现今的互联网金融就是一个巨大的竞争者。如余额宝、固定收益类的理财产品等,像固定收益类的理财产品,做到了年化9.6%的收益率,而且每月都可以拿钱。这类互联网金融的新宠和代表产品,收益不低,流动性也不错,因此都对黄金投资资金的流向产生了一定的冲击。

4. 世界局势产生变化,避险功能可能进一步弱化

从黄金的重要功能避险来看,现今世界范围内的大规模战争,距今也有多年,如海湾战争、阿富汗战争、伊拉克战争等,发生大规模战争的可能性在减小。另外,最近乌克兰与俄罗斯之间的局势也有了重大的缓和迹象。

综合以上4个方面的现实因素考量,嘉丰瑞德理财师认为目前配置黄金可能未必是一个好的时机,建议不如保留持币观望的态度。

资料来源:嘉丰瑞德.统计称2014年中国黄金需求下降4大原因必看[EB/OL].[2015-02-16].http://www.money.hexun.com/2015-02-16/17341263 7.html.

本 章 小 结

1. 国际金融市场是在国际范围内从事各种专业性金融交易活动的场所,有广义和狭义之分。广义的国际金融市场,是指进行各种国际金融业务活动的场所。这些业务活动包括长、短期资金的借贷,外汇与黄金的买卖。这些业务活动分别形成了货币市场、外汇市场和黄金市场。这几类国际金融市场不是截然分离,而是互相联系着的。狭义的国际金融市场,是指在国际经营借贷资本即进行国际借贷活动的市场,仅包括国际货币市场和国际资本市场。

2. 国际货币市场是经营期限在一年以内的借贷资本市场。按照借贷方式的不同,又可分为银行短期信贷市场、贴现市场和短期票据市场。

3. 国际资本市场是经营期限在一年以上的借贷资本市场。按照借贷方式的不同,又可分为银行中长期借贷市场和证券市场。

4. 欧洲货币是指在货币发行国国境以外的银行存储和贷放的货币。欧洲货币并非欧洲国家的货币,"欧洲"不是一个地理概念,而是指境外的意思。所以,欧洲货币实际上是境外货币或离岸货币。欧洲货币市场就是经营欧洲货币借贷业务的市场。欧洲货币是第二次世界大战后资本国际化发展的产物。欧洲货币市场发端于欧洲美元市场。欧洲货币市场最终大规模的发展,是以下几个方面的原因促成的:逃避本国金融政策法令的管制;为减缓本国通货膨胀,对非居民的本币存款采取倒收利息政策的结果;美国对境外美元的存在采取放纵的态度等。

5. 欧洲货币市场集结了大量境外美元与境外欧洲货币。大的跨国公司、企业从这个市场借取其所需要的资金,外国的中央银行与政府机构也从这个市场进行资金融通,以调节本国金融市场。欧洲货币市场的商业银行贷款,如按时间

划分,分为短期与中长期贷款。

6. 世界黄金市场是国际金融市场的一个重要组成部分,并和其他国际金融市场有着密切的联系。各种不同的因素共同决定国际黄金价格,同时国际黄金市场行情变化和发展的态势,对其他国际金融的子市场以及各国的经济都会产生较大的影响。黄金市场的交易方式主要有现货交易和期货交易两种方式。世界五大黄金市场既相互联系又有着不同的特点和地位。

复习思考题

1. 什么是国际金融市场?它有哪些作用?
2. 什么是国际货币市场?什么是国际资本市场?二者有哪些区别?
3. 什么是欧洲货币及欧洲货币市场?
4. 离岸金融中心有哪些类型?
5. 简述国际金融市场与国内金融市场的区别。
6. 简述黄金市场的交易方式及其特点。
7. 试述欧洲货币市场的产生与发展对世界经济的影响。

第八章 国际金融机构

【学习目的】

本章简要介绍世界主要国际金融机构成立的宗旨、贷款条件及贷款程序方面的内容。通过学习,要求了解国际金融机构的产生背景、内部组织与管理机制,掌握其宗旨、业务特点、服务范围、贷款条件和做法,熟悉会员国应尽的义务与应享有的权利。

【重点难点】

(1)国际货币基金组织的宗旨、组织结构和贷款条件;
(2)世界银行的宗旨、组织结构、贷款条件和贷款程序。

【重要概念】

国际清算银行/国际货币基金组织/《国际货币基金协定》第八条/国际复兴开发银行/国际开发协会/国际金融公司/亚洲开发银行

第一节 国际金融机构概述

一、国际金融机构的产生与发展

国际金融机构是指从事国际金融业务,协调国际金融关系,维持国际货币及信用体系正常运作的超国家机构。

国际金融机构的产生和发展与国际经济政治状况及变化密切相关。在第一次世界大战之前,世界主要国家的国际货币信用关系及结算制度尚未真正建立起来,并且它们的货币汇率比较稳定,国际收支多为顺差,因而大国之间在国际金融领域的矛盾并不突出。此外,大国对小国的金融控制,主要依靠的是大国的经济、金融实力和军事实力。因此,第一次世界大战前国际上尚未提出建立国际金融机构的客观需求。第一次世界大战爆发后,国际货币金融格局发生了重大变化,由于各主要国家经济政治发展不平衡,它们彼此间矛盾尖锐化,所以客观上要求利用国际经济组织控制或影响别国。与此同时,战争、通货膨胀及国际收支的恶化又使许多工业国家面临国际金融困境,它们也希望借助国际经济力量。因此,建立国际性金融机构成为多数工业国家的共同愿望,客观上已具备了产生国际金融机构的条件。1930年5月,第一次世界大战的战胜国集团为处理战后德国赔款的支付及协约国之间债务清算问题,由英、法、意、德、比、日六国的中央银行和代表美国银行界的美国摩根银行,在瑞士巴塞尔成立了国际清算银行(Bank for International Settlements,BIS),这是国际金融机构建立的重要开端。但是,这一机构当时并不具有普遍性,对国际金融活动的实际影响不是很大。

第二次世界大战后,各国生产国际化及资本国际化,使国际经济关系得到迅速发展,国际货币信用关系不断加强,国际金融机构的数量迅速增加。1944年7月,在美、英等国策划下,美、英、中、苏、法等44个国家在美国新罕布什尔州的布雷顿森林召开了联合国货币金融会议,通过由美国提出的关于设立国际货币基金组织和国际复兴开发银行的方案,并签订了关于确立西方国家金融关系的基础协议。1945年12月,正式成立了两个国际性金融机构,即国际货币基金组织(International Monetary Fund,IMF)和国际复兴开发银行[International Bank for Reconstruction and Development,IBRD,又称世界银行(World Bank)],旨在重建一个开放的国际经济及稳定的汇率制度,并对国际经济及社会发展提供资金。1956年国际金融公司(International Finance Corporation,IFC)的成立,以及1959年国际开发协会(International Development Association,IDA)的成立,使世界银行又多了两个附属机构,这标志着世界银行集团(World Bank Group)正式出现。国际货币基金组织和世界银行集团,是当今成员国最多、机构最大,并且影响最广的国际金融机构。

自1957年以来,欧洲、亚洲、非洲、拉丁美洲及中东等地区的国家,为了加强互助合作,抵制美国对国际金融的操纵,纷纷建立起区域性的国际金融机构,以促进本地区的经济发展。最早出现的区域性国际金融机构是1957年由欧共体设立的欧洲投资银行(European Investment Bank,EIB)。20世纪60年代之后,陆续设立了泛美开发银行(Inter-American Development Bank,IDB)、亚洲开发银行(Asian Development Bank,ADB)、非洲开发银行(African Development Bank,AFDB)及阿拉伯货币基金组织(Arab Monetary Fund,AMF)等。

第二次世界大战后,国际金融机构迅速发展的主要原因如下:

(1)美国控制国际金融、扩大商品和资本输出的需要。美国在第二次世界大战中积聚了雄厚的实力,它企图通过建立国际金融机构来控制国际金融活动,从而利于其对外贸易及资本扩张。

(2)生产和资本国际化的发展,要求各国政府共同干预经济活动。国际范围内干预经济活动的加强,为建立国际性金融机构提供了客观有利条件。

(3)工业国家的经济恢复以及新兴国家民族经济的发展,形成了对资金的迫切需求,希望建立国际金融机构,以获得所需资金。

(4)由生产和资本国际化而产生的经济和货币金融一体化的客观要求,为建立国际金融机构打下了基础。

二、国际金融机构的类型、性质与作用

1. 国际金融机构的类型

(1)全球性金融机构。最重要的是国际货币基金组织和世界银行集团,它们对加强国际合作与稳定国际金融起着极为重要的作用。

(2)区域性金融机构。区域性金融机构具体有两类:一类是联合国附属的区域性金融机构(由区域外国家参加),例如亚洲开发银行、泛美开发银行、非洲开发银行;另一类是某一地区一些国家组成的真正的区域性国际金融机构,如欧洲投资银行、阿拉伯货币基金组织、伊斯兰发展银行、西非发展银行、非洲经济发展阿拉伯银行、阿拉伯发展基金、石油输出国国际发展基金、科威特阿拉伯经济发展基金,以及2015年成立的亚洲基础设施投资银行等。区域性国际金融机构是今后发展的主要方向。

2. 国际金融机构的性质与作用

20世纪60年代之前,全球性国际金融机构一直被美国控制,原因是这些机构通过决议的原则不是一国一票,而是谁入股出资多,谁的投票权就多。美国在这些全球性国际金融机构中拥有约20%的资本份额,这一时期,国际金融机构为巩固美元的霸权地位以及维持以美元为中心的国际货币体系起了很大作用。20世纪60年代之后成立的十国集团,形成西方主要工业国共同操纵国际金融的格局,打破了美国一统天下的局面。二十委员会和二十四国集团的成立,表明了发展中国家力量的兴起及其在国际金融领域中不可忽视的作用。美国在一些全球性国际金融机构的份额有所下降,其他西方工业国的份额有一定上升,发展中国家尤其是产油国的份额增长较快,并且,份额大小已不是唯一决定决议通过与否的因素。由于这些变化,这些国际金融机构的性质正朝着真正代表世界各国利益的方向转化。

尽管有上述变化,但就目前来看,全球性国际金融机构仍在几个资本大国控制之下,贷款条件比较严格,不符合发展中国家利益,因此,发展中国家要求改革贷款政策,放松贷款限制。另外,由于国际金融机构过多干预一些发展中国家的经济政策和发展规划,因而在某种程度上妨碍了这些国家民族经济的自由顺利发展。此外,贷款利率有提高的趋势,使发展中国家的债务负担加重。这些情况需要各国共同努力加以改变。

无论如何,国际金融机构在加强国际合作及发展国际经济方面起到一定的积极作用,主要表现在:

(1)提供短期资金,调节国际收支逆差,在一定程度上缓和了国际支付危机。
(2)提供长期建设资金,促进了发展中国家经济发展。
(3)稳定了汇率,有利于国际贸易的增长。
(4)通过创造新的结算手段,适应了国际经济发展的需要。

第二节 国际货币基金组织

一、国际货币基金组织的建立

国际货币基金组织是根据1944年7月召开的联合与联盟国家货币金融会议通过的《国际货币基金协定》成立的全球性国际金融机构。1946年3月,国际货币基金组织正式成立,1947年3月1日开始活动,1947年11月15日成为联合国所属专营国际金融业务的机构,总部设在华盛顿。到1993年3月底为止,基金组织成员国已达175个国家和地区,其中39个国家为创始成员国。我国的合法席位是1980年4月18日恢复的。

二、国际货币基金组织的宗旨与职能

国际货币基金组织、世界银行集团及关税和贸易总协定共同构成第二次世界大战后国际经济秩序的三大支柱。国际货币基金组织负责国际货币金融事务。其宗旨如下:

(1)为成员国提供一个常设的国际货币机构,促进成员国在国际货币问题上的磋商与协作。
(2)促进国际贸易均衡发展,以维持和提高就业水平和实际收入,发展各国的生产能力。
(3)促进汇率的稳定和维持各国有秩序的外汇安排,以避免竞争性的货币

贬值。

(4)协助建立各国间经常性交易的多边支付制度,并努力消除不利于国际贸易发展的外汇管制。

(5)在临时性基础上和具有充分保障的条件下,为成员国融通资金,使它们在无须采取有损于本国及国际经济繁荣措施的情况下,纠正国际收支的不平衡。

(6)努力缩短和减轻国际收支不平衡的持续时间及程度。

根据上述宗旨,布雷顿森林会议的参加者赋予国际货币基金组织就成员国的汇率政策与经常项目有关的支付,以及货币的兑换性问题确立一项行为准则,并实施监督;第二项职能是向国际收支发生困难的成员国提供必要的资金融通,以使它们遵守上述行为准则;第三项职能是向成员国提供国际货币合作与协商的场所。

三、国际货币基金组织的组织结构

国际货币基金组织的最高决策机构是理事会(Board Governors),其成员由各国中央银行行长或财政部长组成,每年秋季举行定期会议,所有成员国参加,决定基金组织和国际货币体系的重大问题,例如,批准接纳新成员国,修改基金份额,普遍调整成员国货币平价,决定成员国退出基金组织等。日常行政工作由执行董事会(Executive Board)负责,执行董事会由24名成员组成,其产生办法是:出资最多的美国、英国、法国、日本、德国、沙特阿拉伯各指派1名;中国和俄罗斯为单独选区,所以各自可以单独选派1名执行董事;其余16名包括若干国家和地区的16个选区各选派1名,分别代表各自选区进入执行董事会工作,每两年改选一次。执行董事会另设主席1名,主席为基金组织总裁,主管该组织的具体业务工作。总裁由执行董事会推选,任期5年,有权出席理事会,但没有投票权。总裁通常由西欧人士担任。副总裁只设1名,一直由美国人担任,辅助总裁工作。

执行董事会是一个常设机构,在它与理事会之间还有两个机构:一个是国际货币基金组织理事会关于国际货币制度的临时委员会,简称临时委员会(Interim Committee);另一个是世界银行和国际货币基金组织理事会关于实际资源向发展中国家转移的联合部长级委员会,简称发展委员会(Development Committee)。这两个委员会都是部长级委员会,每年举行3~4次会议,讨论国际货币体系和开发援助的重大问题。由于委员会成员的政治级别高,又大都来自西方主要国家,因此,大多数情况下,它做出的决定就等于理事会的决定。

基金组织除理事会、执行董事会、临时委员会及发展委员会外,其内部还有两大利益集团——十国集团(代表发达国家利益)和二十四国集团(代表发展中国家利益),以及许多常设职能部,即货币与汇兑事务部、各地区行政部、特别提款权部、研究部、法律部、财务部和基金司库等。

四、国际货币基金组织的资金来源

1. 成员国缴纳的基金份额

基金组织的资金主要来自成员国缴纳的份额,这些份额起着国际储备的作用,可解决成员国国际收支不平衡时的短期资金需要。成员国应缴份额的大小是根据一国的黄金外汇储备、国民收入以及对外贸易量大小,由基金组织与成员国磋商后确定的。份额的计算单位最初是美元,1969年后改为特别提款权。1976年牙买加会议之前,成员国份额的25%须以黄金缴纳,牙买加会议后,黄金地位发生变化,份额的25%改以特别提款权或外汇缴纳,份额的75%以成员国本国货币缴纳,存放于本国中央银行,在基金组织需要时可以随时动用。

基金组织刚成立时,成员国缴纳的份额总计为76亿美元,其中美国的份额为27.5亿美元,占总额的36.1%,是缴纳份额最多的国家。基金组织规定,每5年对基金份额进行一次普遍检查,如有必要,可对成员国的份额进行调整。随着成员国的不断增加和份额的先后数次调整,截至1992年底,成员国缴纳份额总计1 420.203亿特别提款权,缴纳份额最多的国家为美国(18.68%)、德国(5.8%)、日本(5.8%)、法国(5.21%)、英国(5.21%)、意大利(3.23%)、加拿大(3.04%)、俄罗斯(3.04%)、荷兰(2.43%)、中国(2.38%)。

由于基金组织是类似于股份制企业的机构,所以几乎它们的一切活动都与成员国的份额相联系。份额决定成员国的普通提款权和特别提款权分配额,同时也决定投票权。每一成员国都有250票基本投票权,另外,每缴纳10万美元增加1票投票权。如果一国的份额是1亿美元,那么,其投票权就有1 250票(250+1 000)。按基金组织有关协议的规定,重大问题须经全体成员国总投票权的85%通过才能生效。基金组织成立之初,美国拥有的投票权约达23%,目前,仍达18%,因此,任何重大问题不经美国同意都无法予以实施。针对美国的这种否决权,西欧工业国家曾通过建立十国集团予以抗衡,而发展中国家则以建立二十四国集团来抗衡。目前,十国集团(除美国之外)及二十四国集团的投票权均已超过15%,因此,它们的集体行动也构成对重大提案的否决权。

综上所述,份额十分重要,它决定了基金组织的融资能力,决定了各成员国在基金组织的义务、权利和地位。这也就是发展中国家在国际货币改革过程中一再要求基金组织改变份额的确定办法,增加发展中国家的份额比例及扩大基金总份额的原因所在。

2. 向成员国借款

基金组织通过与成员国协商,向成员国借入资金。例如,1962年10月,基金组织根据借款总安排(General Agreement to Borrow),从十国集团借入60亿美元,以应付英、美两国的需要,1968年后其他国家资金也可利用。1974—1976年间向石油输出国和发达国家借入69亿特别提款权,以解决石油消费国的国际收支困难。此外,基金组织于1977年4月和1981年5月分别设立了补充贷款和扩大资金贷款,其资金来源也是向成员国借款。

3. 出售黄金

基金组织于1976年1月决定将其所持有黄金的1/6,即2500万盎司分4年按市价出售,以所获得的利润(市价超过42.22美元/盎司黄金官价部分)中的一部分,作为建立信托基金的资金来源。

五、国际货币基金组织的业务活动

(一)资金融通

向成员国提供资金融通是基金组织的主要职能之一。自基金组织成立之日起,开设了各种各样类型的贷款。总的来看,基金组织贷款的期限有延长的趋势,成员国向基金组织借款的限额有增加的趋势。基金组织根据不同的政策向成员国提供资金。对成员国来说,一般不称借款,而称提款(Drawing),即有权按所缴纳的份额向基金组织提用一定的资金;或称购买(Purchase),即用本国货币向基金组织申请购买外汇,还款时则以外汇购回本国货币。基金组织贷款条件的中心原则是贷款必须与国际收支前景相结合。它要求受贷国必须制定经济稳定计划和国际收支调节计划,并且制定出分阶段实施的目标。基金组织的贷款不论使用什么货币都按特别提款权计值,不同的贷款期限使用不同的利率,利率随期限的延长而递增,利息用特别提款权交付,同时对每笔贷款征收一定的手续费。

1. 储备部分贷款(Reserve Tranche Drawings)

储备部分与信用部分贷款构成基金组织的普通贷款,是基金组织最基本的贷款。储备部分与信用部分最重要的区别在于,在储备部分贷款下向基金组织借用款项,实际上并未构成对基金组织的债务,因为储备部分贷款的限额为成员国份额的 25%,正好等于成员国用特别提款权或可兑换货币向基金组织缴纳的份额。正因为如此,储备部分贷款是无条件的,成员国只需事先通知基金组织便可借用。因此,储备部分借款中未使用的部分,又被视为一国政府的自有储备,列入该国政府的国际储备之中。

2. 信用部分贷款(Credit Tranche)

信用部分是储备部分贷款之上的普通贷款,其最高限额为份额的 100%,共分四档,每档 25%,贷款条件逐档严格,利率逐档升高,年限为 3~5 年,多采用备用信贷的形式提供。除了普通贷款外,基金组织还设立了许多长期性的或临时性的专门贷款,用于成员国特殊情况下的国际收支需要。

3. 进出口波动补偿贷款(Compensatory Financing Facility)

该项贷款设立于 1963 年。当初级产品出口国由于市场价格下跌、出口收入减少,或谷物进口国因谷物价格上升、进口支付增加而发生国际收支困难时,可向基金组织在普通贷款外申请这项贷款。贷款的最高限额分别为成员国份额的 83%(出口收入减少时或进口支付增加时),两项合计不超过份额的 105%。该项贷款于 1988 年 8 月改名为进出口波动补偿与偶然性收支困难贷款(Compensatory and Contingency Financing Facility),它反映了基金组织强调该项贷款资助的国际收支困难必须具有临时性、偶然性和不可控制性。

4. 缓冲库存贷款(Buffer Stock Financing Facility)

该项贷款设立于 1969 年 6 月。其目的在于帮助初级产品出口国稳定出口商品的国际市场价格。国际缓冲库存是一些初级产品(锡、可可、糖等)生产国根据国际商品协定建立一定数量的存货。当国际市场价格波动时,向市场抛售或买进该项产品以稳定价格,从而稳定出口收入。此项贷款最高可借到成员国份额的 45%,期限为 3~5 年。由于此项贷款与上述进出口波动补偿贷款在目的上有密切关系,因此规定两项贷款总额不得超过借款国份额的 105%。

5. 石油贷款(Oil Facility)

该项贷款是在 1974 年 6 月至 1975 年 4 月为解决因石油涨价引起的石油消费国国际收支困难而设立的一种临时性贷款。资金来源于石油输出国组织和西方工业国家,期限为 3~5 年。至 1976 年 5 月,该项贷款资金已全部贷出,业务告一段落。

6. 中期贷款(Extended Financing Facility)

该贷款又称扩展贷款,是基金组织于 1974 年设立的用于解决成员国较长期的国际收支逆差的专项贷款。如果某成员国的储备部分贷款和 4 个信用部分贷款都被提完但仍不能满足需要,接下来只有求助于该项贷款。该项贷款的最高借款额可达成员国份额的 140%,备用安排期限可达 3 年,借贷期限为 4～10 年,利率由第 1 年的 4.375% 递增到第 6 年的 6.875%。4 年半后开始"购回",10 年内分 16 次还清。基金组织对该项贷款控制更严,不仅规定了行为准则,而且规定借款国必须实施的具体政策措施。如果借款国不能达到要求,基金组织有权停止贷款。所以,借款国的经济政策受基金组织影响较大。

7. 信托基金贷款(Trust Fund Facility)

这项贷款设于 1976 年,用于援助发展中国家。基金组织将其持有黄金的 1/6(2 500 万盎司)在 1976 年 7 月至 1980 年 6 月的 4 年内按市价拍卖,以所获利润(市价超过官价的部分)建立一笔信托基金,按优惠条件向较贫穷的发展中国家提供贷款。拍卖分两个阶段进行,第一阶段共售出黄金的 1 250 万盎司,利润总额为 13 亿美元。此项贷款从支付后第 6 年起到第 10 年的 5 年内分 10 次偿还。贷款的条件是 1973 年按人均国民收入低于 300 美元的国家和 1975 年人均国民收入低于 520 美元的国家。中国 1981 年获得这项贷款 3.1 亿特别提款权。

8. 补充贷款(Supplementary Financing Facility)

这项贷款又称为韦特文基金,设立于 1979 年 2 月,总计 100 亿美元,是对中期贷款的一种补充。该项贷款主要用于帮助成员国解决持续的巨额国际收支逆差问题。资金来源于石油输出国和西方工业国家,其中石油输出国提供 48 亿美元,有顺差的 7 个工业国家提供 52 亿美元。在成员国遭到严重国际收支不平衡,需要更大数额的资金时,可以申请补充贷款,贷款期限为 3 年半到 7 年,每年偿还一次,分期还清,贷款采用备用信贷安排的方式,备用期为 1～3 年,最高借款额可达成员国份额的 140%。该贷款于 1980 年承诺完毕后,基金组织于 1981 年 5 月又设立扩大借款政策(Enlarged Access Policy),作为对补充贷款的一种继续,其目的和内容与补充贷款相似。1985 年规定 1 年的贷款额度为份额的 95%～115%,3 年的限额为份额的 280%～345%。目前,限额已改为由基金组织视情况逐个确定。

9. 结构调整贷款(Structural Adjustment Facility)和加强的结构调整贷款(Enhanced Structural Adjustment Facility)

这两项贷款分别设立于 1986 年 3 月和 1987 年 12 月,旨在帮助国际收支发生持续性逆差的低收入国家调节国际收支。结构调整贷款的最高限额为份额的

70%;加强的结构调整贷款最高限额在一般情况下为份额的250%,在特殊情况下可超过此限额。一国借款数额的多少除了取决于其国际收支和收入水平外,还取决于该国本身与基金组织的合作程度以及做出的调节努力,借款期限为10年。还款必须以分阶段归还的形式进行,从第5年半开始,每半年归还一次,10年还清。这两项结构调整贷款的资金来源不是成员国认缴的份额,而是信托基金贷款的还款、基金组织的利息收入及基金组织借款。这两项结构贷款也是基金组织重要的专门贷款。

10. 制度转型贷款(Systemic Transformation Facility)

该项贷款设立于1993年4月,旨在帮助苏联和东欧国家克服从计划经济向市场经济转变过程中出现的国际收支困难,以及其他同这些国家有着传统的以计划价格为基础的贸易和支付关系的国家克服因贸易价格基础变化而引起的国际收支困难。具体说来,该项贷款主要帮助解决以下三方面性质的国际收支困难:一是由计划价格向市场价格转变引起的收支困难;二是由双边贸易向多边贸易转化引起的收支困难;三是由游离于国际货币体系之外到融入国际货币体系之内的过程引起的收支困难。贷款的最高限额为份额的50%,期限为4~10年。贷款分两次拨给,第一次为贷款批准后某个商定时间,第二次为第一次提款后4~12个月之内。基金组织认为,20世纪90年代中期是经济互助委员会国家在国际收支方面的最困难时期,因此,希望申请该项贷款的国家须尽早申请使用贷款。在申请时,申请国必须制定一项经济稳定与制度改革方案,内容包括财政货币制度改革及货币稳定计划、阻止资本外逃计划、经济结构改革计划、市场的培育与完善等。第一批贷款拨出后,如果借款国在上述各方面做出了切实有效的努力并与基金组织充分合作,基金组织才提供第二批贷款。

总之,基金组织在提供上述贷款时,要收取手续费或利息。除了储备部分贷款、信托基金、两项结构调整贷款,以及补充贷款和扩大借款政策,是以优惠利率(或仅收取手续费)提供之外,其余几种贷款利率一般在4%~7%,取决于借款时国际市场的利率水平和成员国借款数额的多少。总的来说,基金组织贷款的利率比商业银行的利率要优惠得多。

(二)汇率监督

汇率监督是基金组织的又一重要职能。根据《国际货币基金协定第二次修正案》,基金组织实行汇率监督的根本目的是保证有秩序的汇兑安排和汇率体系的稳定,消除不利于国际贸易发展的外汇管制,避免成员国操纵汇率或采取歧视性的汇率政策以谋取不公平的竞争利益。

1. 汇率监督的原则

基金组织在实施汇率监督时所奉行的主要原则有以下三个：

(1)宏观经济政策与汇率的关系问题。基金组织在实施汇率监督的同时要对一国的财政货币政策实施监督，因为财政货币政策对汇率波动有直接影响，并且财政补贴和税收减免又直接使实际汇率与名义汇率出现差异。

基金组织反对成员国利用宏观经济政策、补贴或任何其他手段来操纵汇率以谋取不公平的竞争利益。

(2)复汇率问题。基金组织原则上反对复汇率（包括双重汇率）或任何其他形式的差别汇率政策，但有两种情况是例外：一是在加入基金组织时已采用并正在采用复汇率制的国家，可以有一个过渡期。在过渡期内，基金组织将与该成员国密切磋商以尽快恢复单一汇率制。二是在特殊情况下并事先征得基金组织的同意，也可采用复汇率作为一种过渡办法。然而，在《国际货币基金协定》中，根本未对"特殊情况"的定义做出说明。从当今基金组织的实践来看，从外汇计划管制向市场调控转变的过程中，复汇率还是被允许的，因为基金组织本身就是建立在市场经济的价值原则上，它鼓励计划经济向市场经济的转变。

(3)货币兑换与稀缺货币问题。《国际货币基金协定》第八条中对货币自由兑换有以下定义：任何成员国对其他成员国所持有的本国货币，当其他成员国提出申请时并在满足下列条件的情况下予以购回：①该项货币结存是最近从经常项目往来中获得；②该项兑换是为支付经常项目往来所必需。凡符合这两个条件的成员国，其货币就被基金组织定义为可兑换货币。到1992年底为止，基金组织成员国中，已有71种货币被认可为可兑换货币。显而易见，有关自由兑换的定义局限于经常项目范围内。同样，基金组织有关外汇管制的监督范围也局限于经常项目往来之内。

当某种可兑换货币因该国国际收支大量顺差而使基金组织感到该货币的需求逐渐难以满足时，便宣布该种货币为稀缺货币。此时，基金组织将根据该稀缺货币的来源及有关成员国的需要来进行分配，同时授权各成员国对该稀缺货币的兑换实行临时性限制。即已实行货币自由兑换的国家，并不因对其货币与稀缺货币的兑换实行限制而使其货币自由兑换性的地位受到影响。

2. 汇率监督的方法

基金组织通常采用三种方法实施汇率监督：

(1)要求成员国提供有关经济运行和经济政策方面的资料，包括政府和政府以外机构持有的黄金及外汇资产、黄金产量和黄金买卖、进出口值及国别分布、经常项目和资本项目收支的详细分类收支情况、国民收入、物价指数、汇率、外汇管制情况等。

(2)在研究这些资料的基础上与成员国在华盛顿或成员国国内举行定期和不定期磋商。定期磋商每年举行一到两次,不定期磋商视情况需要而定。磋商的目的有两个:第一,使基金组织能够履行监督成员国汇率政策的责任。第二,有助于基金组织了解成员国的经济发展和政策措施,从而使基金组织能够迅速处理成员国申请贷款的要求。

(3)对各国及全球汇率和外汇管制情况进行评价,评价的内容涉及汇率安排、汇率的确定、外汇管制状况、财政货币政策的运行状况、影响汇率变动的因素及汇率变动的影响等,并每年就评价内容汇集出版《外汇限制及外汇管制年报》。

(三)提供培训、咨询等服务

除了贷款业务外,基金组织还对成员国提供包括培训、咨询等在内的服务。基金组织帮助成员国组织人员培训,编辑并出版反映国际经济及国际金融专题的刊物和书籍,以提高成员国有关专业人员的素质。与此同时,基金组织派往各地的人员积极搜集并反馈世界各国的经济金融信息,还以派出代表团的形式,对成员国提供有关国际收支、财政、货币、银行、外汇、外贸和统计等各方面的咨询和技术援助。

第三节 世界银行集团

世界银行及其附属机构,即国际开发协会、国际金融公司和多边投资担保机构(Multi-national Investment Guarantee Agency,MIGA),被称为世界银行集团,也是重要的全球性国际金融组织。

一、世界银行

(一)世界银行的组织机构

世界银行的最高权力机构与国际货币基金组织相似,是理事会,由每一会员国委派理事和副理事各1人组成,任期5年,可以连任。世界银行的常务机构是执行董事会,由20人组成。其中5人由持有股金最多的美、英、德、法、日5国指派,其余15人由其他成员国按地区分组推选。世界银行行长是执行董事会主席,不得由理事、副理事、执行董事、副执行董事兼任。

(二)世界银行的资金来源及职能

1. 世界银行的资金来源

世界银行的资金主要来源于以下四个方面。

(1)会员国缴纳的股本。世界银行成立初期,法定股本为 100 亿美元,分为 10 万股,每股 10 万美元,以后又多次增加股本。1978 年因美元币值不稳定,世界银行的法定股本改为按每股 10 万特别提款权计算。成员国缴纳的股金以他们在国际货币基金组织中分摊到的份额为准,其中的 20% 在参加时缴纳,2% 为黄金或美元,18% 为本国货币。另外 80% 的认购股份是待交股本,只是在世界银行因偿还借款或保证贷款而催缴时,以黄金、美元或银行需用的货币缴纳。自银行成立到目前为止,尚未发生过征集成员国待交股本的事情。

(2)借款。借款是世界银行资金的主要来源。通过在各国和国际金融市场发行债券筹措资金。在银行提供的贷款中,约 70% 依靠发行债券借入。发行期限从 2 年到 25 年不等,利率为 3.375%~12.75%,发行最多的是美元债券。

(3)债权转让。世界银行为了扩大贷款能力,还把贷出资本的债权转让给私人投资者(主要是商业银行),以收回一部分资金,扩大世界银行的周转能力。

(4)利润收入。利润收入主要来自利息收入和投资收益。

2. 世界银行的职能

世界银行的职能主要是通过组织发放长期贷款,协助会员国的经济复兴、资源开发,促进和辅助私人对外贷款的投资,以保证会员国经济增长和国际贸易的需要;主要着眼点在于稳定会员国的国内生产,以维持国际经济的正常运行。

(三)世界银行的贷款业务

世界银行的主要业务是发放贷款,也承做对私人投资、借款、给予一部分或全部保证的业务。

1. 贷款原则

(1)只贷给会员国政府或由会员国政府、中央银行担保的国营、私营企业。

(2)申请贷款的国家确实不能以合理的条件从其他方面取得贷款时,世界银行才考虑发放贷款或提供担保。

(3)贷款必须用于世界银行审定批准的工程项目,即项目贷款。只有在特定情况下,才发放非项目贷款,用于解决进口物资、设备,支持生产发展和克服自然灾害发展经济的资金需要。

(4) 贷款必须专款专用,并接受世界银行的监督。

(5) 贷款只贷给有偿还能力的会员国,因为贷款的资金来源主要是国际金融市场上的借款,必须确保贷款能如期收回。

(6) 贷款期限一般为 7～30 年。

(7) 贷款使用不同的货币对外发放,对承担贷款项目的承包商或供应商,一般用该承包商、供应商所属国的货币支付。如果有本地承包商供应本地物资,即用借款国货币支付;如本地供应商购买的是进口物资,即用该出口国的货币支付。

2. 贷款的主要特点

(1) 贷款用途广。国际货币基金组织发放的借款只限于弥补会员国国际收支暂时不平衡和经常项目支付,而世界银行发放贷款包括工业、农业、能源、运输、教育、旅游等各个领域。

(2) 贷款期限长,平均贷款期限为 29 年左右,并有 5 年宽限期。

(3) 贷款数额不受借款国认缴股份的限制,主要考虑是否有偿还能力。

(4) 借款国要承担汇价变动风险。

(5) 贷款手续严密,程序严格。世界银行贷款有 90% 以上是项目贷款,从申请借款、确定项目、方案论证、贷款谈判、审议批准、项目招标,直到签订协议一般需要一年半到两年时间。

3. 贷款的种类

世界银行的贷款分为项目贷款、部门贷款、结构调整贷款、联合贷款和第三窗口贷款等几种类型。其中项目贷款是世界银行贷款业务的主要组成部分。

(四) 世界银行贷款政策重点的调整

第二次世界大战结束后初期,世界银行发放贷款主要集中于欧洲国家;1948 年以后,欧洲各国的战后复兴主要依赖于美国的"马歇尔计划",于是,世界银行的贷款转向亚洲、非洲、拉丁美洲等发展中国家。20 世纪 70 年代以前,世界银行的借款着重于基础结构项目,特别是运输和电力;20 世纪 70 年代以后,加强了对贫困国家和地区,特别是农业的贷款;近些年以来,还增加了对教育、城市建设、人口计划和旅游方面的贷款。

(1) 第三窗口贷款是 1975 年设立的,其贷款条件介于世界银行发放的一般贷款和世界银行附属机构国际开发协会发放的优惠贷款之间。贷款的利率为 4.5%,低于世界银行的一般贷款利率(8.5%),利差由发达国家和石油生产国自愿捐赠形成的"利息贴补基金"解决。贷款的期限为25年。这种贷款主要用于援助低收入国家。

(2)结构调整贷款设立于1980年,此项贷款用于帮助借款国在宏观经济、部门经济和结构体制等方面进行必要的调整和改革,使其能够有效地利用资源和资金,在较长时期内维持国际收支平衡。世界银行发放结构贷款之前,要与借款国政府进行全面深入的"政策对话",找出面临的主要问题并制定一个结构调整规划。这个规划应包括调整进出口政策、修改国家投资计划、改革机构体制等一系列内容。结构调整贷款的拨付速度比项目贷款要快得多,拨付的方式也比较灵活。每笔贷款的执行期为一年,分两期拨付。但是,贷款的使用要接受世界银行的监督。

(3)项目贷款是目前世界银行最主要的贷款。一般又称为特定投资贷款,它是指世界银行对会员国工农业生产、交通、通信,以及市政、文教卫生等具体项目所提供的贷款的总称。

二、国际金融公司

国际金融公司是专门向经济不发达的会员国的私营企业提供贷款和投资的国际性金融组织。国际金融公司成立于1956年7月24日,它也是世界银行的一个附属机构。国际金融公司刚成立时有31个成员国,目前已有165个成员国。

1. 国际金融公司的宗旨

(1)为发展中国家的私营企业提供没有政府机构担保的各种投资,以促进成员国的经济发展。

(2)促进外国私人资本在发展中国家的投资。

(3)促进发展中国家资本市场的发展。

2. 国际金融公司的组织机构

国际金融公司的管理办法与世界银行相同,总经理由世界银行行长兼任,其余除少部分自己的办事机构和人员外,大都由世界银行相应机构和人员兼任。公司的成员国必须是世界银行的成员国,而世界银行的成员国不一定都要加入该公司。

3. 国际金融公司的资金来源

(1)成员国认缴的股金(成立时为1亿美元,分为10万股)。认缴股金必须是黄金或美元。成员国认缴股金的多少决定了投票权的多少(具体与世界银行相同)。

(2)借款,指从世界银行及其他国家的贷款。

(3)公司收益,指贷款与投资的利润收入。

(4)转让投资股本,与世界银行类似,国际金融公司通过转让投资股本取得周转资金。不过,转让投资股本和公司收益在公司资金来源中所占比例不高。

4. 国际金融公司的贷款和投资条件

国际金融公司贷款与投资只面向发展中国家的私营中小型生产企业,而且也不要求会员国政府为偿还贷款提供担保。一般每笔贷款为200万～400万美元,在特殊情况下,最高也不超过2 000万美元。国际金融公司贷款与投资的部门主要是制造业、加工业、采掘业、旅游业,以及开发金融公司,再由后者向当地企业转贷。国际金融公司贷款的期限一般为7～15年,年利率为6%～7%,有时为10%,对未提用的贷款每年收取1%的承担费。国际金融公司的贷款方式为:直接向私人生产性企业提供贷款;向私人投资性企业入股投资,分享企业利润,并参与企业的管理;上述两种方式结合的投资。国际金融公司,或是单独进行贷款投资,之后再将债权或股票转售给私人投资者,或是与私人投资者共同对会员国的生产性私人企业进行联合贷款或联合投资,以促进私人资本向发展中国家投资。还款时,要用原借入货币进行偿还。

三、国际开发协会

国际开发协会成立于1960年,是专门向低收入发展中国家提供长期优惠贷款的一个国际金融组织。按照规定,凡世界银行会员国均可加入国际开发协会,世界银行的会员国不一定是国际开发协会会员,国际开发协会目前共有会员国158个。

1. 国际开发协会的宗旨

国际开发协会的宗旨是,对欠发达国家提供比世界银行会员国条件优厚、期限较长、负担较轻,并可用部分当地货币偿还的贷款,以促进它们经济的发展和居民生活水平的提高,从而补充世界银行的活动,有利于世界银行目标的实现。

2. 国际开发协会的组织机构

国际开发协会的管理办法和组织机构与世界银行相同,从经理到内部机构的工作人员均由世界银行相应机构的人员兼任,只有国际开发协会的会计是与世界银行分开的。

国际开发协会会员国投票权的大小与其认缴的股本成正比。成立初期,每个会员国均有 500 个投票权,每认缴 5 000 美元增加 1 票;以后在第四次补充资金时,每个会员国有 3 850 票,每认缴 25 美元再增加 1 票。

3. 国际开发协会的会员国分组

国际开发协会的会员国分为两组:第一组是工业发达国家和南非、科威特,这些国家认缴的股本须以可兑换货币缴付,所缴股本的全部供国际开发协会出借;第二组是亚洲、非洲、拉丁美洲的发展中国家,这些国家认缴股本的 10% 须以可兑换货币进行缴付,其余 90% 用本国货币缴付,而且这些货币在未征得货币所属国同意以前,国际开发协会不得使用。国际开发协会资金短缺时,可以要求会员国提供补充资金,以继续其业务活动。提供补充资金的国家既有第一组会员国,也有第二组会员国。

4. 国际开发协会的贷款条件

国际开发协会的贷款只提供给低收入发展中国家。按 1993 年的规定,人均国民生产总值在 696 美元以下的国家,才能有资格享受国际开发协会的贷款。国际开发协会的贷款对象是会员国政府。

国际开发协会提供的贷款被称为开发信贷,用以区别世界银行的贷款。国际开发协会的贷款是优惠贷款,称为软贷款;世界银行的贷款条件比较严格,因而被称为硬贷款。

国际开发协会的贷款用途,是对借款国具有优先发展意义的项目或发展计划提供贷款,即贷款主要用于发展农业、工业、电力、交通运输、电信、城市供水及教育设施、计划生育等。

国际开发协会的贷款期限为 50 年,宽限期 10 年。第二个 10 年,每年还本 1%,其余 30 年每年还本 3%。偿还贷款可以全部或一部分使用本国货币偿还。在整个贷款期限内免收利息,只对已拨付部分每年收取 0.775% 的手续费。因此,国际开发协会的信贷具有明显的援助性质。目前,接受贷款最多的国家是印度、孟加拉国、巴基斯坦等。

四、多边投资担保机构

多边投资担保机构成立于 1988 年 4 月,是世界银行集团中最年轻的成员。在 1995 年有 128 个成员国。多边投资担保机构在财务上和法律上是一个独立于世界银行的实体,它有自己的业务和法律人员。

1. 多边投资担保机构的宗旨

多边投资担保机构的宗旨是通过自己的业务活动来推动成员国相互间进行以生产为目的的投资,特别是向发展中国家的投资。

2. 多边投资担保机构的业务范围

多边投资担保机构的业务活动主要有两类:一是对合格的投资提供担保,而不致遭受非商业性风险损失,从而促进国际直接投资。多边投资担保机构对以下四类非商业性风险提供担保:①由于投资所在国政府对货币兑换和转移的限制而造成的转移风险;②由于投资所在国政府的法律或行动而造成投资者丧失其投资的所有权、控制权的风险;③在投资者无法进入主管法庭,或这类法庭不合理地拖延或无法实施这一项已做出的对他有利的判决时,政府撤销与投资者的合同而造成的风险;④武装冲突和国内动乱而造成的风险。二是对成员国提供技术援助服务,帮助发展中国家更有效地促进私人投资的机会。它通过对投资活动的直接支持(如组织投资会议、初级培训课程、战略研讨会等)、传播投资机会的信息(如开发一个投资机会—全球电子信息交换与通信网络)和促进投资机构的能力建设,来帮助发展中国家最大限度地提高吸引外国投资计划的效果。

第四节 区域性国际金融机构

一、国际清算银行

1. 国际清算银行的建立

国际清算银行于1930年5月根据《海牙国际协定》,由英国、法国、意大利、德国、比利时、日本的中央银行,以及由美国摩根保证信托公司、纽约花旗银行和芝加哥花旗银行联合组成,行址设在瑞士的巴塞尔。创办国际清算银行最初的目的是为了处理第一次世界大战后德国赔款的支付和解决德国国际清算问题。1929—1933年世界经济大萧条时期,德国赔款支付停止办理。该行转而办理各国间的清算业务。第二次世界大战期间,该行的业务活动大大缩减,但它同交战国及中立国还办理少量的黄金业务。

1944年召开的布雷顿森林会议曾通过决议撤销国际清算银行,但这一决议并未执行。第二次世界大战后,该行的宗旨改为促进各国中央银行之间的合作,为国际金融往来提供额外便利,以及接受委托或作为代理人办理国际清算业务等。国际清算银行刚建立时只有7个成员国,现在已超过30个成员国,包括25个欧洲国家及美国、日本、加拿大、澳大利亚和南非等国家。中国于1996年11月加入该行。

2. 国际清算银行的组织形式

国际清算银行是股份制的企业性质金融机构,由西方主要中央银行合办。最高权力机构是股东大会。股东大会每年举行一次,由认购该行股票的各国中央银行派代表参加。每年的股东大会通过年度决算、资产负债表、损益计算书和利润分配方法等重大事项的决议。股东大会的投票权数根据认股数按比例分配。

国际清算银行的日常业务由董事会执行。董事会由董事长、副董事长各1名及董事11名组成。董事为英、法、德、意、荷、比、瑞士等国的中央银行行长或其指定人员。董事会下设经理部、货币经济部、秘书处和法律处。经理部有总经理和副总经理各1人及经理、副经理10余人,下设4个机构,即银行部,主管具体银行业务;货币经济部,负责调查研究工作。

3. 国际清算银行的资金来源

国际清算银行的资金来源主要有三个方面:①成员国缴纳的股金。国际清算银行成立时的法定资本为5亿法郎,以后几经增资。该行资本的80%掌握在各国中央银行手里,20%为私股。私股不得参加股东大会,也无表决权。表决权绝大部分由欧洲各国中央银行掌握。②借款。国际清算银行可向各成员国中央银行借款,以补充其自有资金的不足。③吸收存款。国际清算银行还与一些国家大的商业银行往来,并吸收客户存款,存款在该行资金来源中占很大比重。

4. 国际清算银行的主要业务活动

第二次世界大战后,国际清算银行先后成为欧洲经济合作组织、欧洲支付同盟、欧洲煤钢联营、黄金总库及欧洲货币合作基金的代理人,承担着繁重的国际结算工作。欧洲货币体系正式成立后,有关的账务及清算工作委托该行办理。国际清算银行也是万国邮政联盟、国际红十字会等国际组织的金融代理机构。另外,它还办理各种银行业务,包括存款、贷款、贴现业务,买卖黄金、外汇和债券,与各国政府或中央银行签订特别协议,代办国际结算业务,等等。国际清算银行还办理黄金存款,给予一定利息,于是一些国家的中央银行将一部分黄金储备存放在该行,赚取利息。该行长期以来每月第一个周末在巴塞尔举行西方主要国家中央银行的行长会议,商讨有关国际货币金融方面的重要问题,对西方货币金融市场具有重大影响。该行还是欧洲经济共同体、中央银行委员会及各种专家开会的场所,并由它承担秘书及资料等工作。国际清算银行编写的货币金融调研资料,在西方金融界和学术界具有很高的权威性,声誉较高。

二、亚洲开发银行

1. 亚洲开发银行的建立与宗旨

亚洲开发银行是根据联合国亚洲及远东经济委员会(1974年改名为亚洲太平洋经济委员会)决议,于1966年11月24日于东京举行第一次亚洲开发银行董事会正式成立的,同年12月开始营业,行址在菲律宾首都马尼拉。亚洲开发银行是亚太地区最大的政府间金融机构,也是一家仅次于世界银行的第二大开发性国际金融机构。截至2013年12月,该行成员国为67个,其中亚太地区成员国48个,其他地区19个。中国于1986年3月正式加入该行。

亚洲开发银行的宗旨是,通过发放贷款,进行投资,提供技术援助,以促进亚洲和太平洋地区的经济增长与合作,并协助本地区的发展中成员国集体和单独地加速经济发展的进程。

亚洲开发银行虽然是一个独立机构,但它实际上属于联合国执行区域性货币信贷安排的国际金融机构。该行与联合国的国际货币基金组织、世界银行、联合国开发计划署、亚太地区经济与社会委员会、联合国粮食及农业组织等机构保持着密切联系。

2. 亚洲开发银行的组织形式

亚洲开发银行是股份制企业性质的金融机构,凡成员国都须认缴该行的股本,一般由成员国财政部或中央银行与该行往来。该行的最高权力机构是理事会,由每个成员国委派理事和副理事各1名组成,主要负责接纳新成员、确定银行股金、修改银行章程及选举董事和行长等。理事会每年召开1次年会。理事会下设执行董事会,负责日常业务。执行董事会由12人组成,其中8人选自本地区成员国,4人选自地区外的成员国,任期2年,可以连任。行长一般没有投票权,只有在投票出现等数时,方可投出决定性的一票。该行的主要职能部门有农业和乡村发展部、基本建设部、工业和开发银行部及预算部等。

3. 亚洲开发银行的资金来源

亚洲开发银行的资金来源主要有以下几个方面:

(1)普通资金。它是该行开展业务活动的主要资金来源。其资金构成为:

①股本。该行成立时法定股本为10亿美元,以后多次增资。日本和美国是最大的出资者,中国认缴股本占该行第三位。②借款。该行自1969年起开始从国际金融市场借款,所借货币多为汇率坚挺的硬货币,如日元、德国马克、瑞士法郎及美元等。③普通储备金。该行理事会每年把业务净收益的一部分划作普通储备金。④特别储备金。该行对1984年3月28日之前发放的未偿还的普通资金贷款,除收取利息和承诺费外,还收取一定数量的佣金(1985年起停收),佣金收入留作特别储备金。⑤净收益。⑥预缴股本,即成员国在法定认缴日期之前缴纳的股本。

(2)亚洲开发基金。这一基金始建于1974年6月28日,它来源于发达成员国的捐赠,最大认捐国是日本,美国第二。专门用于亚太地区贫困成员国的优惠贷款。

(3)技术援助特别基金。该基金设立于1967年,旨在提高发展中成员国的人力资源素质并加强其执行机构的建设,资助发展中成员国聘请咨询专家、培训人员、购置设备、进行项目准备与执行、制定发展战略、加强机构建设、加强技术力量、从事部门研究并制定有关国家和部门计划及规划等。

(4)日本特别基金。它设立于1987年,由日本政府出资,旨在加速亚洲开发银行发展中成员国的经济增长。该项基金的主要使用方式是赠款和股本投资。

(5)联合贷款。亚洲开发银行除了用本身筹集到的资金从事贷款及技术援助外,还通过联合贷款方式为亚太地区的经济发展筹集更多的开发资金。该行的联合贷款是指一个或一个以上的外部经济实体与该行共同为某一开发项目贷款。

4. 亚洲开发银行的主要业务活动

(1)提供贷款。亚洲开发银行的贷款分为两类,即普通贷款(用普通基金发放的贷款)和特别基金贷款。普通贷款属于硬贷款,主要贷给具有较高收入的发展中国家和地区,用于开发工业、农业、电力、运输及邮电等部门的工程项目。贷款期限为10~30年,贷款利率低于市场利率,一般半年调整一次。特别基金贷款属于软贷款,主要贷给较贫困的发展中成员国。贷款期限40年,不收利息,仅收1%的手续费,具有援助性质。

(2)股本投资。亚洲开发银行自1983年起开拓了股本投资新业务,它通过购买私人企业股票或私人开发金融机构股票等形式,对发展中国家私人企业融资。

(3)技术援助。亚洲开发银行除了融资外,还对成员国提供技术援助,包括咨询服务、派遣长期或短期专家顾问团、协助拟订和执行开发计划等。另外，该行还举办诸如亚洲农业考察和东南亚地区交通考察等各种地区性活动。它还以各种方式与其成员国进行政策对话，并且为成员国之间的政策对话提供方便，从而帮助成员国制定正确的发展战略和政策。

三、非洲开发银行

1. 非洲开发银行的建立与宗旨

非洲开发银行成立于1964年9月，1966年7月正式营业，它是非洲国家创办的区域性国际金融机构。行址设在科特迪瓦经济中心阿比让。2002年，因科特迪瓦政局不稳，临时搬至突尼斯至今。该行创建时只有23个成员国，都是非洲国家。1978年后允许区外国家参加。截至2007年5月，该行共有77个成员国，其中本地区成员国53个，地区外成员国24个。中国于1985年5月10日正式加入非洲开发银行。

非洲开发银行的宗旨：为成员国的经济和社会发展提供资金，协助非洲大陆制定总体发展战略，协调各成员国的发展计划，以逐步实现非洲经济一体化。

2. 非洲开发银行的组织形式

非洲开发银行的最高权力机构为理事会，各成员国委派理事和副理事各1名。理事一般由各国财政部长或负责经济事务的部长担任。理事会每年开会1次。理事会下设执行董事会，负责银行日常业务，任期3年。董事会一般每月举行1次会议。该行行长由董事会选举产生，任期5年，负责银行经常性业务工作，并兼任董事会主席。另设副行长1人，由行长提名，董事会选出。

3. 非洲开发银行的业务活动

非洲开发银行的主要任务是利用本行的各种资金为本地区成员国提供各种开发性贷款和技术援助。该行的资金来源主要如下：

(1) 成员国的认缴股本，该行成立时的核定资本为2.5亿记账单位(1记账单位＝1971年贬值前的1美元)，以后数次增资。

(2) 向国际金融市场借款。

(3) 发达国家的捐款。

(4) 银行业务的经营利润。

(5) 非洲开发基金等四个合办机构，根据不同需要，筹措资金。

该行的贷款主要是项目贷款。贷款业务主要有两类：一类是普通贷款，使用普通资本基金;另一类是特种贷款,使用一些特别基金。近年来用于结构和政策调整方面的贷款有所增加。

四、泛美开发银行

1. 泛美开发银行的建立与宗旨

泛美开发银行于1960年10月正式营业,它是以美国和拉美国家为主,联合其他国家合办的区域性国际金融机构。总行设在华盛顿。建行时有20个成员国,到1987年10月,成员国增至45个。

该行的宗旨是,动员美洲内外资金,为拉美成员国的经济和社会项目提供资金及技术援助,帮助各成员国或各国家集团发展经济。

2. 泛美开发银行的组织形式

该行的最高权力机构是理事会。理事会由1名理事和若干名副理事组成,每个成员国委派1名,人选一般由成员国财政部长或中央银行行长担任。理事会下设执行董事会,负责日常业务。另设行长1人,副行长1人。投票权主要按各成员国认缴的股本金额分配。由于美国认缴股本最多,其投票权在该行占绝对优势。

3. 泛美开发银行的业务活动

泛美开发银行的资金来源主要为成员国认缴的股本、借款、业务净收入以及用成员国捐款设立的特别业务基金。该行的主要业务活动是向成员国提供项目贷款。期限一般为10~25年,利率为筹资成本加上0.5%的利差。特别业务基金用于向成员国提供长期低息的项目贷款,贷款期限一般为20~40年,宽限期为5~10年,利率在1%~4%之间,贷款可全部或部分用本国货币偿还。

五、阿拉伯货币基金组织

1. 阿拉伯货币基金组织的建立与宗旨

阿拉伯货币基金组织于1977年4月正式成立,有22个成员国,即阿拉伯联盟所有成员。该基金组织总部原在埃及开罗,1979年4月迁至阿联酋的首都阿布扎比。

该基金组织的宗旨:①探讨和制定成员国之间金融合作的方针和方式,以促进阿拉伯经济一体化早日实现和各成员国的经济发展;②调整成员国国际收支的失调,取消彼此间经常性支付的限制和稳定阿拉伯国家之间的汇率,以促进其贸易的发展;③扩大阿拉伯金融市场,推广使用作为记账单位的阿拉伯第纳尔,为发行一种统一的阿拉伯货币创造条件。

2. 阿拉伯货币基金组织的组织形式

阿拉伯货币基金组织的最高权力机构是理事会。它负责制定阿拉伯经济一体化和成员国之间贸易自由化的方针政策。理事会由各成员国所任命的1名理事和副理事组成。理事和副理事任期5年。理事会至少每年开会1次。不论认缴股本为多少,每1个成员国有75票表决权。此外,每认缴1股资本,增加1票。执行董事会负责日常业务工作。基金组织总裁由理事会任命,任期5年,可连选连任。总裁也是执行董事会主席,他每年需向理事会呈递年度报告。

3. 阿拉伯货币基金组织的业务活动

阿拉伯货币基金组织的资金来自成员国缴纳的资金,其法定资本为2.63亿阿拉伯记账第纳尔,分为5 260股,每一股为5万阿拉伯记账第纳尔。由成员国按经济实力确定应缴份额。

该基金组织的主要业务活动如下:

(1)向国际收支出现逆差的成员国提供短期和中期贷款,提供担保以增强成员国的借款能力,帮助其渡过难关。为弥补国际收支逆差,成员国可提取其缴纳资金的75%,或借用全部缴纳资金,但均需在3年内还清。另外,成员国还可以从基金组织获得贷款,但在1年内对成员国的贷款额不能超过其缴纳资金的2倍,任何时候贷款余额都不能超过其缴纳资金的3倍。贷款利息按特许的统一利率计算,期限越长,利率越高。

(2)协调成员国的金融政策,就成员国的经济情况定期交换意见,磋商解决存在的问题。

(3)管理成员国存放的资金。

(4)对成员国的金融机构提供技术援助,如帮助制定银行法规、稳定货币计划和外汇改革方案,收集和处理有关金融经济统计资料等。

第五节 中国同主要国际金融组织的关系

我国已先后恢复了在国际货币基金组织、世界银行及其附属机构、亚洲开发银行的合法席位,指派了代表参加这些组织的活动,并利用了它们提供的贷款。随着我国改革开放的进一步深化,我国今后同这些组织的关系将会有更大发展。

一、我国与国际货币基金组织的关系

1980年4月,我国在国际货币基金组织的合法席位恢复以后,认缴份额23.91亿特别提款权,占总份额的2.66%。1990年6月国际货币基金组织决定进行第9次份额调整以后,将份额总额增加到1 350亿特别提款权。第9次份额调整实现后,我国的份额增加到33.85亿特别提款权,但占总份额的比重降至2.5%。

国际货币基金组织带有极其浓厚的政治色彩,它往往是不同集团、不同利益国家间争斗的论坛。我国是发展中的社会主义国家,坚持独立的外交政策,在国际货币基金组织中凡是有利于发展中国家的正当要求和主张,我们均给予支持,我们始终致力于维护发展中国家的利益。我国的经济实力还不够雄厚,在国际货币基金组织中并不占重要的地位,但是由于我国是一个政治大国,在国际货币基金组织中也能起到平衡作用。我国在国际货币基金组织中是单独选派执行董事,并且是国际货币基金组织临时委员会的成员,国际货币基金组织也重视中国在国际货币基金组织中的作用。

我国自1980年开始使用国际货币基金组织的贷款,如:1980年首次提出动用第一档信用部分贷款,并与国际货币基金组织达成协议借取了4.5亿特别提款权;1981年3月,又获得了3.09亿特别提款权的信托基金贷款;1986年我国再次借取了约6亿特别提款权的信用贷款。这些贷款早已还清。总的来看,我国借用的国际货币基金组织贷款并不多。

在技术援助方面,我国曾多次获得国际货币基金组织传授的有关金融规划、货币和财政政策、银行统计和经营管理等方面的知识。这对于改善我国的宏观政策调控机制,增强宏观政策制定的科学性和实施有效性起到了积极的作用。此外,国际货币基金组织每年10月份均派代表团到我国商谈经济问题,有时代表团还要实地考察。这种磋商活动不仅是国际货币基金组织全面了解中国经济及政策的机会,而且对我国的经济工作和经济政策的制定也有促进作用。

总之,我国从国际货币基金组织吸收的技术援助以及举办的各类活动中获得的效益远远超过从资金方面获得的好处。

二、我国同世界银行集团的关系

我国是国际货币基金组织和世界银行的创始会员国。1980年5月5日,我国恢复了在世界银行集团中的合法席位。

自1980年以来,世界银行对中国的经济发展和改革开放事业给予了积极的支持。到1989年底,我国共接受世界银行为68个项目提供的总额达93亿美元的贷款,实际使用30多亿美元,主要用于基础设施建设,以及农业、工业和文教事业等项目,收到较好的效益。时任世界银行行长科纳布尔曾表示,在1989年到1992年期间,该行对中国的贷款超过120亿美元,平均每年提供20多亿美元。同时,世界银行还决定以交通银行为窗口,每年对上海提供2亿美元的长期商业贷款。中国和世界银行双方对多年来的合作均表示满意。目前,我国是世界银行的最大借款国。据统计,从1982年到1999年底,世界银行累计向中国贷款222.50亿美元,主要用于支持扶贫和社会发展目标,如安宁河流域农业发展项目、关中灌区改造项目、黄土高原小流域治理项目二期、高等教育项目及一些基础设施建设项目,如安徽公路项目、四川城市环境项目。2001年,世界银行还对河北石家庄一环改造工程进行了投资。中国在世界银行的投票权为25 392票,约占投票权总数的3.19%,排名第6位。

自恢复国际开发协会的合法席位以来,到1988年底,我国共认缴股金3 950.3万美元,有投票权117 316票,占总票数的2%。我国是低收入的发展中国家,属于国际开发协会的第二组会员国,截至1999年底,国际开发协会累计对中国贷款达102.02亿美元。我国利用这些优惠贷款发展了农业、港口扩建以及其他一些社会发展目标。

中国恢复了在国际金融公司的合法席位后,到1983年6月30日,认缴股金415.4万美元,拥有投票权4 404票,占总数的0.77%。我国积极寻求与国际金融公司的合作机会,并已取得初步成效。1984年,国际金融公司参与了中法合营的广州标致汽车公司的股份投资。随着改革进程的发展,多种经济成分的不断增加以及中外合资经营的发展,中国与国际金融公司的合作会进一步扩大。

知识拓展1

美国金融危机后的G20华盛顿和伦敦峰会

20国集团(Group 20)是1999年9月25日由八国集团的财长在华盛顿提出的,目的是防止类似亚洲金融风暴的重演,让有关国家就国际经济、货币政策举行非正式对话,以利于国际金融和货币体系的稳定。20国集团从2008年起召开领导人峰会。随着20国集团的架构日渐成熟,并且为了反映新兴工业国家的重要性,20国集团成员国的领导人于2009年宣布该组织将取代八国集团成为全球经济合作的主要论坛。

2008年11月,G20华盛顿峰会的主要议题包括:①评估国际社会在应对当前金融危机方面取得的进展;②讨论金融危机产生的原因,共商促进全球经济发展的举措;③探讨加强国际金融领域监管规范推进金融体系改革等问题;④背景:金融危机爆发、大规模救市行动后,各国应对金融危机也进入新阶段——全球联合推动金融体系改革;⑤成果:在五个领域达成共识应对危机,通过应对金融危机的3 600字《华盛顿声明》,分析了危机产生的根源,说明各国采取并将采取的行动、阐述改革金融市场的原则,承诺各国将继续致力于对开放的全球经济。

2009年4月,G20伦敦峰会的主要议题包括:①背景:中国、欧盟、俄罗斯等交替发声,呼吁改革以美元为主导的国际货币体系,终结美元独霸时代。②成果:20国集团将为国际货币基金组织和世界银行等提供总额1万亿美元的资金,大幅增加国际货币基金组织特别提款权(SDR)规模2 500亿美元,舒缓贫穷国家财政压力。此外,20国集团在打击避税天堂、反对贸易保护主义、限制银行家薪酬、刺激经济方案方面都达成了共识。

知识拓展2

国际货币基金组织份额改革的主要历程

2006年9月,国际货币基金组织新加坡年会迈出了份额改革的第一步,对中国、韩国、土耳其、墨西哥进行了小幅上调。国际金融危机凸显了对国际货币基金组织治理机制进行改革的迫切性。经过多次G20峰会的推进,国际货币基金组织份额改革进程加速。

2009年4月,G20伦敦峰会定下份额改革基调。G20伦敦峰会上,领导人对加强国际金融监管和国际货币基金组织增资等问题达成了共识,决定强化国际货币基金组织在国际金融体系的中心角色,将国际货币基金组织的资金规模增加至现在的3倍,由2 500亿美元增加到7 500亿美元,以确保国际货币基金组织有足够资源以帮助陷入困境的国家。领导人还要求国际货币基金组织把第14次份额总检查提前到2011年1月,以提高发展中国家的份额和代表性。伦敦峰会使国际货币基金组织成为最大的受益方,并为接下来的份额改革定下了基调。

2009年9月,G20匹兹堡峰会达成份额改革框架协议。伦敦峰会使国际货币基金组织进行了1998年以来的最大规模的普遍增资,但相对份额比例却没有调整。在9月份G20匹兹堡峰会上,国际货币基金组织份额改革成为各方利益博弈的焦点。发展中国家认为,国际货币基金组织应该向发展中国家转移至少7%的份额,而发达国家认为不能超过5%。最终领导人达成的协议使国际货币基金组织份额改革取得了突破性的进展,决定将发展中国家的份额提高至少

5%,并宣布 G20 将取代八国集团(G8),成为今后讨论全球经济议题的首要平台。

2010 年 4 月,国际货币基金组织与世界银行春季联合会议实现改革突破。在国际货币基金组织与世界银行的春季联合会议上,世界银行率先兑现 G20 匹兹堡峰会承诺,通过了发达国家向新兴市场和发展中国家转移投票权的改革方案,自此新兴市场和发展中国家的投票权上升了 3.13% 达到 47.19%。

其中,中国在世界银行的投票权从 2.77% 提高到 4.42%,跃居第三位。世界银行投票权的重新分配较好地反映了新兴市场和发展中国家要求提高话语权的正当要求,对接下来的国际货币基金组织份额与投票权改革具有很好的示范效应。

2010 年 6 月,G20 多伦多峰会宣布份额改革最终期限。G20 多伦多峰会发表了《多伦多峰会宣言》,宣布国际货币基金组织份额改革将在 2010 年 11 月 G20 首尔峰会之前完成。此前不久,韩国釜山 G20 财长和央行行长会议肯定了世界银行在投票权改革和增资方面取得的成果,同时提出将建立一套反映各国经济实力等内容的份额动态调整公式,逐步实现发展中国家和发达国家平等分享投票权的目标。多伦多峰会还就国际货币基金组织份额改革的细节,如指标转让者、指标获得者、指标转让规模、指标获得规模等问题进行了详细讨论。

2010 年 10 月,G20 财长和央行行长庆州会议达成份额改革历史性协议。作为 G20 首尔峰会的准备会议,韩国庆州会议就国际货币基金组织份额改革达成历史性的一致意见:首先,发达国家向代表性过低的新兴市场和发展中国家转移超过 6% 的投票权,使后者总体份额升至 42.29%;其次,欧洲国家将让出两个执行董事席位给发展中国家;再次,"金砖四国"的份额都将有所提升,全部进入前 10 名;最后,中国持有份额将从现在的 3.72% 升至 6.39%,成为国际货币基金组织第三大股东国。庆州会议后不久,国际货币基金组织执行董事会通过了该会议所提出的份额改革方案。一周后,G20 首尔峰会对该方案进行了正式确认。

2010 年 12 月,成员国商定对基金组织治理结构进行彻底改革。份额改革和执董会构成改革将使基金组织的治理结构更能反映当今全球现实,从而加强基金组织的可信性和有效性。在 2008 年改革的基础上,此次份额改革将使份额增加一倍,至约 4 770 亿特别提款权(约合 7 370 亿美元),把超过 6% 的份额比重转移到有活力的新兴市场和发展中国家,并保护最贫困成员国的份额比重和投票权。在此转移之后,巴西、俄罗斯、印度和中国(所谓"金砖四国")将进入基金组织 10 个最大股东之列。执董会对基金组织有效运作至关重要,拟议的执董会结构和人员构成改革包括转向完全选举的执董会并减少欧洲先进成员国的两个执董会代表席位。目前,拟议份额增加和启动执董会改革所需的《国际货币基金协定修订案》必须经由全体成员国同意,其中很多国家需要获得立法机构批准。已要求成员国在2012年年会之前完成批准过程。

资料来源:根据新浪财经资料整理,http://finance.sina.com.cn//eadership/mrol/20101203/11579051134.html.

本 章 小 结

1. 国际清算银行是国际金融机构的开端。国际货币基金组织和世界银行集团是当今世界上最具影响力的国际金融机构。

2. 国际货币基金组织负责国际货币金融事务,其主要职能有三个方面:一是就成员国的汇率政策与经常项目有关的支付,以及货币的兑换性问题确定一项行为准则,并实施监督;二是向国际收支发生困难的成员国提供必要的资金融通,以使它们遵守上述行为准则;三是向成员国提供国际货币合作与协商的场所。国际货币基金组织的贷款有储备部分贷款、信用部分贷款、进出口波动补偿贷款、缓冲库存贷款、石油贷款、中期贷款、信托基金贷款、补充贷款、机构调整贷款和制度转型贷款等。

3. 世界银行集团由三个机构组成,即国际复兴开发银行(世界银行)、国际开发协会和国际金融公司。只有国际货币基金组织的成员国才有资格申请加入世界银行。世界银行最主要的业务是通过提供和组织长期贷款和投资,解决成员国战后恢复和发展经济的资金需要。国际开发协会专门为较贫穷的发展中国家提供条件极为优惠的长期贷款,以加速这些国家的经济发展。国际金融公司主要是向成员国的私人企业提供贷款,并且不需要政府担保。

4. 亚洲开发银行是亚太地区最大的政府间金融机构,是一家仅次于世界银行的第二大开发性国际金融机构。非洲开发银行是非洲国家创办的地区性国际金融机构。泛美开发银行是以美国和拉美国家为主,联合一些西方国家和南斯拉夫合办的地区性国际金融机构。阿拉伯货币基金组织是阿拉伯联盟所有成员国建立的一个地区性金融机构。

复习思考题

1. 什么是国际金融机构?主要的国际金融机构有哪些?
2. 简述国际货币基金组织的宗旨和组织结构。

3. 国际货币基金组织的贷款有哪些?
4. 国际货币基金组织的资金来源和主要业务是什么?
5. 世界银行的贷款业务有何特点?
6. 简述世界银行集团的机构,并说明其各自贷款具有的特点。
7. 国际开发协会与世界银行的关系如何?它如何对会员国进行分组?
8. 国际金融公司的宗旨、贷款与投资条件是什么?
9. 简述多边投资担保机构的业务范围。

第九章 国际金融体系

【学习目的】

本章主要介绍各国对货币在国际范围内发挥世界货币职能所确定的原则、采取的措施等内容。通过学习,了解不同时期国际货币体系的形成、演变和特点。尤其是研究当前国际货币体系的状况及未来的格局,对制定有关经济发展战略与计划有着重大意义。

【重点难点】

(1)国际货币体系的概念与内容;
(2)布雷顿森林体系的建立与崩溃;
(3)欧元启动对世界经济的影响。

【重要概念】

国际金融体系/国际货币体系/布雷顿森林体系/牙买加体系/特别提款权/黄金非货币化/货币一体化/《马斯特里赫特条约》/欧元

第一节 国际金融体系概述

纵观百余年国际金融体系的变迁,可以发现,"清偿力"和"稳定"是推动国际金融体系发展变化的根本力量。成功的国际金融体系能够同时满足清偿力和稳定的要求,至少能够在公认的可接受水平上维持二者的平衡。一旦这种平衡遭到破坏,即在稳定条件下国际清偿力匮乏或泛滥,或在清偿力适当条件下汇率动荡不定、难以把握,两种状况中的任何一种都表明,现存国际金融体系到了改革关头,旧的国际金融体系需要被新的国际金融体系所代替,这就是国际金融体系发展变化的规律。20世纪30年代国际金本位体系的崩溃虽然不可否认受第一次世界大战及1929—1933年经济大萧条的影响,但根本原因在于随着垄断资本主义的发展,对外投资和国际贸易规模空前增长,对国际清偿力的需求急剧增加,而作为清偿力的黄金,其开采量远远低于经济发展速度,各国货币的黄金准备严重不足,纸币与黄金的兑换不能维持,纸币取代黄金充当国际清偿手段,国际金本位体系即将解体。

一、国际金融体系的构成

"体系"通常指有组织的、相互作用的有机整体。一个复杂的体系包含成千上万个因素,形成核心层、紧密层和松散层结构。核心层的特征代表整个体系的基本特征,核心层的变化决定着整个体系的发展、存亡;紧密层对核心层有直接的影响,对核心层起着不可低估的催化作用;而松散层间接作用于核心层,即需要一定的传导机制和较长的时滞才能引导核心层发生变动。国际金融体系就是一个十分复杂的体系,其构成要素几乎囊括了整个国际金融领域,如国际资本流动、国际汇率安排、国际收支协调、国际金融组织等等。不过,从狭义上讲,国际金融体系主要是指国际货币体系,即国际货币安排,也就是由国际资本流动及货币往来而引起的货币兑换关系,以及相应的国际规则或惯例组成的有机整体。

(1)国际金融体系的核心是国际汇率制度。主权国家在对外经济活动中首要的问题是汇率安排问题,汇率的高低不仅体现了本国与外国货币购买力的强弱,而且涉及资源分配的多寡,因此,各国难免以国家利益为重,趋利避害,在安排汇率时常常以邻为壑,引发货币战、贸易战,使整个世界经济贸易受损,最终不利于各国经济的发展。为了维护共同的利益,各国往往就货币汇率的安排达成共识,按照较为合理的原则在世界范围内规范汇率的变动,从而形成一种比较固定的、为各国共同遵守的、在国际金融中占主导地位的汇率体系。在国际金融史上,由于政治经济格局的差异,出现了三种准则迥异的汇率体系——国际金本位体系、固定汇率体系及浮动汇率体系。

(2)国际金融体系的紧密层是国际收支和储备。国际金融是在生产国际化和国际贸易迅猛发展的情况下产生和发展的,无论哪一种国际金融体系,都应该为全球贸易提供必要的清偿手段,保障各国正常的对外经济活动,即相对于各国对外贸易,官方储备应该是充足的,而且在结构上能够满足国别贸易的需要。当一国国际收支出现逆差,官方储备不足以提供对外清偿时,如果国内供求关系不变,该国就不得不调整汇率,通过汇价上升来扼制外汇需求。相反,当国际收支出现顺差、官方储备增加时,该国则调低汇价鼓励进口和资本输出。总之,国际收支不平衡及官方储备变动将直接导致汇率波动,进而影响整个国际金融体系的稳定。因此,每一种国际金融体系必然包括解决国际收支不平衡的原则、规章及途径。

(3)国际金融体系的松散层是各国的经济政策。在国际经济合作日益密切的当代,一国尤其是在世界经济和贸易中举足轻重的大国的国内经济政策,经常溢出国界波及他国。例如,一国实行扩张或紧缩性经济政策时,国内需求的增减变化必然引起国外资源的流入或流出,容易导致国际收支不平衡,引起汇率波动。此外,扩张型的外贸政策,通常以外汇倾销、货币战为手段(尽管有时手段比较隐晦),不仅改变本国汇率,而且迫使他国为了维护切身利益不得不相应地调整汇率,即使这种调整会危害该国的长期利益。因此,加强各国经济政策的合作与协调,已成为维护国际金融体系的前提条件。

综上所述,国际金融体系一般包括四个方面的内容:安排国际汇率,确立国际储备货币,解决国际收支不平衡问题,协调各国的经济政策。

二、国际金融体系的目标和作用

国际金融体系的目标在于保障国际贸易、世界经济的稳定发展,使各国的资源得到充分利用。国际金融体系的作用主要体现在三个方面:

(1)建立汇率机制,防止不必要的竞争性贬值。各国在汇率安排上要受制于国际规则和惯例,不能随心所欲地损人利己。

(2)为国际收支不平衡的调整提供有效手段。世界各国,无论大小,都经常会为国际收支严重失衡而头痛。因为国际收支不平衡是由国内、国际因素共同造成的,有时国外因素起着主导作用,仅靠本国进行调整无济于事,这时国际金融体系的协调机构就会安排有效的途径来消除各国的国际收支不平衡,以维护汇率机制。

(3)促进各国的经济政策协调。国际金融体系的共同准则,无疑给各国的对外经济活动设了一道安全线,不允许国际收支持续不平衡,不允许汇率波动大起大落,实际上就是要求各国国内的经济政策要服从共同的规则,一切造成国内供求严重失调从而导致外部经济失调,并且不利于多数他国的宏观经济政策,都会受到金融体系中其他成员国的强烈指责和巨大压力,促使各国更多地在国内外经济政策上相互谅解和协调。

第二节 国际金本位体系

一、国际金本位体系的特征

金本位制是一种以一定成色及重量的黄金为本位货币的货币制度,它包括三种形式：金币本位制、金块本位制和金汇兑本位制，其中金币本位制是金本位制的典型形式。在金币本位制下，流通中使用的是具有一定成色和重量的金币，金币可以自由铸造、自由兑换、自由输出输入。而在金块本位制和金汇兑本位制下，流通中使用的是可以兑换为黄金的纸币——黄金符号，纸币与黄金的兑换要受数量或币种的限制。与金币本位制相比，金块本位制和金汇兑本位制是较弱的金本位制。金本位制并非国际金本位体系，前者是后者的基础，只有西方国家普遍采用金本位制后，国际金本位体系才算建立。因此，尽管1816年英国就颁布了条例，实行金本位制，但通常认为1880年为国际金本位体系的起始年，因为这一年欧美主要国家都已经实行了金本位制（见表9.1）。

表9.1 各国实行金本位的时间

国 别	年 份	国 别	年 份
英国	1816	荷兰	1875
德国	1871	乌拉圭	1876
瑞典	1873	美国	1879
挪威	1873	奥地利	1892
丹麦	1873	智利	1895
法国	1874	日本	1897
俄国	1898	瑞士	1874
多米尼加	1901	意大利	1874
巴拿马	1904	墨西哥	1905

国际金本位体系有三个显著的特征：

(1) 黄金作为最终清偿手段，是"价值的最后标准"，充当国际货币。

(2) 汇率体系呈现为严格的固定汇率制。在国际金本位体系盛行的35年间，英国、美国、法国、德国等主要资本主义国家间汇率十分稳定，从未发生过升贬值波动。

(3) 这是一个松散、无组织的体系。国际金本位体系没有一个常设机构来规范和协调各国的行为，也没有各国货币会议宣告成立金本位体系，但是各国通行金本位制，遵守金本位的原则和惯例，因而构成一个体系。

二、国际金本位体系的汇率决定及国际收支调节

在国际金本位制下,各国货币都具有黄金含量,两国间的汇率取决于两国货币含金量之比——金平价。例如,1英镑的含金量为113.001 6格令,1美元的含金量为23.220 0格令,则英镑对美元的铸币平价为113.001 6/23.220 0＝4.866 6。当然,汇率并非恰好等于铸币平价,它还要受外汇供求关系影响。在金本位体系下,由供求变化引起的汇率波动十分有限,波幅不会超过黄金输送点——汇率波动的界限,其值等于铸币平价加两国间黄金运输的费用,超过这一界限,黄金将取代外汇而在两国间流动。

国际金本位体系要求各国遵守三条规则:

(1)货币自由兑换黄金,其含金量保持稳定。

(2)黄金自由输出与输入,对黄金或外汇的买卖不加限制。

(3)货币发行必须有一定的黄金准备。

如果这些规则得到严格遵守,那么国际收支就可能自动平衡,其机制如下:一国国际收支逆差→黄金输出→货币供应减少→物价和成本下跌→出口竞争力增强→出口扩大、进口减少→国际收支转为顺差→黄金输入;相反,一国国际收支顺差→黄金输入→货币供应增加→物价和成本上升→出口竞争力减弱→进口增加、出口减少→国际收支转为逆差→黄金输出。任何国家都不会因国际收支失衡、黄金枯竭而放弃金本位制,基于此,国际金本位体系从1880年至1914年经历了35年的"黄金时代"。

三、国际金本位体系中英镑的作用

国际金本位体系名义上要求黄金充当国际货币,用于国际贸易清偿及资本输出与输入。实际上,由于黄金运输不便,风险大,而且黄金储备不能生息,还需支付保管费用,人们通常以英镑来代替黄金。英镑凭借英国"日不落帝国"及"世界加工厂"的至尊地位而充当国际货币,国际贸易的80%～90%用英镑计价和支付,大多数国家的外汇储备是英镑而非黄金,伦敦国际金融中心为各国提供资金融通。国际金本位体系演变为英镑雄踞塔尖的金字塔式体系,英镑支配着这个体系,英国为国际收支逆差国提供长期信贷,并充当其他国家的最后贷款人,其他国家可用英镑向英格兰银行自由兑换黄金,所以,有的西方经济学家把第一次世界大战前的国际金本位体系称为英镑本位体系。

四、国际金本位体系的崩溃

1914年第一次世界大战爆发,参战各国先后停止金本位制,禁止本币兑换

黄金及黄金的跨国流动。第一次世界大战后,这些没有黄金准备的纸币大幅贬值,汇率波动剧烈,严重损害了国际贸易,然而,由于世界黄金存量的 2/3 为英国、美国、法国、德国及俄国等五国占有,其他国家缺乏实行金本位制的物质基础,不可能恢复第一次世界大战前的国际金本位体系。1922 年主要国家在意大利热那亚召开世界货币会议,建议实行金汇兑本位或虚金本位制。除美国实行金币本位制,英国和法国实行金块本位制外(英法两国允许兑换黄金的最低货币额分别为 1 700 英镑、215 000 法郎),其他国家都实行金汇兑本位制,本币与美元、英镑或法郎挂钩,通过这三种货币与黄金挂钩。与第一次世界大战前相比,这种金本位体系的稳定性大大削弱。由于英国国际竞争力下降,国际收支严重不平衡,从债权国沦为债务国,英镑地位动摇,美元、法郎也上升为国际储备货币,形成英镑区、法郎区、美元区三足鼎立局面。经过调整的金本位体系扩大了国际储备,但增添了动荡因素,未能承受 1929 — 1933 年经济大萧条的冲击。1929 — 1931 年,巴西、阿根廷、澳大利亚、奥地利、德国因国际收支严重失衡而逐次宣布放弃金本位制,并向英格兰银行大量挤兑黄金,英国黄金面临枯竭。在强大的压力下,英国被迫于 1931 年 9 月放弃金本位制,英镑区国家也纷纷效仿。1933 年 3 月,美元危机再次爆发,美国黄金流失惨重,不得不放弃金本位制。法国、比利时、瑞士、意大利等国组成的金本位集团也因法郎定值过高,无法解决国际收支困难,于 1936 年最终放弃金本位制。至此,金本位体系彻底崩溃,各国货币汇率开始自由浮动。

五、国际金本位体系的制度评价

1880 — 1914 年是国际金本位体系的"黄金时代",也是自由资本主义发展最迅速的"黄金时代",严格的固定汇率制便于生产成本核算及国际支付,国际投资风险很少,推动了国际贸易和对外投资的极大发展。因此,今天仍有部分经济学家希望"复归"金本位体系。诚然,国际金本位体系在当时是一种最佳选择,对世界经济发展起了积极的作用,但是在评价金本位体系时不应忘记以下因素:

(1)在这个时期,世界政治经济局势稳定,没有战争和重大经济危机。
(2)黄金生产因金矿的不断发现每 20 年增长 1 倍,黄金供应比较充足。
(3)英国有能力为各国提供商品和信贷,既满足生产发展的需要,又解决国际收支困难。

正是这些因素的综合作用才造就了金本位体系的"黄金时代"。当这些因素随时间推移而消失时,金本位体系的缺陷就暴露无遗。

黄金的增长速度远远落后于各国经济贸易增长的速度,由此造成的清偿手段不足严重制约了各国经济的发展,致使19世纪90年代中期美国的失业率高达15%,所以英国著名经济学家凯恩斯把金本位制称作"野蛮的遗迹"而大加反对。

金本位体系的规则难以为各国所接受,各国不可能忽视本国经济发展对货币的需求而保持充分的黄金准备,或听任金本位体系的自动调节,它们通常利用国际信贷、利率及公开市场业务等手段来解决国际收支困难,而不愿黄金频繁流动,金本位体系的自动调节机制是有限的。

第三节 布雷顿森林体系

一、布雷顿森林体系的创建

第二次世界大战彻底改变了世界政治经济格局,东西对峙,两种社会制度在政治、经济、文化、军事领域展开全面争斗,冷战促进了西方国家的团结合作。西方国家内部,联邦德国、意大利、日本遭到毁灭性打击,英国、法国等老牌强国被严重削弱,而美国却凭借第二次世界大战中的"租借法案"为盟国提供军火而一跃成为世界第一大国。1945年战争结束时,美国的工业制成品占世界总额的一半,海外贸易占世界总额的1/3强,黄金储备从1938年的145.1亿美元增加到1945年的200.8亿美元,约占资本主义世界黄金总储备的59%,其海外投资超过了英国,成为世界上最大的债权国。美国依仗其雄厚的经济实力试图取代英国充当金融霸主,而英国不会轻易地拱手相送。虽然第二次世界大战极大地削弱了英国的经济实力,使英国的民用消费品生产不到1939年的一半,出口额不到第二次世界大战前的1/3,海外资产流失超过40亿美元,外债高达120亿美元,黄金储备下降到100万美元,但是,英国在世界经济中的实力仍然不可低估,英镑区和帝国特惠制依然如故,国际贸易的40%还用英镑结算,英镑仍然是主要的国际储备货币,伦敦依旧是最大的国际金融中心。因此,重建战后国际金融新秩序的重任必然由英、美两国共同承担。早在1940年第二次世界大战爆发之初,美国就提出了以财政部长助理哈里·D.怀特命名的"怀特计划",1941年英国财政大臣首席顾问约翰·M.凯恩斯提出了"凯恩斯计划",这两个计划充分反映了两国各自的利益以及建立国际金融新秩序的深刻分歧。

怀特计划主张存款原则,建议成立稳定基金,金额不低于50亿美元。成员国在基金中的份额由黄金和本币构成,其多少取决于各国的外汇储备、国民收入和国际收支等因素,并决定该国在基金组织的投票权。成员国可以在自己交纳的份额范围内向基金组织购买其他国家的货币。基金组织的货币单位"尤尼塔"(Unita)的含金量为137.142格令,相当于10美元。Unita可兑换黄金,在成员国之间相互转让。各国要规定本币与Unita的法定平价,仅在必须纠正"国际收支基本不平衡"时,经基金组织同意才可调整平价,基金组织通过向成员国提供短期贷款来解决国际收支问题。基金组织由执行董事会管理。怀特计划明确无疑地昭示了美国的意图——凭借拥有的黄金和经济实力,操纵和控制基金组织,为谋求金融霸主地位铺平道路。

凯恩斯计划主张透支原则,按中央银行方式组建"国际清算联盟",各国中央银行在国际清算联盟通过开户往来,这些账户的记账单位"班珂"(Bancor)以黄金计价,其价值可由国际清算联盟适时调整。成员国可以用黄金换取Bancor,但不可以用Bancor换取黄金。各国汇率以Bancor标价,未经理事会批准不得随意变动。各国在国际清算联盟中的份额以第二次世界大战前三年进出口贸易平均额计算。成员国发生国际收支逆差时,在300亿美元的额度内可以向国际清算联盟透支,而不必使用贷款方式。国际清算联盟总部设在伦敦、纽约两地,理事会在两国轮流举行。凯恩斯计划重在创造新的国际清偿手段,降低黄金的作用,受到多数国家赞同。

怀特计划和凯恩斯计划数易其稿,到1943年4月7日,美国首先抛出怀特计划,英国于同日做出反应,公布了凯恩斯计划,引起了经济学界的巨大反响。1943年9月25日—10月9日,由怀特和凯恩斯分别率领的两国小组在华盛顿召开了9次专题会议,经过双方的激烈争吵与相互妥协,于1944年4月正式发表了《关于建立国际货币基金组织的专家联合声明》,为建立新的国际金融体系奠定了理论基础。同年7月1日—22日,第二次世界大战中的44个同盟国在美国新罕布什尔州的布雷顿森林华盛顿山大旅社召开了"联合和联盟国家国际货币金融会议",通过了以怀特计划为基础的《国际货币基金协定》和《国际复兴开发银行协定》,总称《布雷顿森林协定》。《布雷顿森林协定》确立了第二次世界大战后以美元为中心的固定汇率体系的原则和运行机制,因此把战后以固定汇率制为基本特征的国际金融体系称作布雷顿森林体系(Bretton Woods System)。

二、布雷顿森林体系的核心内容

布雷顿森林体系内容广泛,但其核心表现在以下四个方面。

1. 以美元为中心的汇兑平价体系

美元与黄金挂钩,其他货币与美元挂钩,构成了布雷顿森林体系的两大支柱。美国公布美元的含金量为0.886 71克,1盎司黄金=35美元,美国承担各国中央银行按黄金官价用美元兑换黄金的义务。其他国家的货币则按金平价或固定比价与美元挂钩,各国货币与美元的法定平价一经国际货币基金组织确认,便不可更改,其波动幅度不得超过平价的±1%,一旦突破规定的波幅,各国中央银行必须进行干预。只有当成员国基本国际收支不平衡时,经国际货币基金组织批准才能改变汇兑平价。汇兑平价介于金本位制的永久性固定汇率和完全自由的浮动汇率之间,因此有的经济学家称之为"可调整的钉住体系"、"钉住"汇兑平价,但在特定条件下可调整。这种双挂钩形式类似于金汇兑制,不过,布雷顿森林体系在确立汇兑平价和调节国际收支失衡方面有别于第二次世界大战前的金汇兑制。

2. 美元充当国际货币

第二次世界大战结束后,无论是欧洲国家重建家园、恢复经济,还是新独立的发展中国家建立国民经济基础,都需要从美国进口大量商品和物资,拥有美元就拥有了购买美国商品的能力;世界各国对美元强烈的需求造成了20世纪50年代的"美元荒"。储存和使用美元比黄金更有利,很少有人用美元兑换黄金,1949—1971年世界各国储备中美元储备增长了16倍,美国通货膨胀率一直很低,美元享有很高的信誉,世界上许多重要商品如石油、粮食、锑、铜、咖啡、可可及邮电、运输等劳务都用美元计价,衡量各国经济贸易发展的指标也以美元为单位,约90%的国际贸易用美元进行结算,各国中央银行干预外汇市场使用的也是美元。在布雷顿森林体系下,美元实际上等同于黄金,可以自由兑换为任何一国的货币,充当价值手段和流通手段。

3. 多渠道调节国际收支不平衡

布雷顿森林体系通过三条途径解决国际收支不平衡问题。

(1) 依靠国内经济政策。当成员国国际收支出现逆差时,该国采用紧缩型财政金融政策提高利率,使物价下跌,生产资源转入贸易部门,出口增加,进口减少,国际收支好转。成员国也可要求国际货币基金组织实施"稀缺货币"条款,对稀缺货币进行兑换限制,迫使贸易顺差国削减顺差。反之,当成员国国际收支出现顺差时,该国即采用膨胀型财政金融政策增加国内吸收,鼓励资本流出,借此平衡国际收支。事实上,国内经济政策对外部经济平衡有着深远的影响,不适当的膨胀或紧缩政策常常会导致国际收支的人为波动,容易遭受有关国家的批评与报复。

(2) 依靠国际货币基金组织的贷款。为了稳定汇兑平价,国际货币基金组织向成员国提供长期和短期贷款。如各国都可以使用的普通提款权、特别提款权,出口原材料和初级产品的国家还可以申请出口波动补偿及初级产品国际缓冲贷款。国际货币基金组织贷款的范围和金额日益扩大,1966年和1969年,为了改善英国、美国和法国等主要工业国的国际收支逆差,国际货币基金组织分别发放了35亿美元和25亿美元的贷款。然而,随着世界经济的推进,国际收支普遍逆差的趋势蔓延,国际货币基金组织提供的贷款对于解决各国国际收支逆差简直是杯水车薪。不过,国际货币基金组织的贷款无疑是各国平衡国际收支的一个重要手段。

(3)依靠汇率变动。当成员国发生国际收支根本性不平衡,其他调节措施无效或代价太大时,改变汇兑平价就成了最终的选择。但是成员国的汇率变动必须提前通知国际货币基金组织,并经过该组织85%的投票权赞成后才能实施。在布雷顿森林体系下,汇率变动并不频繁,两次大规模的汇率变动发生在1949年和1967年,都与英镑贬值有关。1949年9月18日,1英镑从4.02美元跌到2.80美元,贬值30.3%,引起与英镑有紧密联系的南非、澳大利亚、印度等37国的货币相继贬值,贬值幅度为12%~30.3%。1967的1月,英镑再次贬值,从1英镑兑换2.80美元跌到2.40美元,跌幅为14.3%,丹麦、爱尔兰、新西兰、斯里兰卡等国货币随之贬值。

4. 由国际货币基金组织全力维护布雷顿森林体系

国际货币基金组织吸收了世界161个国家参加,享有很高的威望,它有一套制定、实施和监督法规的完整程序,在协调南北关系、协调西方发达国家间的利益冲突、维护汇兑平价方面功不可没。尤其是20世纪60年代,美元危机发生时,外汇市场上抛售美元、抢购黄金和其他硬通货的货币风潮此起彼伏,固定汇率制摇摇欲坠,国际货币基金组织采取了一系列应急措施。

1960年10月,欧美主要工业国达成稳定黄金价格协定,不高于35.20美元(黄金官价+0.25%手续费+运费)购买黄金。

1961年3月,参加国际清算银行理事会的美国、英国、联邦德国、法国、意大利、荷兰、比利时、瑞典8国中央银行通过了《巴塞尔协定》,在发生国际收支困难时相互予以必要的支援。

1961年10月,除瑞典外的7国通过了《黄金总库协议》,各国共拿出2.7亿美元的黄金来平抑市价,共同维护黄金官价。

1962年10月,国际货币基金组织与10个最大工业国(比利时、加拿大、法国、联邦德国、意大利、日本、荷兰、瑞典、英国和美国)签署60亿美元的"借款总安排",在必要时支持美元,维持国际货币体系的运转。

1962年3月,美国与西方14个主要国家的中央银行签订总额为117.3亿美元的《货币互换协定》,通过短期货币互换,增强干预市场的能力。

1968年3月,实行黄金双价制,各国中央银行之间保持黄金官价,而黄金市场则由供求关系确定市价,美国已无力维持黄金官价。

1969年8月,国际货币基金组织设立特别提款权(SDRs)账户,增加国际储备货币,缓解对美元的压力。

应当说,如果没有国际货币基金组织严谨和卓有成效的工作以及在控制世界性金融危机方面所起的关键作用,布雷顿森林体系不可能维持30年之久。

三、布雷顿森林体系崩溃的症结

1. 无法解决的特里芬难题

美国经济学家特里芬(R.Triffin)对布雷顿森林体系进行分析研究后指出,如果没有别的储备货币来取代美元,以美元为中心的汇兑平价体系必将崩溃。因为美元同时承担了相互矛盾的双重职能:第一,为世界经济和贸易发展提供清偿力;第二,保持美元的币信,维持美元按官价兑换黄金。为了满足世界各国对美元储备的需要,美国只能通过对外负债形式提供美元,也就是国际收支持续逆差。然而国际收支长期逆差,普遍的"美元灾"引发美元危机,美元就必须贬值而不能按官价兑换黄金。如果为了保持美元的稳定,美国就应保持国际收支顺差,那么各国将因缺乏必要的国际清偿手段而降低生产和贸易发展速度。美元在布雷顿森林体系下的这种两难处境,被称为特里芬难题。尽管国际货币基金组织于20世纪70年代初分配了93.15亿特别提款权(SDRs),但是杯水车薪的新增国际清偿力仍然无法解决特里芬难题。1970年美国对外短期负债高达469.6亿美元,而其黄金储备只有110.7亿美元,即海外债权是其黄金储备的4.24倍,美国黄金储备已是捉襟见肘,频频告急。1971年8月,谣传法国等西欧国家要向美国大量兑换黄金。8月15日,尼克松宣布"新经济政策",冻结国内工资物价,停止向国外中央银行兑换黄金,对进口产品开征10%临时进口附加税,至此,美元与黄金脱钩,布雷顿森林体系的一大支柱倒塌。

2. 僵化的汇兑体系不适应经济格局的变动

布雷顿森林体系把维护固定汇率制放在首要地位,成员国在国际收支根本不平衡时可以申请改变汇率。事实上,各国改变汇率的次数极少,1948—1969年的21年间,只有一国货币升值,12个国家汇率没有任何变动,27个国家有1

次贬值,有24个国家各贬值过2次或3次,另有5个国家1962年前贬值超过3次,16个国家贬值过多次。1950—1971年,主要资本主义国家间的汇率尤为稳定,日元一直没有丝毫变动,英镑在1967年贬值1次,法郎在1958年和1969年贬值2次,马克在1961年、1969年升值2次,美元也始终力求稳定(见表9.2)。

表9.2 成员国改变汇率次数(1948—1969年)

贬值百分比	国家总数	工业国	发展中国家				
			非洲	亚洲	欧洲	拉美	中东
无贬值或有升值	13	3	2	0	0	7	1
低于30%	12	6	0	0	1	3	2
30%~39%	22	5	9	4	0	1	3
40%~75%	39	6	18	6	2	5	2
75%以上	23	2	6	4	2	7	2
总 计	109	22	35	14	5	23	10

然而这21年中,美、英、法、日、联邦德国5国的经济实力和地位已经发生了巨大变化,反映在国际收支上,美国持续逆差,英法两国逆差年份多于顺差年份,日本和联邦德国积累了巨额顺差,如果排除各国央行的强力干预,美元、英镑、法郎贬值,日元和马克升值是必然之举,外汇市场上的货币风潮就是很好的证明。但是,布雷顿森林体系的准则不能轻易突破,美国宁愿美元高估,背上出口发展缓慢的包袱,而继续享受美元作为国际货币而带来的"铸币税"收益,也不愿使美元贬值而失去无偿或廉价占用他国实际资源的好处。一方面,英法两国要维护作为大国的形象,很难根据国内经济政策需要适时调整汇率。而日本和联邦德国则把巨额美元储备作为增强实力、提高国际地位的手段,希望维持顺差,不愿调整汇率。另一方面,各国也深受僵化的汇率机制之苦,美元逐渐失去出口竞争力和海外市场,日本和联邦德国却因被迫收买美元维护平价而导致通货膨胀。此外,第二次世界大战后各国经济周期不同步,客观上要求各国采取各不相同的宏观经济政策来稳定本国经济发展,但是固定汇率制把大家捆绑在一起,财政金融政策在国际传递畅通无阻,常常干扰一国独立实施经济政策,引起许多国家的不满。这种僵化的状态违背了建立"可调整的钉住汇率体系"的初衷,矛盾的积累最终冲破了布雷顿森林体系的约束机制。

3. 国际货币基金组织协调解决国际收支不平衡的能力有限

布雷顿森林体系的一个显著特征就是利用国际货币基金组织调节各国国际收支不平衡。国际货币基金组织成立时筹集了88亿美元，1959年首次增到149亿美元，1965年2月第二次增到210亿美元。成员国国际收支逆差时，国际货币基金组织为之提供备用储备，帮助其解决困难。但是由于汇率机制的内在矛盾，各国国际收支问题日益严重，对国际货币基金组织的贷款要求大大超过了国际货币基金组织的财力，尽管国际货币基金组织与十国集团达成了60亿美元的借款总安排，还创造了93.15亿的特别提款权，但这仍然无法满足成员国为维持汇率稳定而需要的贷款支持，于是国际货币基金组织不得不进入国际金融市场拆借资金，对成员国的贷款条件越来越严格，常常顾此失彼。按照国际货币基金组织的贷款条件，发展中国家处于极其不利的地位。国际货币基金组织的贷款金额与各国的份额相联系，份额与贷款额成正比例关系，发展中国家份额小，因此得到的贷款就少。但是发展中国家的贸易条件不断恶化，经济发展又急需国外先进的技术和设备，国际收支困难尤其突出。从贷款安排上看，发展中国家提供的资产(外汇、特别提款权和在国际货币基金组织的头寸)占国际货币基金组织总资产的43%，但所得借款仅为4%，它们对国际货币基金组织调节国际收支的方法十分不满，强烈要求修改现行章程。确实，从全球范围看，国际货币基金组织虽然做了不懈的努力，但是除了极少数国家国际收支为顺差外，绝大多数国家都出现了积累性国际收支逆差，国际货币基金组织并不能彻底、有效地协调解决国际收支问题。

四、布雷顿森林体系的作用

布雷顿森林体系是在第二次世界大战中极不平衡的政治经济局势下建立起来的，它反映了各国对国际金融稳定的良好愿望，同时也不可避免地融入了美国谋求金融霸主的意图，从而使美国成了最大受益者。抛开这一点，布雷顿森林体系支撑了20世纪60年代资本主义世界高速增长的"黄金时代"，对全球经济贸易发展起了积极作用。

(1) 促进了第二次世界大战后国际贸易的迅速发展和生产国际化。各国严格遵守国际通行的固定汇率制，保持汇率的稳定，消除了国际贸易及对外投资的汇率风险，自然就极大地推动了国际贸易和资本流动。据统计，1948—1971年，资本主义世界的出口贸易平均年增长8%，大大高于第一次世界大战期间的0.8%。以"马歇尔计划"为开端的大规模资本借贷和投资，使一大批国家走上负债发展经济的道路,通过生产国际化,积极参加国际分工,拉美各国及亚洲"四小龙"的高速发展令世人瞩目。

(2)缓解了各国国际收支困难,保障了各国经济稳定、高速发展。国际货币基金组织不仅为各国提供部分应急贷款,还指导并协助各国进行国内经济政策调整,从而减弱了国际收支不平衡对经济发展的制约。

(3)树立了开展广泛国际货币合作的典范。布雷顿森林体系建立常设机构国际货币基金组织来协调国际货币问题,该组织吸收了140多个国家参加,每年召开一次全体成员会议,就国际金融问题交换意见,在共同讨论的基础上做出决策。在稳定汇率方面,国际货币基金组织与十国集团之间的互相协调已得到世界范围的首肯,通过国际货币基金组织这样庞大的国际金融组织来协调解决国际金融问题,开辟了国际金融政策协调的新时代。

第四节　牙买加体系

一、牙买加体系的创建

20世纪60年代末70年代初,布雷顿森林体系的弊端已经表现得十分明显,美元贬值趋势不可避免,各国为了稳定汇兑平价,不得不频繁干预外汇市场,然而这已无法平息愈演愈烈的货币风潮。1970年5月,加拿大因资本外流凶猛,宣布实行加元自由浮动。1971年5月美元贬值的谣言四起,外汇投机猖獗,马克和荷兰盾等币种成为抢购对象,为了阻止通货膨胀升级,联邦德国和荷兰退出固定汇率机制,开始自由浮动。1971年8月15日,美元停兑黄金,同年12月,十国集团经过4个多月的磋商,签订《史密森协定》,其中心内容是美元贬值7.89%,黄金官价由原来的1盎司黄金兑换35美元提高到38美元,汇兑平价波动幅度也由1%扩大到2.25%。然而,这些必要的调整不过是应急措施,治标不治本,布雷顿森林体系调节机制的症结依然存在。1972年4月,欧共体六国(荷兰、比利时、卢森堡、丹麦、联邦德国、法国)签订《窄幅蛇形浮动协定》,6种货币间的波幅为±1.125%,比《史密森协定》的规定波幅小一半。实际上是对内实行固定汇率制,对外则联合浮动。1972年6月,较弱的英镑再次受到冲击,英国干预无效后,宣布英镑自由浮动,"钉住"英镑的16种货币随之浮动。1973年2月,美元危机又起,仅2月9日一天,法兰克福外汇市场就抛售了20亿美元。2月12日美元在第二次世界大战后第二次贬值,黄金官价从1盎司黄金兑换38美元提高到42.22美元,贬值幅度达10%。1973年3月伦敦黄金市价高达1盎司兑换98美元,迫使西欧和日本外汇市场关闭17天之久。意大利里拉、瑞士法郎、日元、澳大利亚元等初级产品生产国的货币相继实行浮动。至此,布雷顿森林体系的两大支柱均已倒塌,国际汇率体系自然滑入浮动汇率制。

在1971年8月美元停兑黄金后,国际货币基金组织与十国集团一道着手国际金融体系的改革工作,但是1973年末的石油价格冲击使建立"稳定但可调整的汇兑平价体系"的希望破灭,浮动汇率制成为解决国际收支逆差的最佳途径,建立新的国际金融体系刻不容缓。经过近3年的理论探讨和实践总结,1976年1月,国际货币基金组织国际货币制度临时委员会达成《牙买加协定》。同年4月,国际货币基金组织理事会通过《国际货币基金协定第二次修正案》,对国际金融体系做出新的规定,认可了1971年以来国际金融的重大变化,国际货币关系从此迈入牙买加体系时代。《牙买加协定》的主要内容有4项:

(1)成员国可以自由选择汇率安排,国际货币基金组织同意固定汇率制与浮动汇率制并存。国际货币基金组织对各国汇率政策实行严格监督,防止损人利己的货币贬值政策,在货币秩序稳定后,经国际货币基金组织的85%投票同意,可恢复"稳定的但可调整的平价制度"。

(2)废除黄金官价,取消成员国之间或成员国与国际货币基金组织之间以黄金清偿债务的义务,成员国中央银行可按市价买卖黄金,国际货币基金组织将出售和退还成员国部分黄金,共计为黄金总额的1/3(5 000万盎司)。

(3)增加国际货币基金组织的份额,由原来的292亿特别提款权增加到390亿特别提款权,主要是石油输出国组织(OPEC)的份额,从而提高国际货币基金组织的清偿力,使特别提款权成为主要的国际储备,降低美元的国际储备作用。

(4)扩大对发展中国家的资金融通,用出售黄金的收入建立信托基金,改善发展中国家的贷款条件,将国际货币基金组织的信贷部分总额由成员国份额的100%提高到145%,并且放宽出口波动补偿贷款,由原来占份额的50%提高到75%,以满足发展中国家的特殊需要。

牙买加体系的诞生有其客观必然性。20世纪70年代世界经济多极化发展,日本和西欧崛起,石油输出国组织国家财力雄厚,与第二次世界大战后初期美国独占鳌头的形势相比,已发生了沧桑巨变。以美元为中心的布雷顿森林体系已不能适应新形势的需要,一个更为灵活、更能体现世界政治经济多元化格局的国际金融新体系应运而生。虽然有人指责牙买加体系是"没有制度的体系",但是,与20世纪30年代的浮动汇率制相比,牙买加体系并非像人们所担心的那样混乱无序。

二、牙买加体系的运行机制

(一)国际储备多元化

国际储备多元化突出表现为黄金非货币化,美元地位下降,马克、日元及特别提款权、欧洲货币单位在世界储备中比例加大。在布雷顿森林体系下,国际储备主要是美元和黄金,外汇储备90%以上是美元,结构比较单一。《牙买加协定》实施前后,关于黄金和美元的地位问题,在国际金融领域展开了激烈的争论。从历史发展来看,黄金因其稀缺性和高昂的内在价值而成为一切货币的物质基础,当货币与黄金挂钩时,货币的价值就比较稳定。黄金非货币化,实际上为各国实行通货膨胀政策敞开了大门。作为国际储备的货币不稳定,必然给多数国家造成灾难,所以在美国大肆推动黄金非货币化时,以法国为首的欧洲国家要求恢复金本位制,把黄金摆在国际金融体系的中心。然而恢复金本位制没有可能,因为黄金储量和生产量有限,最多能实行金汇兑。实行本位制,这就需要确立像英镑或美元那样的中心货币,一旦这种中心货币贬值,金本位体系就会崩溃,而且无论哪种货币充当中心货币,都将面临同样的特里芬难题。尽管黄金非货币化使各国不再像以前那样重视黄金,黄金在国际储备中的地位明显下降,但是几百年的传统很难一下就根除,何况各国都认为在战争或重大动荡情况下黄金仍是最稳定的价值手段和最终的国际清偿手段,世界储备中黄金仍占25%左右,而且发达国家的黄金比重更高,黄金储备的85%为发达国家所拥有。黄金市场依然是最富活力的国际金融市场之一,欧洲货币基金建立时也要求份额的20%用黄金交纳。

毫无疑问,美元垄断外汇储备的时代一去不复返了,西欧、日本经济增长迅速,实力已接近美国,它们极力想削弱美元的国际储备势力,阻止美国靠发行美元来应付国际收支逆差,输出通货膨胀。但是无论日本还是联邦德国都没有力量代替美国,经济三元化的结果是外汇储备中也呈现出鲜明的三元化。1974—1983年的10年间,美国和联邦德国的国内生产总值增长速度差不多,日本则约为美国增幅的两倍。由于受石油价格暴涨的影响,美国通货膨胀率年均高达8.4%,接近联邦德国的两倍,也高于日本。同期美国的出口额增长率小于日本的1/3,比联邦德国低1.6%。美国的经济实力及其在世界经济中的地位显著下降,日本和联邦德国的重要性上升。1977—1992年的15年间,美国除1979年、1980年、1981年经常项目为顺差外,其余12年均为逆差,逆差额累积达9 518亿美元,日本只有2年出现逆差,联邦德国也只有3年出现经常项目逆差。

日本和联邦德国积累了巨额贸易顺差,使日元和马克成为硬通货,拥有这两种货币,就拥有储备升值的可能。因此,马克在世界储备中的比重由 1977 年的 8.2%上升到 1990 年的 19.7%,同期日元由 1.2%上升到 9.1%,而美元则由 79.4%下降到 56.4%(各国为了避免外汇风险,使官方储备收益最大化,进行了官方储备结构的调整)。外汇储备虽然出现了三元化趋势,但并非三足鼎立,美元的中心货币地位依然存在。1984—1993 年的 10 年间,美国的国力大大增强,1987 年以来经常项目逆差明显改善,美元在官方外汇储备中的比重不低于 50%,国际贸易的 2/3 仍然使用美元计价和结算,美元作为国际储备似乎已成为全球的惯例,私人部门依旧把美元作为融资工具和重要的价值储存手段。即使在德国,也有不少经济学家认为在(1993 年)以后的 5 年里,欧洲货币一体化也几乎没有可能向美元的国际地位挑战。因此,在国际储备多元化的牙买加体系下,美元依然是最重要的国际储备货币。

除了黄金和主要国家货币外,牙买加体系还有一种重要的国际储备——特别提款权(SDRs)。SDRs 由当今经济实力最强的五国货币构成,5 种货币的权重由各国的出口额和劳务在世界总额中的比重来确定,每 5 年调整一次。SDRs 能够平衡各主要货币的升降,因而比构成自身的任何一种货币都稳定。在黄金储量有限,美国竭力消除逆差,世界各国急需充足而又稳定的国际储备的情况下,SDRs 逐渐成为各国喜爱的国际储备,到 1992 年用作储备的 SDRs 已从 1977 年的 9.2 亿增加到 171 亿,1970—1991 年成员国与国际货币基金组织间 SDRs 的买卖额达 1 960.15 亿,SDRs 作为新型国际储备货币得到日益广泛的运用。国际货币基金组织及其他国际金融组织使用 SDRs 作为核算单位开展活动,私人部门筹资时更多地以 SDRs 计值,到 1996 年底,还有 6 个国家安排汇率时"钉住"SDRs。当然,SDRs 会成为越来越重要的国际储备,但是,国际货币基金组织分配的 SDRs 有限,1992 年 SDRs 储备只有外汇储备的 1.8%,远不能满足各国的需求,由于 SDRs 的分配涉及一系列技术问题,因此不可能增长很快。

1979 年欧洲货币体系创立的欧洲货币单位(ECU)也是一种复合货币,它由欧共体成员国的货币构成,以马克为中心,由于相互间的波动能够抵消,具有较强的自动稳定性。ECU 在欧洲国家官方结算时使用,充当部分官方储备货币。进入 20 世纪 90 年代,欧共体以外的国家及私人部门大量发行以 ECU 计值的债券,ECU 逐渐成为国际货币,在世界官方储备中占有一席之地。

(二)汇率安排多样化,浮动汇率制与固定汇率制并存

整个汇率体系呈现出两大趋势:一是区域集团内实行稳定的汇率制,包括欧

共体及实行钉住汇率制的国家;二是主要货币之间汇率的巨幅波动。在布雷顿森林体系下,由于汇率制度过分僵化,各国都得把稳定汇率放在对外经济政策的首位,国内经济政策目标要服从稳定汇率的需要。结果是在经济发展存在重大国别差异的情况下,处于劣势的国家在改善国内经济状况方面难有充分的回旋余地,经济总是在无法容忍的通货膨胀与衰退、失业之间摆动,汇率调节国内外资源配置的功能受到严重削弱,各国都希望汇率体系更为灵活。因此,牙买加体系趋向于汇率的自由安排。

从理论上讲,一国汇率的安排,即选择固定汇率制还是浮动汇率制,主要取决于三个因素。

(1)经济结构。经济结构包括一国的对外开放程度、国际贸易条件及名义工资物价变动状况。一般来说,一国对外开放程度越高,进出口额占全国生产总值的比重越大,越需要实行固定汇率制。当受到外部冲击时,通过物价、工资水平或其他生产要素的转移进行调节,从而减少宏观经济的实际波动。如果实行浮动汇率制,则必须用本币名义上升值或贬值来调节,由于存在工资刚性及对外较强的依赖性,物价及进出口结构不易调整,将引起国民经济物质部门的生产长期大幅波动。1973年以来,工业制成品与初级产品的价格剪刀差扩大,生产初级产品国家的贸易条件不断恶化。如果实行浮动汇率制,由外汇供求决定汇价,要保持经济的稳定与增长,就会加剧通货膨胀或产量的减少,然而采用钉住汇率制,则可缓和来自外部的冲击。

(2)货币信誉。维护本币良好的信誉是一国经济持续发展的关键,货币稳定,投资者才会对未来充满信心,才能以正常的甚至乐观的态度进行经营活动。因此,通货膨胀严重的国家都乐意与某种硬通货保持固定汇率,实际上就是该国在财政支出及货币发行上接受某种制约,这样在一段时期内可能导致国内生产总值下降,但是,一旦通货膨胀受到抑制,私人部门就会增强对货币当局的信心,市场功能将更加有成效,在相同的通货膨胀率下,比实行浮动汇率制时将获得更多的就业机会。20世纪70年代,西欧国家陷入第二次世界大战后最严重的滞胀,出于增加币信的考虑,欧共体和奥地利、挪威等国货币与世界上最稳定的马克建立了固定汇率。

(3)区域化影响。20世纪80年代,世界经济区域化进一步发展,经济利益休戚相关的一些国家组成自由贸易区、单一市场、关税同盟或经济共同体,这些区域性组织要求成员国在经济政策上协调一致,以维持共同的利益。汇率政策作为经济政策的重要组成部分,当然要服从区域经济一体化的需要。

20世纪70年代,实行管理浮动和独立浮动的国家约占国际货币基金组织成员国的 1/3,而实行钉住汇率或联合浮动、追求比较稳定的国家占 2/3。大多数工业国采用这种或那种形式的浮动汇率制,如欧共体成员国实行联合浮动。大多数发展中国家采用了钉住汇率制,起初是钉住美元、英镑、法国法郎等单一货币,1978 年时钉住美元的国家多达 42 个。然而在 20 世纪 70 年代末,美元、英镑大幅贬值,使钉住这些货币的发展中国家深受其害,拉美国家的通货膨胀率由 20 世纪 70 年代初的 25% 上升到 80 年代初的 300%,债台高筑,竞争性的货币贬值甚至使拉美、非洲国家的政局动荡不休。因此,自 20 世纪 80 年代以来,发展中国家在安排汇率时更多地从钉住单一货币转向钉住一篮子货币。非洲和中东国家采纳钉住汇率制,亚洲国家通常是浮动汇率制,部分亚洲国家钉住美元或一篮子货币。欧洲和拉美的发展中国家同时采用两种汇率制度,通货膨胀率低的国家实行钉住汇率制,通货膨胀率高的国家则实行浮动汇率制。实际上,小国的汇率安排主要取决于决策者的经济目标、本国资源约束及经济结构。如果把稳定的实际产量增长定为经济目标,那么当影响产量波动的原因为国内商品市场变动时便应该调整汇率,而当影响产量波动的原因源于国内货币市场变动时则应保持固定汇率。

随着世界各国经济联系的日益紧密、开放程度的不断提高和资本管制的逐步放松,国际短期资本流动的规模和速度已大大扩大和提高了,各国国内外汇市场上的外汇供求波动也变得越来越紧密和剧烈。在这种情况下,当今汇率制度的趋势是,实行较为固定的汇率制度的国家越来越少,实行灵活的汇率制度的国家不断增多。具体表现在:

(1)有管理的浮动汇率制度,特别是世界三大主要货币(美元、日元和德国马克)之间的浮动汇率制度,取代了布雷顿森林体系,并且一直持续到今天。

(2)其他一些规模较小的工业国家也都实行了浮动汇率,这主要是指澳大利亚、加拿大、新西兰和瑞士。1992—1993 年,芬兰、意大利、挪威、瑞典和美国也相继采取了浮动汇率制度。

(3)发展中国家采取的汇兑安排虽然多种多样,但是进入 20 世纪 90 年代之后,放弃较为固定的汇率制度,转而采用较为灵活的汇率制度的国家所占的比重迅速上升。

总之,汇率制度实现形式的多样性及向浮动的汇率制度转变的国际趋势是当今国际汇率体系的主要特点。

(三)依赖国际政策协调和国际金融市场解决国际收支问题

从 1973 年石油输出国组织国家大幅度提高石油价格开始,国际金融领域动荡不定。20世纪70年代后期西方国家的滞胀,80年代初发展中国家的债务危机,主要货币的巨幅波动,国际金融市场的一体化、证券化,苏联和东欧集团的解体,贸易保护主义的升级,南北差距的扩大以及全球的国际收支不平衡,严重威胁着世界经济和贸易的发展。1977—1992年的15年中,无论发展中国家还是工业国家,经常项目顺差的年份不超过4年,国际收支逆差出现了长期化、全球化趋势,解决国际收支不平衡问题更加复杂和艰巨。在牙买加体系下,解决国际收支困难主要有四条途径。

1. 协调利用国内经济政策消除国际收支不平衡

一国的国民收入和国民支出间存在着平衡,用等式 $C+I+G+X=C+S+T+M$ 表示,该式变形可得 $X-M=(S-I)+(T-G)$,其中,C 代表国民消费;I 代表私人投资;S 代表国民储蓄;G 代表政府支出;T 代表政府税收;X 代表出口收入;M 代表进口支出。

这就是著名的"双缺口理论"。双缺口理论表明,一国的进口差额是由该国的储蓄与投资差额及政府收支差额决定的。要消除国际收支逆差,在经济政策上有两种选择:一是需求政策,即着眼于控制需求,实行紧缩政策,减少货币发行,提高利率,削减公共支出,增加税收,抑制进口,吸引外资流入,等等,这些是常用的手段。控制需求,降低国民经济增长速度,常常伴随着要付出高昂的代价。例如20世纪80年代初拉美国家国际收支严重失衡,无力偿还到期债务,国际货币基金组织和西方国家在重新安排债务的同时,要求拉美国家紧缩需求,调整经济政策。严厉的紧缩政策使拉美国家的国际收支状况明显改善,但副作用也不小,拉美国家的经济增长从1960—1980年的年均5.8%降到1980—1985年的年均1%,人民实际生活水平下降,政局动荡。二是供给政策,即不控制需求而是靠提高供给水平,消除国内缺口来平衡国际收支。其手段主要是取消外汇管制和政府出口补贴,消除价格扭曲,打破对生产要素的人为限制,调整产业结构,提高市场效率和资金利润率,从而在现有资源和需求不变的情况下增加供给,缩减对进口的需求,达到改善国际收支的目的。相对于需求政策而言,实行供给政策难度更大,但效果更佳,因为供给政策涉及整个经济结构的调整及利益再分配,遇到的阻力很大,而且所需时间也长。然而,一旦经济结构调整合理,市场效率提高后,供求状况就会发生根本性变化,这种变化也会持续一段时期。1980年里根就任美国总统后,放弃凯恩斯主义,转而采纳供应学派的理论,实行了20世纪最彻底的税制改革,大幅度削减税收,鼓励企业投资。为了实现经济结构调整,政府增加了公共支出,财政赤字史无前例地超过了1万亿美元,1987

年贸易赤字也达到创纪录的1 600亿美元。然而,供给政策抑制了严重的通货膨胀,1984—1987年美国年均经济增长率高于同期工业国家及世界水平,1987年以来,经常项目逆差逐年下降,1991年经常项目逆差下降到86亿美元,比1987年下降了94.6%,供给政策在美国平衡国际收支上发挥了积极的作用。

2. 充分利用汇率机制,通过汇率的适度调整平衡国际收支

政府加强对外汇市场的干预,使汇率水平处于有利于内外经济平衡的均衡汇率状态,均衡汇率则根据国内外经济变动而适当调整。汇率的改变直接影响进出口商品的价格,使国际贸易条件好转或恶化。如果一国进出口需求弹性之和大于1,满足马歇尔-勒纳条件,则该国的国际收支就会得到改善,不过,即使一国满足马歇尔-勒纳条件,也存在J曲线效应问题,国际收支的改善也需要一段时滞。由于绝大多数发展中国家不具备马歇尔-勒纳条件,浮动汇率使其国际收支更加恶化。何况20世纪80年代以来,国际游资冲击国际金融市场,加剧了一国平衡国际收支的不确定性。改变汇率后,一旦受到国际游资的投机性冲击,往往会出现与政策制定者的初衷背道而驰的局面。因此,单靠一国改变汇率来改善国际收支很难奏效。

3. 通过融资来平衡国际收支

与布雷顿森林体系不同,牙买加体系下以国际货币基金组织为中心,结合各国政府和商业银行,给逆差国提供贷款,成为平衡国际收支的一条重要途径。1973年布雷顿森林体系崩溃,不久后石油价格暴涨,巨额的国际收支逆差极易导致贸易战和汇率战,此时平衡国际收支的最佳办法就是贷款——迅速而又充足。石油输出国组织国家积累了大量的石油美元,其经常项目盈余由1973年的66亿美元猛增到1980年的1 150亿美元,国际货币基金组织及时地组织了两次大规模的石油贷款,1974—1976年两年间,35个成员国在156笔交易中获得79亿美元的石油贷款,引导了石油美元回流。进入20世纪80年代,为国际收支困难的成员国提供贷款已成为国际货币基金组织的一项基本任务。1981—1984年,国际货币基金组织就提供了371 387亿美元贷款。1992年,发展中国家的备用贷款安排、延期贷款、结构调整贷款及新增贷款高达284亿美元。20世纪70年代后期,西方国家经济滞胀,投资需求不旺,加上阿拉伯国家把巨额盈余投向欧洲货币市场,大大增加了欧洲货币市场的贷款能力。由于欧洲货币市场的贷款条件比较优厚,各国都把欧洲货币市场视作平衡国际收支不可缺少的一部分。20世纪70年代拉美国家、80年代美国、90年代德国就是通过吸引欧洲货币市场的资金流入来弥补国际收支逆差的。实际上,债务危机爆发后,商业银行提供贷款时条件更严格、行为更谨慎,其不愿为各国政府平衡国际收支提供长期贷款。许多国家发生国际收支逆差并非暂时的需求膨胀所致,而是存在深层次的结构问题,结构调整贷款具有期限长、金额大的特点,目前不易获得。因此,不能过高地指望通过国际金融市场和商业银行贷款来平衡国际收支。

4. 加强国际协调

在牙买加体系下,国际货币合作及金融政策协调有两条渠道:其一是传统的国际货币基金组织。国际货币基金组织每年召集一次成员国中央银行行长会议,磋商国际金融稳定、国际收支平衡、国际债务及国际银行业务等重大问题,交流各国的货币金融政策,并制定一些共同遵守的准则。迄今为止,国际货币基金组织依然是最重要的国际金融组织,肩负着促进整个国际货币体系有效合作的中心责任。其二是新兴的七国首脑会议。西方七国首脑会议实际上是布雷顿森林体系崩溃的产物。布雷顿森林体系的溃崩及石油危机的冲击,使西方各国陷入一片混乱,1974年美国、日本和欧洲等国的平均工业生产增长率比1973年下降了10%,经合组织24国的通货膨胀率高达16.8%,失业人数有1 450多万人,超过荷兰人口总数。在这场危机中,西方各国的协调精神降到第二次世界大战以来的最低点,美日欧之间展开了空前激烈的贸易大战,借此转嫁危机,致使1975年世界贸易总额比1974年陡然下降了10%,出现了第二次世界大战以来第一次世界贸易下降。世界经济多元化发展,各国之间在经济上唇齿相依,以邻为壑终究会危害自身,基于共同的利益,占西方国家生产80%的七国首脑会议应运而生。七国首脑会议始于1975年11月的朗布依埃会议,此次会议讨论的焦点是国际货币体系问题,因此有人称朗布依埃会议是一次"货币首脑会议"。法国不再坚持恢复固定汇率制,美国则表示它将与各国在浮动汇率制下,通过中央银行的相互协商及共同干预货币市场,使汇率保持在一个比较稳定的水平上。法美协定平息了两国关于国际货币体系的长期争吵,美国总统福特总结道:"在这优美的环境中,我们发明了一种新的精神,出于对我们共同命运更深刻的了解和我们能够主宰我们的前途的共同信念而抱有的合作和信任的精神。"从此"合作与信任"成为西方七国首脑会议的精髓。

20世纪80年代初,里根政府为对付通货膨胀,实行高利率政策,西欧国家被迫随之提高利率,造成失业率上升,国际收支恶化。但是西欧和日本深知,如果美国经济不复苏,它们自身的经济复苏也无指望,因而他们理解和支持美国。直到1983年威廉斯堡会议的《经济复兴宣言》才明文规定,各国政府要降低财政赤字。到1985年,美国贸易赤字急剧扩大,贸易保护主义抬头,美元居高不下。

应美国财长贝克之邀,1985年9月,西方多国财长聚首纽约的广场饭店,决定联合干预外汇市场,美国答应减少开支,削减赤字,日本同时开放金融市场,使日元能充分反映日本的经济实力。广场会议后,多国中央银行协同在外汇市场上抛出了50亿美元。到1985年11月,美元对马克下跌8%,对日元下跌13%,实现了美元"软着陆"。广场会议标志着西方主要国家通过协调来控制国际汇率的开始。1987年2月,西方多国财长和中央银行行长在巴黎卢浮宫聚会,一致同意要通过努力加强各国间的经济政策协调来促进世界经济的均衡增长,顺差国和逆差国一样负有平衡国际收支的责任。1987年10月19日,纽约股票交易所道琼斯工业股票平均指数下跌了508点,跌幅为22.6%,超过了1929年10月28日著名的"黑色星期五"12.9%的跌幅,这次"黑色星期一"给国际金融市场带来一片混乱,西方多国再次加强协调,进行了五次大规模的联合干预,避免了类似1929年经济大萧条的后果。1993年东京首脑会议,日本的巨额顺差再度成为众矢之的,美国财长宣称日本顺差已成为全球性问题,危害了世界经济的增长,迫使日本通过一个为期5年的计划,从1993年起将其1 200亿美元的贸易顺差循环提供给发展中国家。一年一度的西方七国首脑会议,成为大国之间就共同关心的政治、经济问题交流看法,寻求他国对本国经济政策的理解和支持,协调相互间矛盾和冲突的一种制度,它比国际货币基金组织更易达成有效的政策协调,并能迅速地付诸实践,转而影响国际货币基金组织的决策。当然,西方七国首脑会议是维护工业国特别是主要工业国利益的工具,它虽然也讨论发展中国家的债务问题、援助南方及缩短南北差距等问题,但是七国协调政策的结果,除少数东亚的新兴工业国家和地区外,对广大发展中国家并无益处。因此,1993年东京会议前夕,不结盟运动主席苏哈托前往东京,要求日本在首脑会议上转达发展中国家的要求。

三、对牙买加体系的评价

牙买加体系创建至今,经历了国际金融的一系列重大变化,其在克服各种危机、推动经济稳定发展方面起了积极作用。

(1)打破了布雷顿森林体系的僵化局面。实行浮动汇率制,增加了各国对外政策的灵活性,在受到国外冲击时,可以由汇率变动来自动调节,不必实行紧缩或扩张政策来维持汇率,能够保持国内经济政策的连续性,使宏观经济政策的力度和范围得到保障,市场效率更高。

(2)国际储备多元化解决了特里芬难题。美国不必用国际收支逆差来提供国际清偿手段,美元与黄金脱钩,美国可以自主地安排汇率。其他国家则综合考虑进出口对象、资本流动、各种储备之间的风险收益后选择国际储备,消除了布雷顿森林体系下必须与美国拴在一起的弊端。

(3)用综合机制共同调节国际收支,扩展了调节渠道。在布雷顿森林体系下,调节国际收支的渠道有两条:一是国际货币基金组织提供短期或中长期贷款;二是会员国发生国际收支根本不平衡时改变汇兑平价。这两条渠道由于存在份额限制以及需要付出高昂代价而使其作用有限,调节机制失灵。牙买加体系新引进了国际金融市场、商业银行信贷和国际合作与政策协调,使国际收支的调节更有效、更及时。当然,牙买加体系不是一个完美的体系,许多经济学家认为它是"无制度的体系",从而要求建立国际货币新秩序。

牙买加体系至少存在以下三方面的弊端:

(1)汇率体系极不稳定。在牙买加体系中,全球1/3的国家实行独立浮动或管理浮动,其余2/3的国家实行钉住汇率制,作为储备货币的主要是美元、日元、德国马克、英镑和法国法郎,这五种货币一旦稳定,SDRs和ECU也就稳定了。由于英镑、法国法郎较弱,因此,整个货币体系的稳定实际上决定于美元、日元和德国马克之间的汇兑关系,而这三大货币波动巨大,使整个体系失去了稳定的基础。

(2)大国侵害小国利益,南北冲突更加尖锐。由于主要工业国基本上实行浮动制,而大多数发展中国家采用钉住制,大国往往只顾自身利益而独立或联合起来改变汇率,使钉住它们货币的发展中国家无论国内经济状况好坏都不得不随之重新安排汇率,承受额外的外汇风险。

(3)国际收支调节机制不健全。四大调节渠道都有局限性,都不是根本解决问题的办法。亚洲金融危机和1999年美国贸易收支逆差持续扩大表明,牙买加体系创建20年来,全球范围的长期国际收支不平衡并未得以根除。

第五节 欧洲货币体系

自从罗伯特·蒙代尔在1961年提出最优通货区理论以来,随着世界经济特别是区域经济一体化的发展,部分国家和地区逐步开始了建立最优通货区的尝试与实践。比如,在1962年西非六国成立了西非货币联盟,1968年和1977年拉美五国分别成立了安第斯开发公司和安第斯储备基金,1972年欧洲共同体(European Communities,简称"欧共体")国家实行货币汇率联合浮动,并于1979年演变为欧洲货币体系等。在众多区域货币一体化的实践中,欧洲货币体系十分引人注目。它不仅是最优通货区理论的具体应用与典型实践,也是欧洲货币一体化进程的重要阶段,为实现欧洲货币联盟和启动单一货币欧元奠定了良好的基础。

一、欧洲货币体系的建立

1950年欧洲支付同盟成立,标志着欧洲货币一体化的开始。1958年,欧洲经济共同体各国签署了《欧洲货币协定》以代替欧洲支付同盟,促进了各国货币自由兑换的发展。1969年3月在海牙举行的欧共体首脑会议,提出了建立欧洲货币联盟(European Monetary Union,EMU)的概念。同年12月,欧共体首脑就建立欧洲货币联盟进行磋商并取得一致意见。根据这次会议的决定,由卢森堡首相兼财政大臣魏尔纳(Pierre Werner)为首的一个委员会开始审议这项工作。1970年10月,该委员会向欧洲理事会提交了一份《关于在共同体内分阶段实现经济和货币联盟的报告》,该报告也被称为"魏尔纳报告"。该报告在几经讨论和修改后,于1971年3月22日经欧共体部长理事会通过。"魏尔纳报告"为实现欧洲货币联盟规定了一个包括三个阶段的10年过渡期。

第一阶段从1971年初至1973年底,主要目标是缩小成员国货币汇率的波动幅度,着手建立货币储备基金,以支持稳定汇率的活动,加强货币与经济政策的协调,减少成员国经济结构的差异。

第二阶段从1974年初至1976年底,主要目标是集中成员国的部分外汇储备以巩固货币储备基金,进一步稳定各国货币间的汇率,并使共同体内部的资本流动逐步自由化。

第三阶段从1977年初至1980年底,共同体将成为一个商品、资本和劳动力自由流动的经济统一体,固定汇率制向统一的货币发展,货币储备基金向统一的中央银行发展。在欧共体部长理事会达成协议后不久,就爆发了严重的美元危机,国际金融市场出现剧烈动荡,该项计划因此被耽搁下来。直到1972年初,欧共体部长理事会才继续着手推进货币联盟计划,主要措施包括实行联合浮动汇率,建立欧洲货币合作基金(European Monetary Cooperation Fund,EMCF),创设欧洲计算单位(European Unit of Account,EUA)。

所谓"联合浮动汇率",也被称为"可调整的中心汇率制"。它是指对内规定成员国货币汇率的波动幅度为上下1.125%,对外则实行联合浮动。由于欧共体对内规定的汇率波动幅度小于《史密森协议》规定的2.25%,所以又被称为"蛇形浮动汇率"。1973年布雷顿森林体系崩溃以后,《史密森协议》规定的2.25%的幅度不复存在,而欧共体成员国货币依然实行联合浮动,但联合浮动极易受美元汇率波动的影响。为避免汇率的剧烈波动给成员国造成冲击,促进欧共体国家的经济发展,联邦德国总理斯密特和法国总统德斯坦 1978 年 4 月在哥本哈根欧共体首脑会议上动议建立欧洲货币体系,并于同年 12 月 6 日由欧共体首脑在布鲁塞尔达成协议,决定于 1979 年 1 月 1 日建立欧洲货币体系(European Monetary System,EMS)。后因联邦德国与法国在农产品贸易补偿额问题上发生争执,该体系延迟到 1979 年 3 月 13 日才正式成立。最初参加的国家包括欧共体中除英国以外的法国、联邦德国、意大利、荷兰、比利时、卢森堡、爱尔兰和丹麦等 8 个国家,虽然英国暂时没有加入,但英格兰银行却按规定的比例认缴黄金和美元储备,参加了欧洲货币基金。

二、欧洲货币体系的主要内容

欧洲货币体系主要包括三项内容:创设欧洲货币单位(European Currency Unit,ECU),实施稳定汇率机制(Exchange Rate Mechanism,ERM),建立欧洲货币基金融(European Monetary Cooperation Fund,EMCF)。

(一)创设欧洲货币单位(ECU)

欧洲货币单位由欧洲计算单位演变而来,是欧洲货币体系的核心。欧洲货币单位是一个"货币篮子",最初是由欧共体 12 个成员国中的 9 种货币所组成。每一种货币在欧洲货币单位所占的比重,是根据各国在共同体内部贸易额和国民生产总值所占份额加权计算的。"货币篮子"的权数构成每 5 年调整一次,但如果其中任何一种货币比重的变化超过 25% 时,则可随时对权数进行调整。

欧洲货币单位的创设和发行,是通过一种特殊的程序进行的。在欧洲货币体系成立之初,各个成员国将其 20% 的黄金储备和 20% 的美元储备提供给欧共体于 1973 年 4 月设立的"欧洲货币合作基金",然后由该基金以互换的形式向成员国发行相应数量的欧洲货币单位。其中,黄金是按前 6 个月的平均市场价格或按前一个营业日的两笔定价的平均价格计算,美元储备则按市场汇率定值。

欧洲货币单位的作用主要表现在:

(1)作为成员国货币之间中心汇率的计算标准。成员国在确定货币汇率时,以欧洲货币单位为依据,其货币与欧洲货币单位保持固定比价,再据此中心汇率套算与其他成员国货币的比价。

(2)作为决定成员国货币汇率偏离中心汇率的"指示器"。

(3)作为进行干预活动和信贷业务的计算标准。

(4)作为成员国货币当局的储备资产和中央银行之间的结算工具。

(二)实施稳定汇率机制

实行联合浮动汇率制,减小成员国之间的汇率波动幅度。各成员国的货币对欧洲货币单位确定一个中心汇率,并根据这一中心汇率来确定彼此之间的货币汇率,各成员国的中央银行要保证各自的货币汇率波动幅度上下限各不超过2.25%(意大利里拉及后来加入的英镑不得超过 6%)。如果一国的货币汇率波动幅度超过规定的上下限,则该国中央银行有责任、其他各成员国也有义务对外汇市场进行干预。从长远看,汇率波动幅度应当逐步缩小,为最终实现统一货币创造有利条件。

当一种货币超越差异界限时,有关国家就要采取措施进行干预。通常进行干预的办法有以下 3 种:

(1)通过各中央银行间的相互贷款以干预外汇市场,即抛出硬币以减轻对硬币的压力,吸收软币以加强对软币的支持。

(2)在国内实行适当的货币政策和财政政策,如软币国家提高利率,紧缩银根,而硬币国家则降低利率,放宽信贷。

(3)改变中心汇率作为最后的手段,即在干预难以奏效的情况下,各国就必须重新确定中心汇率,以避免整个体系崩溃。

(三)建立欧洲货币基金

以原有的"欧洲货币合作基金"为基础,建立"欧洲货币基金",其资金来源为集中成员国缴纳的 20% 的黄金储备和外汇储备,再加上与此等值的各成员国本国货币,总计约 500 亿欧洲货币单位。该基金除了是发行欧洲货币单位的储备金外,其作用一方面可用来加强干预外汇市场的力量,打击货币投机,稳定成员国之间的货币汇率;另一方面可以对成员国的国际收支出现的困难进行短期和中期的资助,加强成员国之间的货币合作。

三、对欧洲货币体系的评价

(一)积极作用

欧洲货币体系是一个以欧洲货币单位为核心,以汇率运行机制为主体、以信贷体系欧洲货币基金为辅助手段的区域性可调整固定汇率制度。欧洲货币体系的建立,使欧共体国家形成一个实力雄厚的货币集团,不仅对欧洲而且对整个世界都发挥了重大的影响,取得了令人瞩目的成就。

1. 促进了欧共体经济与货币联盟的建设，推动了欧洲国家政治联合的发展

欧洲货币体系的建立，使成员国在货币金融、财政税收、国际收支、农业等各方面更加密切地合作，政策更加协调，对于欧洲经济的一体化和政治联合，起到了重要的推动作用。

2. 稳定了欧共体国家货币的汇率，促进了各国经济和贸易的发展

欧洲货币体系采取了双重的汇率干预机制，放宽了对弱币的波动界限，并扩大了信贷机制的资金力量，因而更好地保证了成员国货币汇率的稳定。据欧共体统计资料表明，在1979—1983年间，体系内成员国货币对马克的月平均汇率变动仅有0.5%~0.8%，而体系外的美元、日元和英镑的月汇率变动幅度则3倍于此，达到2.4%~2.7%。汇率体系的相对稳定，有力地抑制了欧洲的外汇投机活动，减少了外汇风险，促进了共同体内部商品、资本、劳动力的自由流动以及贸易和投资的顺利进行，并推动了各国经济均衡稳定的发展。

3. 加强了欧共体国家货币的作用，打击了美元的霸权地位

欧洲货币体系的汇率机制主要使用成员国货币而不是美元作为干预货币，汇率稳定的标准是欧洲货币单位，而欧洲货币单位"货币篮子"中不包括美元，这就在相当程度上避免了美元等外部货币汇率波动对共同体的冲击，同时也缩小了美元的使用范围，对美元的霸主地位构成了严重的威胁。

4. 发展了区域性的货币体系，推动了全球性国际货币制度改革的进程

欧洲货币体系的建立对浮动汇率制是一个有力的挑战，它改变了传统的僵硬的固定汇率，采取了有弹性的可调整固定汇率，并强化了稳定固定汇率的措施。作为一种区域性的货币体系，它在稳定成员国货币汇率、协调各国货币政策、调节国际收支、建立储备资产等方面的改革尝试，为全球性国际货币制度的改革提供了有益的经验和可操作的模式。

(二)消极作用

虽然欧洲货币体系在其运行的初期发展顺利，在稳定汇率方面取得了巨大成就，为欧洲经济和货币一体化提供了宝贵的经验。但自20世纪90年代以来，遇到了严峻的挑战。1992年9月，欧洲货币体系爆发了自成立以来最严重的一次危机。外汇市场投机活动十分猖獗，投机者纷纷抛售弱币，迫使意大利宣布里拉贬值7%，西班牙宣布比塞塔贬值5%。在短短4天时间内，欧洲货币体系就两度调整汇率，而在此之前的13年内总共才调整了12次。受到冲击最大的是英镑和里拉。英国政府为遏制资本外流,在一天之内两次提高基础贷款利率,从10%提高到15%,法国也将利率提高到13%,并与德国联手拿出数百亿美元干预市场,但效果并不明显。英镑和里拉不得不退出欧洲货币体系汇率机制。1993年7至8月间,汇率机制出现第二次危机,迫使欧共体在1993年8月1日决定,允许成员国之间的汇率对中心汇率的波动幅度由原来的±2.25%扩大到±15%(德国马克和荷兰盾除外),等于实行了自由浮动。

20世纪90年代初爆发的这两次危机,从表面上看是国际投机资本冲击的结果,但在其背后有深刻的原因,主要表现在以下两方面:

(1)汇率机制本身存在一定的局限性。在稳定汇率机制下,各成员国很难随意根据本国国民经济和国际收支状况调整汇率,从而使一些国家的货币汇率严重高估,进而导致市场产生贬值预期并引发投机活动。而面对强大的贬值压力,各国中央银行干预外汇市场的能力非常有限,往往难以奏效,从而引发货币危机。

(2)欧共体各国经济政策内外目标上的差异与政策不协调。20世纪90年代初期,联邦德国政府为实现两德统一和复兴民主德国地区经济,投入了巨额资金,财政赤字和货币发行明显增加,国内通货膨胀压力显著加强。为了抑制通货膨胀的压力,德国政府不顾其他国家的强烈反对,于1991年起开始调高中央银行的贴现率,从1990年底的6%上调到1991年6月底的8.8%,这给其他西欧国家造成很大压力。当时西欧其他国家为摆脱萧条,刺激本国经济复苏,先后调低利率,结果造成资金流向利率相对较高的德国形成马克坚挺的局面。在这种情况下,这些西欧国家面临两难选择:若要维持其货币与德国马克和欧洲货币单位的固定比价,进而维持欧洲货币体系的稳定汇率机制,它们就必须调高利率;若要通过降低利率来刺激本国经济复苏,它们又必须被迫使其货币对德国马克贬值。经过一段时期的挣扎、协商及协调干预以后,英国和意大利终于首先抵挡不住外汇市场的强大压力,不得不于1992年9月13日宣布英镑和里拉"暂时"退出欧洲货币体系的汇率机制,由此酿成欧洲货币体系史上著名的"9月危机"。

这场危机因德国高利率的延续而一直持续到1993年夏天,西班牙货币比塞塔和法国法郎也先后遭到冲击,被迫"暂时"退出欧洲货币体系的汇率机制或对德国马克大幅度贬值,从而使欧洲货币体系的汇率机制遭受沉重打击。危机表明,欧共体成员国之间在内外均衡问题上存在很大的分歧,成员国如何处理及协调好一国内部均衡与外部均衡的关系,如何在经济和货币政策方面让渡更多的主权并进行更有效的协调,对维系欧洲稳定汇率机制和促进欧洲货币一体化进程至关重要。

资料链接

欧共体国家为什么从 20 世纪 60 年代末开始努力寻求货币和汇率的合作

1. 世界经济格局发生变化

20 世纪 60 年代以来,虽然西欧国家的经济实力在不断增强,但战后日本经济迅速崛起,美国经济虽受多次美元危机影响实力受损,但仍是世界第一大经济体。面对强有力的竞争对手,建立欧洲货币体系,是欧共体各国的共同需要。

2. 欧共体各国经济一体化发展的要求

随着欧共体工业品和农产品共同市场的巩固和发展,劳动力和资本流动的自由化成为欧共体的下一个目标,这不仅需要各国经济政策的协调一致,还依赖于共同体货币一体化的进程。

3. 国际收支严重失衡

20 世纪 70 年代石油价格的上涨,引起世界性通货膨胀,欧共体国家除联邦德国外出现了严重的国际收支逆差。各国迫切需要结成一个区域性的货币集团来提供相互的资金支持,以渡过国际收支逆差的难关。

4. 国际金融形势剧烈动荡

布雷顿森林体系崩溃以后,国际金融一直处于动荡不安的状态。1977 年,美元危机再度爆发,冲击着各国货币汇率的稳定。欧共体各国迫切需要建立区域性货币集团,以抵御美元汇率波动的影响,加强在国际金融方面同美国分庭抗礼的地位。

5. 欧共体内部有利的经济条件

在西欧主要工业国家之间,一直存在着紧密的经济联系,各国的经济发展水平比较接近,政策要求趋向一致,也推动了各国在货币金融领域的协调与合作。

第六节 欧洲货币联盟与欧元

20 世纪 80 年代下半期以来,欧洲经济一体化的步伐开始加快。1985 年 12 月,欧洲理事会卢森堡会议拟就《单一欧洲法案》。该法案规定于 1992 年实现的欧共体内部统一大市场是一个没有内部边界的地区,区域内实行商品、人员、劳务和资本的自由流通。据此,进一步强化欧洲货币体系就成为形成统一内部市场、实现资本流动完全自由化的必要条件,卢森堡会议也就此将欧洲货币体系确定为深化货币合作的出发点。1988 年 6 月,欧共体汉诺威首脑会议决定,成立由当时的欧共体委员会主席雅克·德洛尔主持的"经济和货币联盟委员会"。

1989年4月,德洛尔向12个欧共体国家财政部长提出了《关于欧洲共同体经济与货币联盟》的报告,又称"德洛尔报告",并在该年6月提交欧洲理事会马德里会议讨论,12月报告在经过激烈辩论后在欧洲议会上通过。"德洛尔报告"继承了20世纪70年代"魏尔纳报告"的基本框架,再次强调了建立欧洲经济与货币联盟的要求和重要性,提出了分阶段实现经济和货币联盟的计划。

为实现欧洲经济和货币联盟,推进欧洲的统一,欧共体首脑于1991年12月9日和10日在荷兰马斯特里赫特开会,就欧共体建立内部统一大市场后,进一步建立政治联盟和经济与货币联盟问题达成协议。会议通过了《政治联盟条约》和《经济与货币联盟条约》,统称《马斯特里赫特条约》。按照《经济与货币联盟条约》规定,最迟于1998年7月1日成立欧洲中央银行,于1999年1月1日起实行单一货币。

一、《马斯特里赫特条约》的主要内容

《马斯特里赫特条约》(以下简称《马约》)包括《政治联盟条约》和《经济与货币联盟条约》,后者为建立欧洲经济与货币联盟规定了明确的目标和时间表,这就是最终要在欧洲联盟内建立一个负责制定和执行共同货币政策的欧洲中央银行并发行统一的欧洲货币。

为实现这一目标,条约规定了一项分三阶段实施的货币一体化计划:第一阶段,从1990年7月1日至1993年12月31日,主要任务是实现所有成员国加入欧洲货币体系的汇率机制,形成欧洲统一大市场,实现商品、人员和资本的自由流动,协调各成员国的经济政策,并建立相应的监督机制。第二阶段,从1994年1月1日到1997年,进一步实现各国宏观经济政策的协调,加强成员国之间的经济趋同;建立独立的欧洲货币管理体系——欧洲货币局,作为欧洲中央银行的前身,为统一货币作技术和程序上的准备;进一步缩小成员国货币之间汇率的波动幅度。第三阶段,从1997年至1999年1月1日,最终建立独立的欧洲中央银行,制定和执行共同货币政策;发行统一的欧洲货币,成员国的货币逐步停止使用。

根据《马约》的有关规定,拟取得欧洲经济与货币联盟成员资格的国家必须在如下6个方面达标:

(1)通货膨胀率不能超过欧共体3个通货膨胀率最低国家平均数的1.5%。

(2)长期名义利率不得高于欧共体3个通货膨胀率最低国家的平均水平的2%。

(3)财政赤字占国内生产总值的比重必须低于3%。

(4)政府债务占国内生产总值的比重不超过60%。

(5)货币汇率必须维持在欧洲货币体系规定的幅度内,并且至少有两年未发生过贬值。

(6)成员国中央银行的法则法规必须与《马约》规定的欧洲中央银行的法则法规相兼容。

此外,考虑到静态达标的实际困难,意大利代表团曾在马斯特里赫特会议上提出一个动态解释方案,即在评估各国是否达标时,以动态趋势取代静态水平来评估各国是否有条件进入第三阶段。所谓"动态趋势",是指各项指标的变化趋势是否多年来一直朝向《马约》规定的绝对值标准,如果是向这个标准靠近的成员国,就有资格进入第三阶段。该方案已被《马约》所采纳。

在上述6项趋同指标中,除了第(5)(6)两项指标以外,其余4项指标都是量化指标。根据1990年的统计数据,在12个欧共体国家中,满足4项指标的国家有丹麦、德国、法国和卢森堡,满足3项指标的国家有爱尔兰和英国,满足2项指标的国家有比利时和荷兰,西班牙只满足1条标准,而希腊、意大利和葡萄牙的4项指标均未达到要求。按照马斯特里赫特会议的决定,在1996年底将由欧共体理事会就各成员国经济状况是否符合上述指标进行一次评估。如果至少有7个成员国能够满足上述指标,并且当时欧共体的情况允许,这些达标的成员国将首先进入第三阶段,其余国家待到条件成熟时再加入。如果达标国家少于7个,或者欧共体理事会认为于1997年实施阶段三不合适,则已达标国家应推迟到1999年1月1日进入第三阶段,其余国家同样待到条件成熟时再加入。换句话说,1999年1月1日是开始实施阶段三的最后期限,不管当时有多少国家达标,欧洲货币一体化都将会进入《马约》规定的第三阶段,建立独有的欧洲中央银行和发行统一的欧洲货币。

二、《马约》的实施与欧元的诞生

根据《马约》规定的建立欧洲经济与货币联盟的目标和时间表,欧盟采取了一系列的举措,为欧洲货币一体化的实施做了大量的准备工作。

1993年1月1日,欧盟实现了商品、人员、服务和资本的自由流动,建立了欧盟内部的统一大市场,并宣告其单一银行业市场的成立。设立单一银行业市场的目的,在于减少各国政府对银行业市场的管制,形成统一的欧洲联盟银行体系,保证自由竞争,提高市场效率,为1999年1月1日启动单一货币建立货币联盟铺平道路。

1994年1月1日,欧盟在法兰克福成立了作为未来欧洲中央银行前身的欧洲货币局(European Monetary Institute,EMI),从事欧洲中央银行的各项技术准备工作。该机构对欧洲中央银行政策运作框架的设计主要是以德意志联邦银行的运作模式为蓝本的。在制度架构上,欧洲中央银行体系主要由欧洲中央银行与成员国现行的中央银行组成。欧洲中央银行的决策机构是理事会,它负责制定重大的货币政策,日常管理职能则由执行委员会行使。按照规定,欧洲中央银行将不得为成员国政府的财政赤字提供资金融通,从而使其具备了独立地位。欧洲中央银行体系的首要目标是保持物价稳定,其次是为欧盟的经济政策提供一定的支持。它的任务还包括实施对外汇市场的干预,持有并管理成员国的官方储备,促进支付体系有序地运行,等。此外,欧洲中央银行体系还要协助各国政府对信贷机构进行谨慎的管理。

1995年12月15日,在马德里召开的欧盟首脑会议上,欧盟将未来单一货币的名称正式确定为"欧元"(euro),并确定了单一货币实施的具体时间表。按照这一时间表,欧元的启动应分为三个阶段进行:第一阶段从1998年1月1日至1998年底,欧盟将在3~4月确定搭乘欧元启动头班车的成员国名单,在年中成立欧洲中央银行(European Center Bank,ECB),在年末开始生产(而不是发行)欧元钞票和硬币。第二阶段从1999年1月1日至2001年底,欧元正式成为一种货币,与各国自己的货币同时使用,平行流通,欧洲货币单位(ECU)消失,各国中央银行继续开展业务,但货币流通方面的业务将在欧洲中央银行的领导下进行,欧洲中央银行、各中央银行和各商业银行、证券市场、保险市场和企业都可用欧元计价交易。第三阶段从2002年1月1日以后,正式发行欧元现钞和硬币,欧元成为成员国唯一的法定货币,各国原来的货币退出流通。

1996年12月中旬,欧盟成员国首脑在都柏林会议上就欧元的法律地位、欧元与暂不参加单一货币的欧盟成员国货币之间的兑换机制以及约束货币联盟参加国的财政纪律的预算稳定公约达成了一致意见。在1997年6月中旬的阿姆斯特丹会议上,欧盟各国首脑正式批准了《稳定和增长公约》《欧元的法律地位》和《新的货币汇率机制》3个文件。这些文件对欧洲货币联盟的建设和正常运行具有关键性意义,是货币联盟进入第三阶段和保障未来单一货币的稳定,以及保证成员国与非成员国货币汇率相对稳定和统一大市场秩序的重要举措。

1998年5月2日,欧盟15国首脑在布鲁塞尔举行的特别会议上决定接受欧盟委员会和欧洲货币局的推荐,确认奥地利、比利时、芬兰、法国、德国、爱尔兰、意大利、卢森堡、西班牙、荷兰和葡萄牙等11国于1999年1月1日率先进入欧洲经济货币联盟第三阶段,成为欧元创始国,组成欧元区。欧盟的另外4个国家,英国、丹麦和瑞典根据《马约》选择暂时不加入第三阶段,而希腊则因为没有达到《马约》规定的趋同标准,而暂时不能进入第三阶段。

1999年1月1日至2001年12月31日,为欧元区内各国货币向欧元转换的过渡期。欧元区成员国货币之间的兑换比率被永久地不可更改地固定下来,欧元作为11个参加国的非现金交易货币,以支票、信用卡、股票和债券等方式进行流通,欧洲货币单位按1比1的比例兑换成欧元,欧洲中央银行实施独立的货币政策。2002年1月1日至2002年6月30日,欧元纸币和硬币作为法定货币进入流通领域,同尚存的各国货币一并流通。从2002年7月1日起,欧元区各国货币全部退出流通领域,市场只流通单一货币欧元,欧洲统一货币正式形成。

三、欧元启动的经济影响

欧元启动是国际政治和经济生活中的一件大事,也是布雷顿森林体系崩溃以来国际金融史上最重大的事件。它不仅有助于推动欧元区经济一体化的进程,促进欧元区的经济增长,而且还会对整个国际金融市场和国际货币体系产生重大而深远的影响。

(一)欧元启动对欧元区经济的影响

欧元启动,是欧洲经济一体化进程和欧洲联盟发展过程中的重要里程碑,它对欧元区经济的影响是全方位的,将有助于为欧元区的经济发展创造良好的宏观环境,促进欧元区贸易和投资的发展,提高欧元区企业的竞争力,推动欧元区经济持续稳定增长。

1. 有助于创造良好的经济环境

为了达到趋同标准,欧盟各国都采取了控制公共财政支出、削减政府预算、改革税制等财政措施,这将会为欧元区经济创造一个低通货膨胀的运行环境。同时,由于欧洲中央银行不得为成员国政府的财政赤字提供资金融通,欧洲中央银行独立制定货币政策的首要目标就是保持物价稳定,其次是为欧盟的经济政策提供一定的支持,各成员国丧失了制定本国汇率政策和货币政策的自主权,都将共同执行统一的货币政策,这会使成员国之间的经济政策逐步协调与趋同,在相当程度上避免由成员国相互之间经济政策的冲突所带来的不利影响,从而为欧元区经济的稳定增长提供良好的宏观经济环境。

2. 有助于促进国际贸易发展

欧元区的国际贸易主要集中在成员国内部,成员国之间的贸易占欧元区进出口贸易总额的6成以上,欧元的使用将使区内贸易货币汇率波动的风险不复存在，进出口商可以减少为规避汇率风险所花费的套期保值费用，也可以节省相当数量的货币兑换费用。同时，由于单一货币的实施，各成员国都采用欧元作为贸易商品的计价货币，这就避免了由于用不同货币标价商品所带来的麻烦，成员国之间的价格比较变得更加容易，这将有助于减少价格搜寻成本和价格信息成本，加快商品流通的速度，降低商品交易的成本，促进欧元区成员国之间贸易的快速发展。

3. 有助于吸引外国直接投资

欧元启动以后，将使欧元区形成一个蕴藏巨大商机的统一大市场，消费者只要手持欧元，就可以在欧元区的任何地点购买和享受来自各国的商品和服务，不存在任何阻碍商品自由流动的各种贸易壁垒，外国投资者只要在某一成员国进行直接投资，就能将其商品和服务很快销售到区内其他国家的市场，这对外国投资者具有相当强的吸引力。不仅如此，在实行单一货币以后，由于区内劳动、资本、技术和信息等生产要素的跨国界流动将变得更为通畅，这也使外国投资者可以充分利用区内各种资源，发挥规模经济的优势，降低生产成本，提高生产效率，为其从事国际直接投资提供巨大便利。

4. 有助于提高企业国际竞争力

欧元的启动将使欧元区企业面临的机遇与挑战并存：一方面，统一货币的实施和区内生产要素的自由流动，将为欧元区企业大规模兼并和重组提供良好的机遇，欧元区企业可以在更大范围内进行生产要素的重新配置，加快企业结构改革和调整的步伐，加速企业兼并和收购的活动，从而提高企业的国际竞争力；另一方面，欧元区统一大市场的形成，也使欧元区企业面临更为严峻的挑战，市场范围的扩大和透明度的提高，将使欧元区企业面临国内外企业特别是跨国公司的双重竞争压力，欧元区企业将不得不加快知识创新和技术进步的步伐，这从客观上也提高了企业应对挑战的能力和国际竞争力，并成为促进欧元区经济持续稳定增长的根本保证。

(二)欧元启动对国际金融市场的影响

欧元启动，不仅会对欧元区经济产生积极的影响，而且作为一种金融制度和金融工具的创新，会吸引各国投资者持有以欧元计价的多样化的金融资产，将原来各自分割的欧洲各国金融市场逐步整合为一个统一的、在规模上可与美国相当的资本市场，对国际金融市场产生广泛和深远的影响。

1. 欧元对世界债券市场的影响

欧元启动后,随着各项制度的统一,欧元所带来的一体化效应将使欧元区债券市场的广度、深度和流动性都有明显改善,欧元区债券市场及国际债券市场因此将发生一系列变化。

从欧元区内部来看,主要有以下两方面变化:

(1)债券市场的规模会随欧元启动而扩大。这是因为币种的统一将使各国投资者出于以对本国货币的感情为基础的投资选择偏好不再存在,同时欧元区内部汇率风险的消除,使投资者信用风险的分析能力和承受能力增强,也不必为规避风险设计币种匹配,再加上欧元区内的投资管理人为改善其经营业绩而从事的跨越国界的债券投资活动的增加,都会导致各国债券所面对的市场规模急剧扩展。

(2)债券市场的发行成本将大大降低。这是由于随着一体化进程的不断发展,市场不再被币种所分割,各国承销商原来在承销本币债券上的优势将部分丧失,承销竞争更加激烈,并会进一步降低债券发行者的发行成本。同时由于债券流动性提高,承销商通过在期货或现货市场上卖出债券以规避风险的保值成本也会降低。两者结合在一起,将使债券发行者比较容易地以较低的筹资成本筹集大量资金,从而大大促进欧元区债券市场的繁荣。

从国际上看,随着欧元的启动及一体化程度的发展,欧元区内部债券市场的相关性将大大加强,而与美国债券市场的相关性相对减弱,这就为来自全球的投资者提供了一个多元化投资的理想场所,亦为国际债券市场的进一步繁荣奠定了基础。同时,随着欧元的启动,全球债券发行的币种比例格局亦将发生改变,欧盟债券市场流动性和市场深度的改善,将会使国际上对以欧元为面值的国际债券的需求量大于原先对各成员国债券需求量之和。在当今国际债券市场上,欧元债券在国际债券中所占的比例已经远远超过日元和英镑债券,成为仅次于美元债券的第二大债券,并有不断增长的倾向。

2. 欧元对世界股票市场的影响

长期以来,欧盟国家股票市场的发展一直落后于美国。欧洲股票市场的筹资能力较美国低很多,长期以来欧洲一直以银行中介为主导,其银行资产占全部金融资产的54%,而美国则一直以资本市场中介为主导,银行资产仅占22%。美国股票市场的规模也远远超过欧盟,美国为6.8万亿美元,欧盟11国仅为2.1万亿美元;从股市交易量看,美国为3.6万亿美元,欧盟11国为1.5万亿美元;在全球股票市场融资中,美国占45%,而欧洲仅占15%。因此,许多欧洲公司不得不去美国上市,按美国的法律交易、结算,这极大地限制了欧洲公司的发展。在没有产生欧元之前,多种货币形成的市场壁垒是欧洲资本市场分散、狭小的主要原因。进入欧洲资本市场需要对多种货币做出评价和判断,交易成本很高,虽然各国的股市都对外开放,但实际上都还只是各自为政的本地化市场,联盟各国的股市作为一个整体的合力作用还没有发挥出来。欧元的启用是一个直接的契机,它将大大加速欧盟股市一体化的进程。欧元的产生,将给资本在欧盟各国之间的流动带来莫大的便利,有助于打破市场壁垒,使融资双方获得更大的选择范围,扩大欧洲股市的交易规模,吸引更多区外投资者和融资企业进入这一市场,使欧洲股票市场从广度、深度方面都有较大的提高。

3. 欧元对其他金融市场的影响

欧元启动,除了对世界债券市场和股票市场产生影响以外,对基金市场和衍生交易市场等金融市场也会产生重大影响。从基金市场来看,欧洲的基金市场规模已达到 2 万亿美元,占到全球总量的 1/3,欧盟的伦敦、法兰克福、巴黎和卢森堡是世界上著名的基金管理中心,各国的基金市场也具有一定的开放度。欧元启动后,基金可以按欧元计价和交易。由于基金投资范围很广,而且注重对风险的控制,在众多基金转换成以欧元计算时,为了分散欧元可能带来的不确定性,欧盟内部的基金市场将进一步的开放,同时对区域外市场投资比重也会加大。考虑到股票、债券市场的逐渐统一为基金投资提供了扎实的基础,而且欧元的启动将使汇率风险消失,各国对养老基金之类的投资限制也会有所放开。从对衍生交易市场的影响来看,欧元启动后,与原有区内货币有关的金融衍生工具将失去存在的必要性。但与此同时,将会出现众多针对欧元的新兴金融衍生工具。无论是衍生交易的品种以及交易规模,都是过去任何一个欧洲国家货币所难以达到的。

(三)欧元启动对国际货币体系的影响

现代国际货币体系是以《牙买加协议》为基础建立起来的。自布雷顿森林体系崩溃以来,国际货币金融关系极为混乱,各国货币汇率剧烈波动,直到 1976 年 1 月"国际货币制度临时委员会"在牙买加首都金斯敦达成《牙买加协议》、并于同年 4 月通过了《国际货币基金协定第二次修正案》,才奠定了现代国际货币体系的格局。

《牙买加协议》的主要内容是:①浮动汇率合法化,会员国可自由选择浮动汇率与固定汇率,但其汇率政策应接受监督。②黄金非货币化,废除黄金条款,取消黄金官价,各会员国中央银行按市场价自由进行黄金交易。③提高特别提款权的国际储备地位。④扩大对发展中国家的资金融通。⑤增加会员国的基金份额。与布雷顿森林体系相比较,在《牙买加协议》后的国际货币体系中,虽然美元的原有国际货币地位有所削弱,马克和日元的国际货币地位在逐步上升,国际货币呈现出多样化的倾向,但由于德国和日本的经济规模和经济实力还远不能与美国抗衡,国际收支顺差又使马克和日元不能充分满足国际金融市场对这两种货币的需求。因此,马克和日元在全球国际经济交易中所占比重仍远低于美元,不能形成对美元霸主地位的挑战,国际货币实现了多样化和分散化,却难以实现多元化,国际货币体系的本质特征仍是以美元为主导的单极格局。

在欧元启动以后,情况将会发生重大变化。与过去单个国家相比,随着欧元的诞生和欧元区经济一体化的不断深入,欧元区已经在经济总量上发展成为一个与美国不相上下的经济体。欧元区的人口超过3亿,国内生产总值已经与美国相当;欧元区国际贸易额占整个世界国际贸易额的比例约为20%,而美国大约只有16%;欧元区国家存在大量的贸易顺差,而美国却存在巨额的贸易赤字;虽然欧元区股票市值和债券市值远远低于美国,但银行资产大大超过美国,欧元区的金融总资产已和美国并驾齐驱。因此,随着欧元区经济实力的增强,作为一种由诸多主权国家组成的货币联盟,欧元将依靠欧元区国家的整体经济实力,逐步演变成为一种能与美元相抗衡的国际货币,对在现存国际货币体系中处于霸主地位的美元形成强有力的挑战和制约,使国际货币体系由战后以美元为主导的单极格局逐步向多极化格局演变,促进整个国际货币体系和国际金融体系的稳定。

知识拓展

欧洲债务危机

欧洲债务危机即欧洲主权的债务危机,指的是在2008年金融危机发生后,希腊等欧盟国家所发生的债务危机。2009年12月,希腊的主权债务问题凸显,美国三大评级机构落井下石,连连下调希腊等债务国的信用评级。2010年3月债务危机开始向"欧洲五国"(葡萄牙、意大利、爱尔兰、希腊、西班牙)蔓延,国际社会担心债务危机可能蔓延至全欧洲。希腊主权债务危机的直接起因是希腊因无法达到《马斯特里赫特条约》所规定的标准,即预算赤字占GDP 3%、政府负债占GDP 60%以内的标准,于是聘请高盛集团进行财务造假;但根源在欧元体制的制度设计方面。2013年12月16日,爱尔兰退出欧债危机纾困机制,成首个脱困国家。

本章小结

1. 国际金融体系是一个十分复杂的体系,其构成要素几乎囊括了整个国际金融领域。如国际资本流动、国际汇率安排、国际收支协调、国际金融组织等等。不过,从狭义上讲,国际金融体系主要是指国际货币体系,即国际货币安排,也就是由国际资本流动及货币往来而引起的货币兑换关系,以及相应的国际规则或惯例组成的有机整体。国际金融体系的核心是国际汇率体系。

2. 国际金本位体系有三个显著的特征:①黄金作为最终清偿手段,是"价值的最后标准",充当国际货币。②汇率体系呈现为严格的固定汇率制。在国际金本位体系盛行的35年间,英国、美国、法国、德国等主要资本主义国家间汇率十分稳定,从未发生过升贬值波动。③这是一个松散、无组织的体系。国际金本位体系没有一个常设机构来规范和协调各国的行为,也没有各国货币会议宣告成立金本位体系,但是各国通行金本位制,遵守金本位的原则和惯例,因而构成一个体系。

3. 布雷顿森林体系的核心内容包括四个方面:①以美元为中心的汇兑平价体系。②美元充当国际货币。③多渠道调节国际收支不平衡。④由国际货币基金组织全力维护布雷顿森林体系。

布雷顿森林体系崩溃的症结在于:①无法解决特里芬难题。②僵化的汇兑体系不适应经济格局的变动。③国际货币基金组织协调解决国际收支不平衡的能力有限。

4. 20世纪60年代以来随着世界经济特别是区域经济一体化的发展,最优通货区理论也在部分国家和地区进行了尝试与实践在众多区域货币一体化的实践中,欧洲货币体系十分引人注目,它不仅是最优通货区理论的个具体应用,也是实现欧洲货币联盟和启动单一货币欧元的客观基础。本章对欧洲货币体系的建立和主要内容进行了全面的分析并在此基础上就欧元启动的具体过程、欧元启动的经济影响等问题进行了深入探讨。

复习思考题

1. 国际金融市场形成的条件有哪些?
2. 在金本位制下,货币供应的变动,为什么有助于保持美国和英国之间的固定汇率?

3. 在布雷顿森林体系的固定汇率制度下,如果一个国家的汇率评价被低估,该国中央银行会被迫采取哪种干预?

4. 试述欧洲货币体系的主要内容并进行评价。

5. 试分析欧元启动的经济影响,欧元的建立分别对欧洲的消费者、欧洲的企业和欧洲之外的企业意味着什么?作为主要的储备货币,欧元地位的上升,并导致美元地位的下降这对世界各国中央银行意味着什么?

6. 欧洲货币统一对国际货币体系改革的主要启示是什么?

参 考 文 献

[1] BRINE K, POOVEY M. Finance in America [M].Chicago:University of Chicago Press,2017.

[2] KAWALEC S, PYTLARCZYK E, KAMINSKI K. The Economic Consequences of the Euro[M]. Abingdon:Taylor and Francis,2020.

[3] BUKOWSKI S I. Financial Integration in the European Monetary Union [M]. Abingdon:Taylor and Francis,2020.

[4] 博迪,默顿,克利顿.金融学[M].北京:中国人民大学出版社,2018.

[5] 陶项,陈雨露.国际金融与管理[M].北京:中国人民大学出版社,1996.

[6] 王聪.国际金融通论[M].广州:暨南大学出版社,1997.

[7] 于研.国际金融[M].上海:上海财经大学出版社,2000.

[8] 陈雨露.国际金融[M].北京:中国人民大学出版社,2002.

[9] 邱济洲.新编国际金融[M].呼和浩特:内蒙古大学出版社,1995.

[10] 杜敏.国际金融[M].北京:对外经济贸易大学出版社,2002.

[11] 周详生.国际金融[M].杭州:浙江大学出版社,1989.

[12] 伍海华.跨国银行论[M].北京:经济科学出版社,1996.

[13] 刘红忠.新编国际投资[M].上海:立信会计出版社,1995.

[14] 梅尔文.国际货币与金融[M]. 欧阳向军,愈志暖,译.上海:上海三联书店,上海人民出版社,1994.

[15] 姜波克.国际金融新编 [M].6 版.上海:复旦大学出版社,2018.

[16] 谢成德.国际金融实务[M].北京:中国金融出版社,1990.

[17] 吴开祺.新编国际金融学[M].上海:立信会计出版社,1994.

[18] 刘舒年.国际金融[M].2 版.北京:对外经济贸易大学出版社,2003.

[19] 钱荣.国际金融(修订本)[M].成都:四川人民出版社,1996.

[20] 李广学,严存宝.国际金融学[M].北京:中国金融出版社,2013.

[21] 郑兰祥.国际金融学[M].合肥:中国科学技术大学出版社,2015.

[22] 杨胜刚.国际金融 [M].4 版.北京:高等教育出版社,2016.

[23] 刘震.国际金融:数字教材版[M].北京:中国人民大学出版社,2018.

[24] 李绍芳,刘晓星.金融系统压力:指数化测度及其溢出效应研究[J].系统工程理论与实践,2020,40(5):1089-1112.

[25] 唐波,李秦.系统性金融风险监管主体制度改革的国际实践与借鉴[J].湖

南社会科学,2019(6):86-94.

[26] 潘峰华,方成.从全球生产网络到全球金融网络:理解全球-地方经济联系的新框架[J].地理科学进展,2019,38(10):1473-1481.

[27] 韩田.全球资本金融化的演化及对中国的启示[J].世界经济与政治论坛,2018(5):138-153.

[28] 申唯正.改革开放四十年金融观念的经济哲学反思[J].天津社会科学,2018(4):32-41.

[29] 杨彦龙.国际金融监管改革的方向和路径:基于国外文献梳理的思考[J].西部论坛,2018,28(2):116-124.

[30] 胡妍,李石凯.人民币国际化、市场化进程与汇率传导机制变迁[J].财经科学,2018(2):52-62.

[31] 曲凤杰.构建"一带一路"框架下的人民币国际化路线图[J].国际贸易,2017(8):65-68.

[32] 程静.国际金融中心理论:基于案例的研究[J].经济问题探索,2016(11):138-147.

[33] 徐超.金砖国家的金融合作:动因、影响及前景[J].国外理论动态,2015(12):14-21.

[34] 王金波.亚投行与全球经济治理体系的完善[J].国外理论动态,2015(12):22-32.

[35] 管涛,陈之平.美联储退出量化宽松货币政策与金融稳定[J].国际经济评论,2014(6):5,21-32.